L'ART DE RECONNAÎTRE LES STYLES

Le Style Empire

ÉMILE-BAYARD

INSPECTEUR AU MINISTÈRE DES BEAUX-ARTS

L'ART DE RECONNAÎTRE LES STYLES

Le Style Empire

OUVRAGE ORNÉ DE 132 GRAVURES

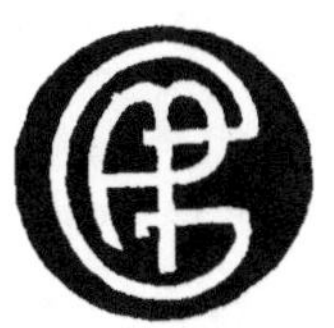

PARIS

LIBRAIRIE GARNIER FRÈRES

6, RUE DES SAINTS-PÈRES, 6

A Paul REBOUX,

en lointaine et profonde amitié.

E. B.

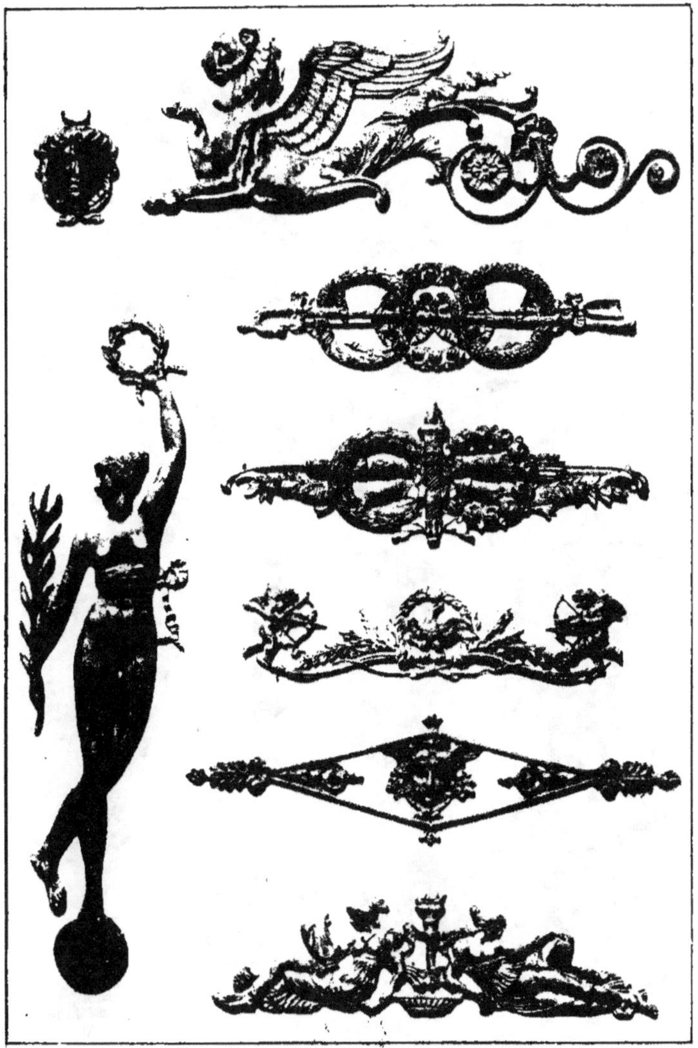

Motifs décoratifs Empire.

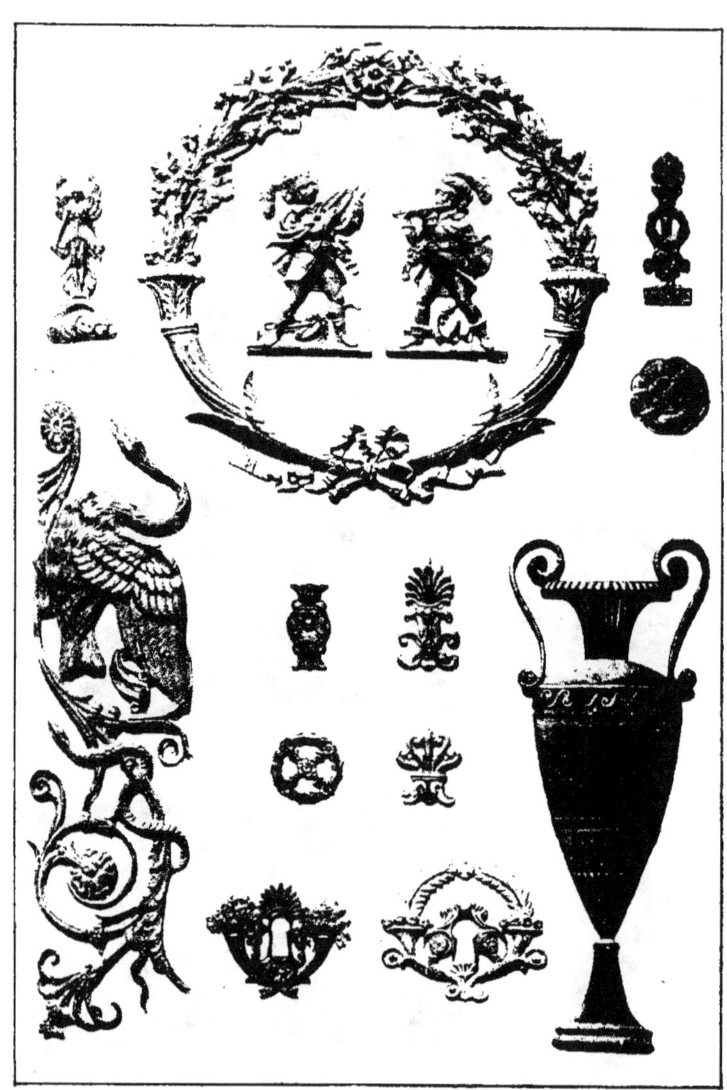

Motifs décoratifs Empire.

Motifs décoratifs Empire.

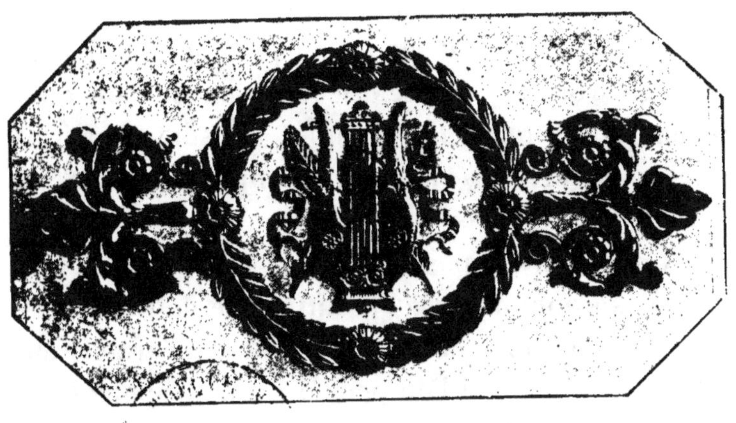

CHAPITRE PREMIER

Notions préliminaires. — Napoléon et l'Art.

A partir du style François Ier, l'unité de l'architecture peut donner le change, en dépit de l'action des artistes italiens, à un véritable art national. Mais, en réalité, il n'y a pas d'autre art national pour les modernes, que celui qui sort, pour ainsi dire, des entrailles de la nation elle-même, comme le symbole et l'expression éloquente du système des idées et des sentiments qui forment la base de ses institutions, constituent sa vie collective et marquent son génie spécial.

Il en fut ainsi de l'art égyptien, du grec et du gothique, tandis que les formes d'art issues d'emprunts plus ou moins habilement juxtaposés et physiquement harmonisés, réalisés au surplus sous le patronage des rois et des seigneurs, sans le concours constant et prolongé du peuple, ne sont pas les formes d'un art *national*, mais simplement d'un art *royal*.

Ces réflexions s'imposent au début de notre travail, car si elles s'appliquent à l'architecture de Louis XIV comme à celle de François Ier, elles concernent encore l'architecture, si l'on peut dire, de Napoléon Ier.

Parmi les Bourbons, c'est Louis XIV qui a joui de l'autorité la moins contestée et dont l'architecture offre le plus d'unité, nous ajouterions même : de caractère national, si le roi et la grande aristocratie pouvaient être considérés comme la nation, à une époque aussi avancée de la civilisation moderne.

Dans l'intervalle de ces deux règnes, l'art a manqué d'inspiration collective et de haute influence unitaire dans notre pays ; il a vécu plus que jamais d'emprunts, il est devenu érudit, riche, souvent délicat et souvent sensuel, mais il a cessé de représenter franchement un système d'idées et de sentiments clairement définis comme au moyen âge, et l'originalité s'en va s'affaiblissant.

L'architecture de Henri II, malgré le grand nom de Philibert Delorme, appartient à cette catégorie de l'art qui décline encore avec les Valois.

Avec les Bourbons, s'accuse l'influence des Flamands, dont le goût pour les formes un peu lourdes (dont leurs femmes donnent l'exemple immortalisé par le pinceau de Rubens) est partagé par l'Espagne alors si puissante, si riche, si dominante.

Le point culminant architectural des Bourbons est atteint, répétons-le, sous Louis XIV. Il est vrai que, sous le règne de ce prince, il y eut une unité d'esprit et une harmonie générale des choses, bien propres à caractériser une période d'apogée nationale ; mais il existe aussi en Europe un état général de lutte, de trouble profond dans les idées, né avec la Réforme, qui neutralise les bienfaits durables que l'on pouvait attendre de l'ordre intérieur national, et les peuples modernes n'ont pu encore asseoir les fondations solides sur lesquelles portera le régime évolutif destiné à remplacer celui du moyen âge.

A l'ordre compressif de Louis XIV, succède la réaction de la Régence et de Louis XV. La gravité est supplantée par la grâce ; à l'ordre et à la majesté se substituent, dans la vie sociale comme dans l'architecture, le confort et le caprice. C'est le règne des femmes.

Le règne de Louis XIV forme la limite de ce mouvement. Le style Louis XVI marque la transition entre l'architecture des Bourbons et celle qui doit suivre. Il est caractérisé par un retour plus général vers l'antiquité, qu'explique le penchant qui se prononçait chaque jour davantage du côté des études sérieuses et des sentiments graves.

Ce style, succédant aux fantaisies « rocailles » du style Louis XV, fut un hommage rendu à la sagesse et à la raison, à la suite d'une période de débauche d'esprit et de goût. Ce fut le régime de l'orgie.

Toutefois, les réformateurs de la fin du XVIIIe siècle voulurent trop emprunter à l'antiquité ; n'observant pas d'assez près les signes de leur temps, ils demandèrent trop à une érudition défectueuse et tout au moins trop spontanée.

C'est alors que l'on voit apparaître cette *école classique*, qui considère les œuvres d'art grecques et romaines non plus simplement comme des expressions du système des idées antiques, mais comme des manifestations des sentiments de la beauté absolue. Or, c'est là une école dangereusement conservatrice et fatalement rétrograde que cette école classique en dehors de l'enseignement.

Aussi bien allons-nous assister à l'exagération rétrospective du style Louis XVI pour l'antiquité, et le style Empire va-t-il se réclamer cette fois, exclusivement, de la pensée et de l'invention antiques. Et pourtant nous verrons que ce style d'improvisation, ou mieux d'usurpation, garde une originalité et une grandeur typiques. Il est vrai que Napoléon Ier devait l'acclimater et plier sa forme étrangère sous son joug coutumier de la victoire.

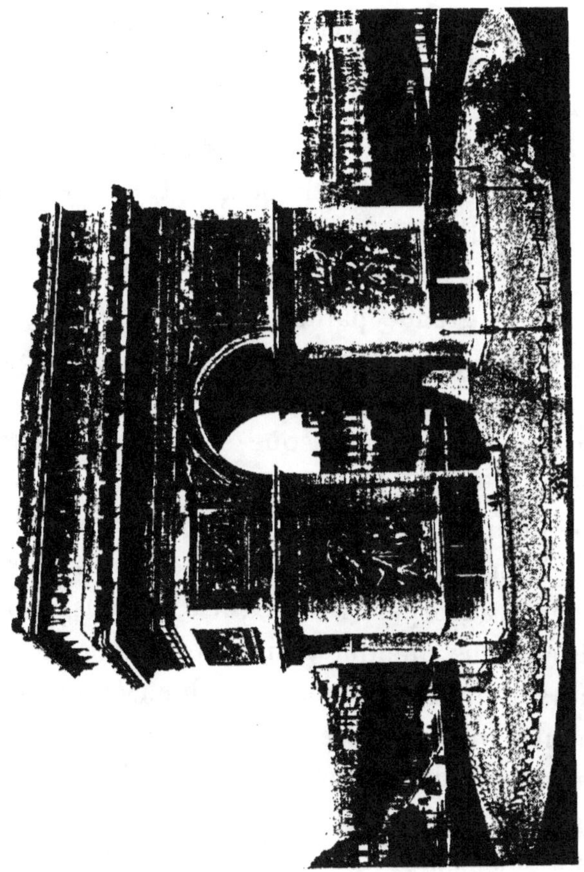

Fig. 2. — *Arc de triomphe de l'Étoile, par Chalgrin*

Bref, l'architecture du premier Empire est personnifiée par l'arc de triomphe et la colonne commémorative qui répondent essentiellement à cette heure d'apothéose, et l'aigle s'installe dans le nid des héros antiques. Il n'a point le temps d'édifier, il ignore le repos des conceptions fécondes, ce démolisseur ; il n'a point le temps de se reposer, ce conquérant toujours en quête d'autres lauriers et voyez, son lit ressemble à une tente.

Alors, on improvise, on restaure et, l'antiquité, somptueux domaine de la pensée, trésor fascinant des hauts exploits, offre son arsenal de beauté cristallisée où l'on puise largement.

Pour la grande parade, on pille le magasin des accessoires grecs et romains, et bientôt Napoléon Ier s'assoira sur le trône de César.

Si Louis XIV ignora que son siècle porterait un jour son nom, il n'en est pas de même de Napoléon qui conquit *illico* un style comme s'il s'agissait d'une ville. Mais, l'art se ressent de toute improvisation ; dépaysé d'autre part, il se déguise, et nous éprouverons malgré nous quelque gêne à voir la beauté sous les dehors d'un cartonnage. Aussi bien cette époque se nourrit d'illusions, elle veut ignorer la paix ; vivant au jour le jour dans la fumée des combats, exclusivement guerrière, elle campe à l'ombre des lauriers, il est vrai, mais son décor n'est que provisoire.

« ... Partout où il (Napoléon) va, écrit Frédéric Masson dans *Napoléon chez lui*, il souhaiterait trouver les pièces disposées dans le même ordre qu'aux Tui-

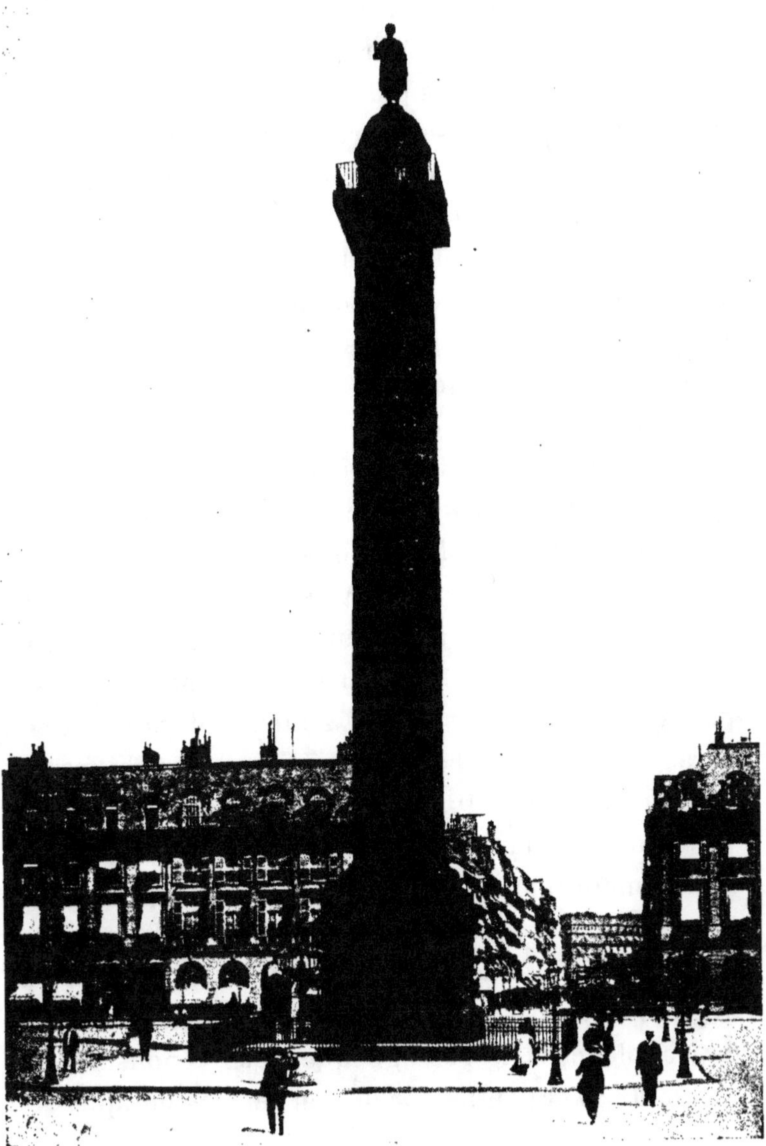

Fig. 3. — *Colonne Vendôme (Paris)*.

leries ; il voudrait partout son *appartement intérieur* pareil, et des meubles fabriqués sur des modèles semblables, disposés à des places identiques. Une fois ses nécessaires étalés, ses portefeuilles ouverts, il est ainsi chez lui, il a sous la main tout ce qu'il lui faut, car nul homme n'a moins de besoins différents, moins de caprices, n'est plus d'habitude. Ce qu'est l'entourage familier de sa vie tient en quelques caisses, — on dirait volontiers en quelques cantines, — et il reste en l'empereur, quelle que soit sa magnificence, quelle que soit sa volonté de parer d'une façon grandiose le cadre où il se meut, beaucoup du sous-lieutenant qu'il a été, prêt, si le boute-selle sonne, à se mettre en route, et n'ayant besoin que de quelques minutes pour corder ses bagages. Ainsi, ses palais ont toujours un air d'hôtellerie. Tout ce qui lui est personnel suit sa personne et, lui parti, nulle marque de son passage, nulle trace de ses goûts, nul indice de son caractère ou de ses habitudes. Hormis son chiffre aux meubles et aux tentures et armoiries, les abeilles envolées de son manteau impérial, rien qui le rappelle. »

Comment, dans de telles conditions, prendre le temps de rêver à un style ! Et ne valait-il pas mieux vivre provisoirement ? Aussi bien les historiens ont négligé de nous renseigner sur les facultés artistiques de Napoléon, et le passage que nous venons de lire, en plaide guère en faveur de son sens esthétique.

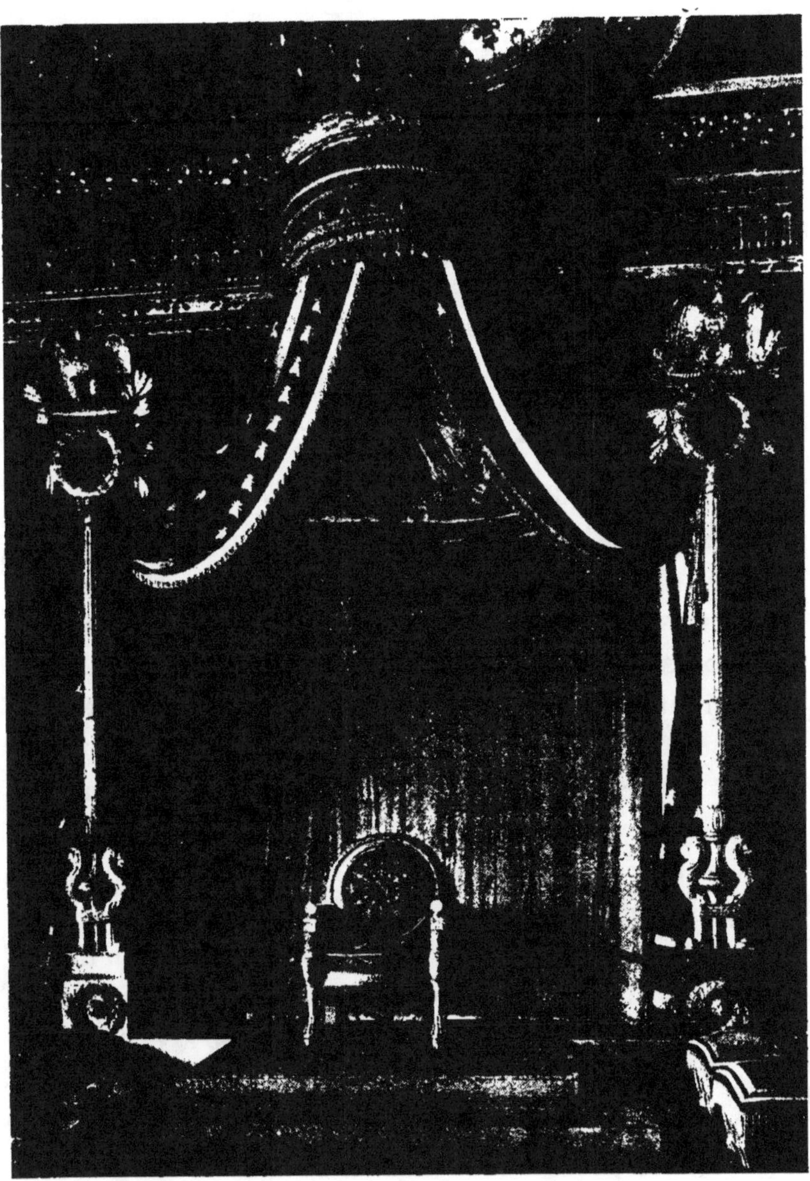

Fig. 4. — *Trône de Napoléon Ier (palais de Fontainebleau).*

Si l'empereur commande à son premier peintre L. David le *Couronnement* (*fig.* 5) et la *Distribution des aigles*, c'est encore pour commémorer sa propre gloire et l'art tient peu de place dans ce geste plutôt autoritaire. Et voici, au surplus, une anecdote.

David, dans son esquisse du *Couronnement*, avait prêté au pape une attitude calme ; le prélat, en effet, n'était primitivement qu'un simple spectateur de cette comédie héroïque et Napoléon dit au peintre : « Je n'ai pas fait venir le pape de si loin pour ne rien faire. Faites-lui lever la main en signe de bénédiction. »

Que penser de cet ordre, sinon qu'il choque les règles de l'art et aussi de la convenance de la part même d'un monarque, à l'égard de David, empereur des arts du moment ? D'ailleurs, lorsque plus tard, toujours à propos du même chef-d'œuvre, un grand dignitaire de l'Empire risquera cette observation : « Vous avez peint Joséphine plus belle qu'elle n'est ».

— « Allez le lui dire, » répondra le célèbre peintre des *Sabines*.

Une autre anecdote nous montre les deux dictateurs singulièrement face à face. Un jour que Bonaparte, encore premier consul, faisait à David, dans son atelier, des observations sur la longueur d'un bras qu'il trouvait exagérée, David se mit aussitôt à critiquer certains mouvements militaires de Bonaparte à Marengo. Le premier consul lui jeta un regard sévère que soutint David, et, le futur peintre du *Sacre* regardant le général en chef, lui dit : « C'est que moi

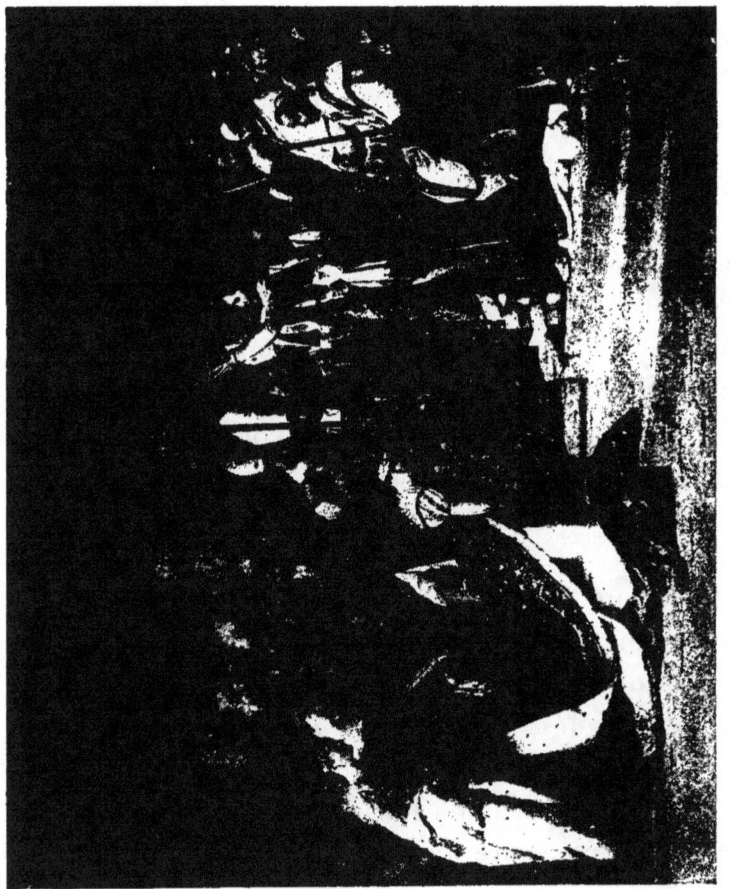

Fig. 5. — *Le couronnement de Napoléon Ier, motif central* (musée du Louvre). par L. David.

aussi *j'ai été le gouvernement!* » (*La Vie à Paris*, J. Claretie.)

Le célèbre artiste se souvenait ainsi qu'il avait été

nommé à la présidence de la Convention et aussi
... qu'une tyrannie en vaut une autre.

Cependant, pour en revenir au sens artistique de
Napoléon, Frédéric Masson nous éclaire encore sur
« l'un des moyens » employés par le souverain « pour
faire marcher les manufactures de Lyon ». Et nous
ne pouvons nous méprendre sur la qualité « artistique » de ce moyen. « ... L'empereur n'eût point to-
léré — moins encore eût-il commandé — que, sous
prétexte de commodité, les personnes attachées à sa
Maison se libérassent de leurs insignes et parussent
en habit bourgeois. Par contre, à partir de 1807,
quiconque n'était pas de service commandé et était
invité à quelque fête devait s'y présenter en habit à
la française de soie ou de velours. » (*Napoléon chez
lui.*)

Dans une de ses lettres au roi Joseph, Napoléon
« recommandait de faire *prendre* à Madrid (lors de son
expédition en Espagne), dans les couvents et les maisons confisqués, une *cinquantaine de chefs-d'œuvre*
de l'école espagnole, qui manquaient, disait-il, à la
collection du Muséum à Paris ».

Et, sur son ordre encore, trois cent cinquante statues anciennes, à lui cédées par le prince Camille, sont
expédiées à la villa Borghèse pour être placées dans
le « Musée Napoléon » et enrichir les collections du
Louvre.

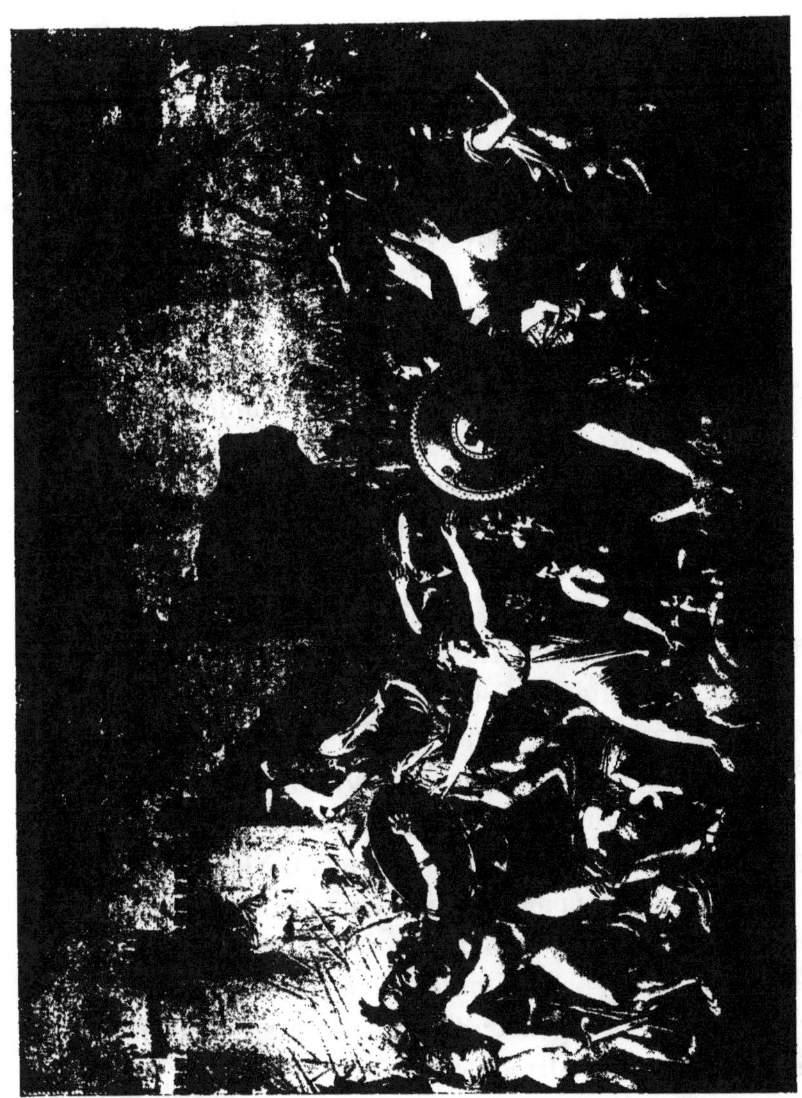

FIG. 6. — *Les Sabines* (musée du Louvre), par L. David.

Lorsqu'il ne s'empare pas des chefs-d'œuvre, il les achète en bloc. Il mène l'idéal tambour battant ; il est vrai que c'est pour le bien de la nation, auquel il pense entre deux batailles sanglantes.

C'est là sa manière d'encourager les arts. Nous avons vu comment il s'entendait à faire « marcher » les manufactures nationales, et voici que nous commençons à être édifiés sur le sens artistique de Napoléon.

Mais laissons, au surplus, l'empereur nous donner lui-même la note définitive, à ce qu'il semble, de son goût esthétique.

Il s'agit de projets non réalisés, fort heureusement. « ... Je condamnais Versailles dans sa création, mais, dans mes idées gigantesques sur Paris, je rêvais d'en tirer parti et de n'en faire, avec le temps, qu'une espèce de faubourg, un site voisin, un point de vue de la grande capitale ; et pour l'approprier davantage à cet objet, j'avais conçu une singulière idée, dont je m'étais même fait présenter le programme.

« De ces beaux bosquets, je chassais toutes ces nymphes de *mauvais goût*, ces ornements à la *Turcaret* et je les remplaçais par des panoramas, en maçonnerie, de outes les capitales où nous étions entrés victorieux, de toutes les célèbres batailles qui avaient illustré nos armes. C'eût été autant de monuments éternels de nos triomphes et de notre gloire nationale, posés à la porte de la capitale de l'Europe, laquelle ne pouvait

manquer d'être visitée par force du reste de l'Europe... »
(*Mémorial de Sainte-Hélène.*)

En vérité, Napoléon déclarant d'autre part qu' « ... un historien impartial aura le droit de blâmer Louis XIV dans ses effroyables et inutiles dépenses de Versailles surtout avec ses guerres, ses impositions, ses malheurs », etc., et qu' « il s'est épuisé pour ne créer, après tout, qu'une ville bâtarde », nous apparaît un guerrier exclusif et inconscient.

Nymphes de *mauvais goût*, dues au ciseau prestigieux des Girardon, des Coysevox, vous l'échappâtes belle! Et vous aussi, délicats ornements « à la Turcaret »!

Quant aux épouses du héros d'Iéna, en revanche, leur figure dans l'histoire sourit aux arts. « Elle était (l'impératrice Joséphine), dit Napoléon, encore dans le *Mémorial*, la plus grande protectrice des beaux-arts que l'on eût connue en France depuis nombre d'années. Elle avait fréquemment de petites disputes avec Denon et même avec moi, parce qu'elle voulait qu'on enrichît sa galerie de belles statues et de beaux tableaux au lieu de celle du Musée.

« Pour moi, j'ai toujours cherché à plaire au peuple ; et toutes les fois que je me procurai une belle statue, je l'envoyai au Musée pour l'avantage de la nation. »

Ainsi Napoléon reléguait-il, militairement, l'art au Musée.

D'autre part, l'impératrice Marie-Louise avait eu comme maître de peinture le célèbre Prud'hon promu à cet honneur en même temps que l'on acclamait son chef-d'œuvre *la Justice et la Vengeance divines* (musée du Louvre) et, si l'on en croit les auteurs, le professeur n'eut qu'à se louer de l'élève.

Toutefois, l'empereur ne nous éclaire point sur l'influence artistique de sa seconde épouse.

Malgré que le vainqueur d'Austerlitz ait plutôt encouragé les arts par devoir, il n'empêche que les arts furent très florissants sous sa protection et, d'une manière générale, c'est dans la renaissance du luxe, directement ou indirectement, qu'ils puisèrent un essor nouveau.

« Tout puissant directeur du peuple, qui a su employer à temps l'art et les artistes conjointement avec sa politique, a toujours eu une grande influence sur son temps, et ainsi marqué toujours une étape de l'histoire.

« Tous les grands bâtisseurs de monuments, tous les grands faiseurs de routes ont été de grands constructeurs d'idées, — des accumulateurs de forces, — qu'ils s'appellent Périclès, Auguste, Constantin, Louis XIV ou Napoléon. » (G. Dubufe, *la Valeur de l'art.*)

Restent les rapports de l'empereur avec les artistes, qui semblent empreints de courtoisie, de cordialité

même, — si l'on en juge du moins par l'accueil réservé
à David, à Percier, à Fontaine et à tant d'autres, —
s'ils se refusent toutefois ces rapports, à certaines pri-

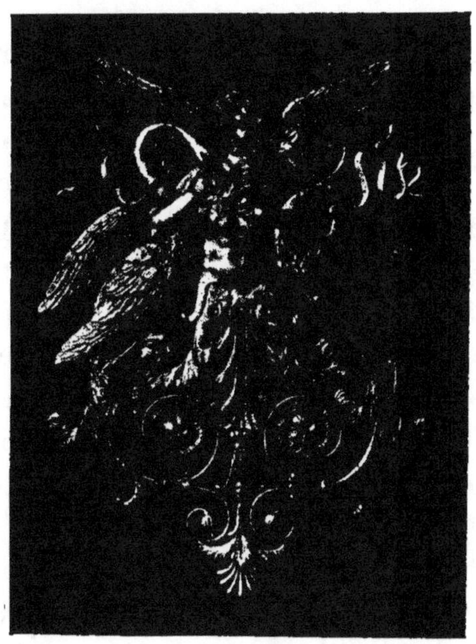

Fig. 7. — *Motif décoratif.*

vautés dont le souvenir ci-joint, à propos d'Isabey,
nous est un exemple.

Quand Napoléon Ier avait un cadeau à faire, il s'en
tirait presque toujours avec une tabatière ornée de
son portrait par Isabey. Isabey était très aimé, et
on l'invitait à toutes les parties de plaisir de la

ville et de la cour. Pourtant, un jour, une de ses malices ne lui réussit guère. Comme le premier consul le traitait familièrement, il crut pouvoir lui rendre la pareille.

Après déjeuner, à la Malmaison, le premier consul conviait certaines fois ses invités à une partie de saute-mouton et, comme bien on pense, lorsque venait son tour, on se contentait de lui prêter l'échine. Mais Isabey ne s'avisa-t-il pas un jour de sauter sur le dos de l'empereur, en aggravant son geste d'un coup d'éperon?

Napoléon se releva vivement et se contenta de regarder le farceur, mais d'une telle façon qu'Isabey s'enfuit et qu'on ne le revit plus de longtemps.

Anecdote inconcevable s'il en fut, notée pour sa curiosité dans cette époque solennelle.

Au résumé, si Napoléon l'emporta par la gloire des armes sur le roi Soleil, laissons à ce dernier sa pure auréole artistique et examinons le style de l'architecture et du mobilier au temps du « petit caporal ».

Bien qu'il faille s'en tenir à l'évidence d'une époque exclusivement « parvenue » surtout préoccupée de luxe pour faire diversion au désordre des batailles, nous verrons, au cours de notre travail, que cette époque est loin néanmoins d'être indifférente à l'art.

Si tant est que l'art ne puisse toujours créer, lors-

qu'il est à bout de chefs-d'œuvre, il n'en demeure
pas moins avéré que nous entendîmes l'art, à l'époque
du premier Empire, chanter un air bien français sur
des paroles gréco-romaines, certes, mais que nous
sûmes encore traduire nationalement.

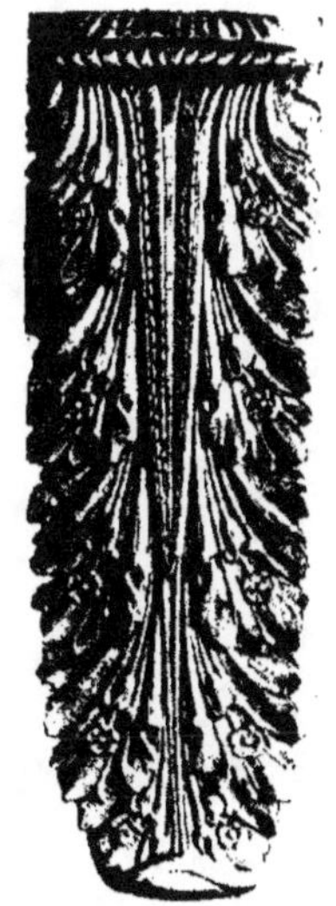

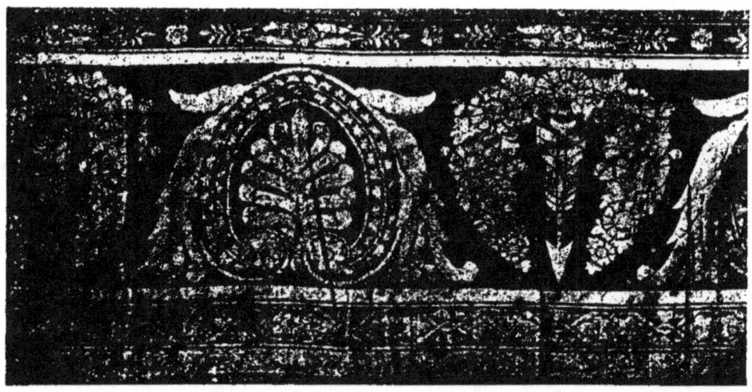

CHAPITRE II

Les styles après Louis XVI, sous la Révolution et sous la première République.

Dès le principe, la Révolution n'ayant pas eu d'édifices à construire, « parut plutôt préoccupée de détruire ceux qui existaient avant elle ».

« Il ne faut pas souffrir ces monuments d'esclavage dans ces jours de liberté, s'écrie Lameth en 1790, en face d'une statue de *Louis XIV foulant aux pieds les provinces vaincues*, il ne faut pas que les Francs-Comtois, en arrivant à Paris, voient leur image ainsi enchaînée. »

Singulier retour d'ici-bas! Louis XIV n'avait-il pas auparavant condamné avec mépris, dans son style grandiloquent, tous les styles précédents?

Et tous les monuments, à la rigueur, ne sont-ils pas susceptibles d'être qualifiés de *monuments d'esclavage !*

Combien d'exemples trouvons-nous dans notre histoire de chefs-d'œuvre détruits uniquement parce qu'ils avaient été construits sous les régimes antérieurs !

L'une des premières conséquences du mouvement révolutionnaire fut d'arrêter non seulement l'essor de l'art, mais l'achèvement des travaux d'art en cours d'exécution. Aussi bien, de 1789 à 1796, on s'occupe fort peu d'architecture et même de toute manifestation esthétique en France, et les architectes renommés de cette époque cherchent logiquement à employer leur talent à l'étranger.

C'est Antoine, auteur de l'Hôtel de la Monnaie, qui élève des édifices en Allemagne, en Espagne, en Suisse, en Angleterre ; c'est Dufourny construisant, de 1789 à 1799, le Jardin Botanique de Palerme ; c'est Ledoux fournissant au grand-duc de Russie, en 1789, les plans de divers monuments.

Mais il serait injuste de dire avec Paul Lacroix (*Directoire, Consulat et Empire*) que les architectes du moment « cherchèrent à s'ouvrir d'autres carrières et se donnèrent d'autres occupations », l'exemple de de Wailly, refusant d'aller à Saint-Pétersbourg avec les appointements de 800 roubles offerts par Catherine de Russie, proteste contre cette opinion, autant que la présence de Boullée à Paris, imperturbable au milieu de ses élèves.

Au surplus, nous trouvons sur le catalogue du Salon de 1793, les noms de dix-huit architectes exposants parmi lesquels : Percier, Fontaine, Boulanger, Radel, Prieur et Hurée.

Néanmoins, les idées traditionnelles d'art ont raison des bouleversements occasionnés par les systèmes politiques opposés, et l'on continue d'emprunter au passé.

Si l'époque de la Révolution marque un temps d'arrêt dans la recherche de la beauté esthétique, c'est simplement parce qu'elle manque du calme nécessaire à l'art sous toutes ses formes et, pareillement, la République et le Consulat ne devaient rien produire de remarquable dans l'architecture inséparable du meuble, son expression quasi réduite.

Dans la première époque, il est vrai, la tradition conservait encore une extrême distinction et une grande richesse, mais, dans la seconde, l'impuissance et la grossièreté amenèrent à une fausse austérité qui s'altéra rapidement.

Pourtant, au Directoire, étape intermédiaire, était réservée la particularité sinon d'un style, d'une manifestation reconnaissable, dans le meuble du moins.

Mais procédons par ordre et, avant d'aborder les diverses étapes du style Empire, examinons les rapports existant entre le style Louis XVI et sa dégénérescence antique.

Le style Louis XVI avait été une adaptation distinguée, un compromis élégant et non dépourvu d'originalité, de la donnée classique. Aussi bien auparavant, l'époque de Louis XV avait tempéré l'esprit de la Régence, et le style Louis XVI, finalement, amendait dans la ligne droite, la sobriété et la correction, les délicates courbes et les contorsions précédentes.

Ainsi se corrigent, se façonnent, les formes idéales ou matérielles au gré des mœurs différentes.

L'œuvre des artistes, interrompue par les uns, est reprise par les autres, tour à tour, et il s'ensuit que nous assistons à des styles baroques, à des styles de fin de siècle, de transition, etc.

Ce sont là les marques d'un élan réprimé, détourné au caprice de la politique, du goût, de la flatterie artistique et commerciale. On adore aujourd'hui ce qu'on détestait hier, tout n'est que contraste dans le culte de la beauté soumise à l'évolution de ses adorateurs.

Pourtant nous verrons l'anomalie d'un David imposant l'art antique par goût propre, par le choix de son genre qui exigeait un décor antique. C'est-à-dire que cette fois, au lieu de subir l'influence de son époque, l'artiste dicta ses volontés esthétiques au point que l'on voulut vivre, de son temps, dans les meubles représentés dans ses tableaux !

Voici pourquoi, contrairement à la logique et à l'évolution naturelle de certain progrès, le premier Empire ordonnera un style basé sur le seul caprice de l'anachronisme, en dépit des usages et des besoins autres qui dictent au constructeur des lois opposées.

La Renaissance au moins, en se tournant brusquement vers l'antiquité, au mépris des tendances modernes qui avaient trouvé leur expression dans des œuvres très personnelles, contraignit plutôt qu'elle ne convainquit Bramante et ses émules, vaincus malgré leurs efforts.

Il est vrai que l'imitation de l'antique, à laquelle s'étaient si généralement résignés Bramante et notamment Peruzzi, fut supplantée par un antique lourd et dénaturé, tout comme l'indication classique, — mais en somme originale, — du style Louis XVI, devait être écrasée par l'inspiration romaine singulièrement accommodée à la française.

La décoration chinoise, sous le pinceau de Watteau avait bien été en faveur au temps de Louis XIV (château de la Muette), et Boucher ne devait-il pas plus tard enrichir de *chinoiseries* les dessus de porte du château de Bellevue?

De même, sur les toits, à l'imitation des maisons italiennes, ne vit-on pas naître, sous l'Empire, des belvédères (en petites arcades ou petites colonnes tronquées et de préférence en pilastres très courts) et la mode ne fut-elle pas aux fenêtres ogives et aux portes gothiques ?

Et si, pour emprunter à H. Havard, « ... cet étrange amalgame n'était au surplus que le reflet, dans les arts, d'un engouement assez singulier de philosophes épris de l'antiquité qui confondaient dans un même enthousiasme Platon, Aristote et Confucius » (*les Styles*), ne pouvons-nous pas excuser pareille exaltation chez les « Romains » du temps de Napoléon Ier?

Bref, si depuis Louis XIV les traditions des Mansard, des Perrault cherchaient à se maintenir, malgré quelques tentatives d'innovation principalement apportées à l'ornement et au décor, la Révolution et l'Empire redoublèrent d'enthousiasme **pour** l'antiquité romaine. Et les arts vibrèrent à l'unisson, rétroactivement.

Sous la Révolution, nous avons vu émigrer par force plusieurs architectes, et les architectes attachés à des services publics sont employés alors à donner des projets de fêtes nationales. Parmi ces dernières, la fête de la Fédération, au Champ de Mars, est d'une grandeur typique (14 juillet 1790).

Mais sur quelles ruines sont organisées ces fêtes! Notre ancien art national est bafoué, méconnu; la France, envahie par l'étranger, ferme ses portes à l'étude des ouvriers et des artistes qui, pour échapper à la misère, courent en armes à la frontière ou fuient vers des cieux plus cléments.

La Convention, néanmoins, tente de sauvegarder les anciens monuments; il est vrai qu'à la suite d'ordres mal compris et mal exécutés, une foule de pièces rares provenant des palais ou des églises furent jetées au creuset, les mobiliers des châteaux vendus à l'encan; on ne fit exception que pour les porcelaines et les meubles précieux.

Cependant, le 8 novembre 1793 (et sept jours auparavant, le Directoire confiait *officiellement* à Chalgrin le soin de restaurer le palais du Luxembourg), un *Muséum central des arts* s'ouvrait, tandis que A. Lenoir s'occupait de former le *Musée des monuments français*.

Plus tard, quand le nouvel ordre de choses fut consolidé et que les arts commencèrent timidement à reparaître, profitant de ce que les artistes de l'ancienne France vivaient encore, on aurait pu sauver de la misère un Gouthière, ou donner des commandes à un Riesener : on préféra adopter les idées nouvelles. Vive l'antique !

« A idées nouvelles, art nouveau, avons-nous écrit dans *la Décoration au XIXe siècle*. La Révolution devait forcément justifier son titre et tout changea de fond en comble.

« On voulait une République : l'idéal n'était-ce pas

cette République romaine que l'on avait appris à admirer dans l'enseignement donné par les Jésuites dans leurs collèges? »

Et, en attendant que les David, les Percier et Fontaine soient mûrs pour cette auguste réalisation, la Révolution arrachait en manière de style, — entre deux démolitions, — les fleurs de lys, qu'elle remplaçait par ses emblèmes à elle : la lance, les faisceaux consulaires, le bonnet phrygien, le serpent, la guirlande de chêne, l'œil suprême de la Raison au milieu d'un triangle rayonnant, les mains fraternelles, les niveaux égalitaires, les tables de la loi, etc. Sans oublier les motifs décoratifs offerts par le calendrier républicain : la cocarde, le coq, la charrue, le canon, etc.

C'est ainsi que les meubles de la Révolution ne sont que des meubles de style Louis XVI parés de symboles révolutionnaires (on pourrait même dire « sacrilèges », puisqu'ils démarquaient simplement les chefs-d'œuvre précédents en violant leur originalité) ou bien des créations d'une intempestive fantaisie.

L'histoire du mobilier, d'ailleurs, n'était le style Empire caractéristique malgré tout, prend fin avec le style Louis XVI. La suppression des corporations, qui permettait à quiconque de s'installer fabricant ou marchand, ouvrant ainsi un libre champ à la malhon-

nêteté et à la fraude, c'en était fait de la tradition,
et le long et fructueux apprentissage eût cédé le pas
à la périlleuse improvisation, si des maîtres ne
s'étaient subitement révélés à la hauteur du décor
réclamé par Napoléon Ier.

En attendant, la Révolution anéantit et raille ; son
art n'est que de la satire ou du plagiat ; elle triomphe
dans la caricature à deux pas de la machine de Guil-
lotin.

Aussi bien l'art ne pouvait enfanter dans la terreur
et l'on ne songeait qu'à la Liberté.

« Nous avons changé tout cela », disait (à propos du
nouveau style), au mois de juillet 1790, un marchand
tapissier de la rue de la Verrerie, M. Boucher. « La
liberté, consolidée en France, a ramené le goût antique et pur qu'il ne faut pas confondre avec le goût
ancien et gothique », dit un journaliste sortant de
ses magasins. Alors, s'écrient les frères de Goncourt
à qui nous empruntons ces lignes (*Histoire de la société française*), cachez-vous, marqueteries de Boule !
nœuds de ruban et rosettes de bronze doré d'or moulu,
surdorés et perluisants !

Cachez-vous ! cachez-vous, merveilles de Bernard !
— C'est l'heure « des objets analogues aux circonstances présentes ». Le boudoir, lui-même, ce sanc-
tuaire des coquetteries, le boudoir lui-même est devenu un cabinet politique. « Les charmants sujets de

Boucher, les jolies gaîtés de Fragonard, les petites li-
bertés de Lawrence, ont fait place à des caricatures
aussi plates que révoltantes sur les événements du
jour, caricatures dont l'esprit de parti a charbonné les
traits.

« Une représentation de citadelle détruite a remplacé
le groupe de Léda. Un autel sermentaire a succédé à
la gentille chiffonnière où l'on signait des billets à la
Châtre. »

Tout n'est que ruines sur lesquelles à cette époque
on s'efforcera de faire naître une fleur qui ne devra
ressembler à aucune fleur précédente, et c'était là une
tâche impossible que de vouloir forcer la nature dont
la beauté ne peut être renouvelée en dehors de l'art,
profitant toujours dans le calme, des nobles leçons du
passé.

Les musées résistent par l'exemple à l'erreur de
l'originalité inesthétique, et, en matière de création,
la négation de l'expérience au profit de l'inédit est une
utopie.

Il ne faut pas oublier enfin, que les caprices du goût
et du bon ton sont infinis comme en dehors de toutes
règles, modes de couleur et de formes, modes de
beauté suivant l'époque, modes de langage et de ma-
nières, modes même de résidence !

C'est ainsi que, sous Louis XIV, il était « chic » de
loger au Marais, que sous Louis XV, les gens de qua-

lité habitaient au Faubourg et que sous le premier
Empire, la Chaussée-d'Antin fut le refuge de l'élégance.

Aussi bien, sous l'Empire encore, pour être à la
mode, « une femme devait, si l'on en croit un écrivain
du temps, avoir le pied romain, la tête grecque, le col
égyptien, les bras turcs et le corps (la robe) espa-
gnol ».

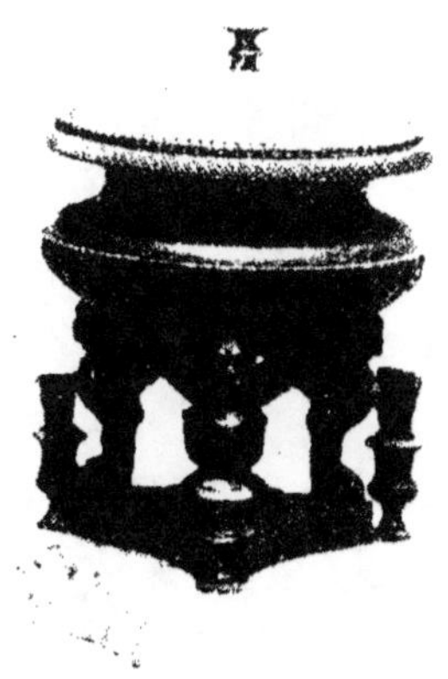

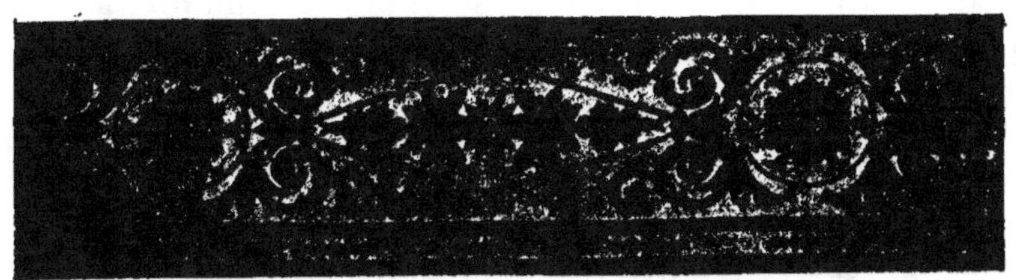

CHAPITRE III

Les promoteurs du style Empire :
L. David, Percier et Fontaine.

Examinons maintenant l'état de l'art en général avant la tyrannie du peintre L. David.

L'orage de la Révolution gronde, et les moutons frisés, les blanches colombes, fuient devant les bergères éperdues et les amours gras et roses chers au délicieux xviiie siècle.

Cette grâce, cette fadeur, aujourd'hui incriminées, étaient de mode hier, succédant à l'école majestueuse et rigide prônée par Le Brun, peintre officiel de Louis XIV ; puis, après un aimable intermède, L. David, autre peintre officiel, ramenait la discipline dans l'art.

Si le roi Soleil s'était écrié : l'État, c'est moi ! Le

Brun avait pu dire : l'Art c'est moi ! et maintenant L. David incarnait pareillement l'art aux côtés de Napoléon Ier.

L'austérité, farouche gardienne des altitudes, revint donc avec le peintre des *Sabines*, qui venait de ramasser le sceptre de la Beauté antique, menu flambeau précédemment entre les mains des chérubins ailés.

Le règne de Louis XIII, attristé par les guerres de religion, avait engendré un style grave après le sourire de la Renaissance, en rupture de raideur antique, et l'influence de la littérature devait ramener le style Louis XVI à la sévérité, Jean-Jacques Rousseau, en tête du mouvement, imposant la vertu après la volupté précédente.

C'était l'heure de Greuze, « donnant des mœurs à la peinture », opposé à Watteau, à Boucher, délicatement pervers.

Mais l'idée du retour à l'antique remonte encore plus haut.

Entre le style rocaille et le style Louis XV, il y a place pour un style Pompadour, et il est piquant de constater que le rappel à l'art discipliné, au grand art comme aux grandes lignes et à leur pureté, est « battu » par une courtisane, par une « irrégulière ».

« Depuis quelques années, écrit Grimm en 1761, on a recherché les ornements et les formes antiques :

le goût y a gagné considérablement, et la mode en
est devenue si générale que tout se fait aujourd'hui

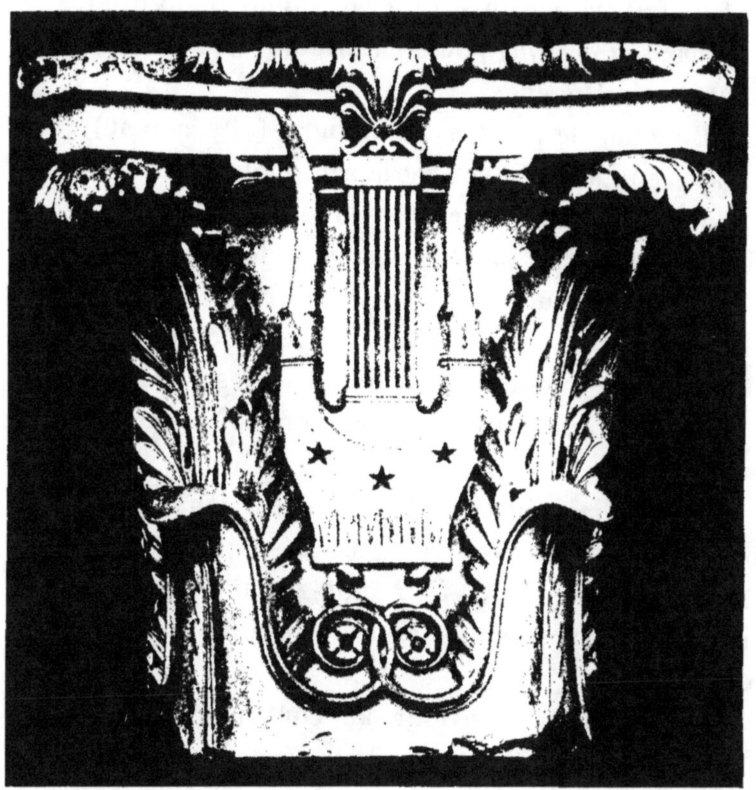

Fig. 11. — *Chapiteau.*

à la grecque. La décoration intérieure et extérieure
des bâtiments, les meubles, les étoffes, les bijoux de
toute espèce, tout est à Paris à la grecque.

« Ce goût a passé de l'architecture dans les boutiques des marchands de modes... »

Et de fait, la marquise de Pompadour inaugure les meubles *à la grecque* pour réagir contre l'art convulsionné de la Régence.

Si Boucher, le peintre des amours, fut son peintre, elle apprend à dessiner avec le sculpteur Bouchardon, le moins maniéré des artistes de son temps, et c'est Gay enfin, qui lui montre à graver des camées dans la manière antique.

Il n'empêche que l'exclamation de Diderot est justifiée : « Les modernes n'ayant d'autres projets que d'imiter servilement les anciens, ont tout gâté, tout perdu. »

Lorsque l'imagination vient à faillir, on se tourne du côté des chefs-d'œuvre consacrés, que l'on pille, et la favorite de Louis XV rendit-elle un grand service à l'art de son temps, en lui conseillant un regard rétrograde ?

Aussi bien, pour revenir au contraste offert par l'exemple de Mme de Pompadour avec l'austérité du style qu'elle préconisa, il ne faut pas exagérer la corrélation de l'art pur avec les mœurs rigides.

On a peine à croire, effectivement, que la naïveté très raffinée de *Daphnis et Chloé*, par exemple, soit à l'époque romaine, soit au xvie siècle, grâce à la traduction d'Amyot, soit au début du xixe siècle, grâce à la version de P.-L. Courier, ait été chastement envisagée.

Ce chef-d'œuvre était à la mode, simplement, et satisfaisait plutôt certaine hypocrisie vertueusement réactive.

N'allez pas croire non plus qu'à l'époque tourmentée de la Révolution, alors que chaque tête cependant tremblait sur ses épaules, la gravité de l'heure ait correspondu en quoi que ce soit à l'état d'âme. Bien au contraire, la romance est sur toutes les lèvres.

On chante avec une belle insouciance, par exemple la douleur de Némorin tirée du roman d'*Estelle* de Florian, lors de sa rupture avec sa douce fiancée :

> Vallon charmant où notre enfance, etc.,

ou bien, sur un air de *Pénélope*, on entonne désespérément : *il est affreux... il est extrême, il n'est connu que de mon cœur, il n'est connu que de mon cœur, que de mon cœur, que de mon cœur!...*

Puis David arrivera, débutant en sa réaction, par remplacer Vénus et ses colombes par la Minerve au hibou.

Aussi bien le luxe qui encourage l'art, banni un instant des fêtes républicaines, ne devait reparaître progressivement que sous les fêtes du Directoire. Les émigrés s'étaient décidés à rentrer à Paris et à y donner des réjouissances qu'imitèrent les banquiers de la Chaussée-d'Antin.

Avec le Consulat apparurent ces glorieux militaires à qui tout est permis, toujours vainqueurs, « à Cythère comme à la bataille ».

Le luxe renaissant est aussitôt adopté à l'unisson, par Bonaparte lui-même : c'est le style Empire dans tout son éclat.

Mais avant d'aborder le détail, examinons les principaux auteurs de cette manifestation, et tout d'abord, nommons les instigateurs du style Empire, avec L. David.

Ce sont les architectes Percier et Fontaine.

Louis David, le « Le Brun » de l'Empire, si l'on peut dire, élève et petit-neveu de François Boucher, après avoir déclaré : « N'est pas Boucher qui veut », s'était écrié, à la vue des chefs-d'œuvre de Rome : « Je suis opéré de la cataracte ! »

Toute l'origine de la manifestation qui nous occupe, de cet art nouveau qui, adopté par Napoléon Ier, devait constituer par la suite le style Empire, tient en cette exclamation.

Si Vien, second maitre de David, ne l'avait pas emporté sur Boucher par ses directions classiques, plutôt que par l'exemple de son talent, secondaire ; si, d'autre part, le peintre de Mme de Pompadour avait conduit lui-même le futur traducteur des Romains, dans l'atelier de Vien, sait-on jamais si le style qui nous occupe eût existé?

D'ailleurs, voici en quels termes de rare éclectisme Boucher se défendit d'influencer les dons de son jeune parent. « Il y a près d'ici un homme de talent (Vien) qui s'est tourné vers les vieux en croyant que le soleil se levait par là : je pense que la lumière qui l'attire, c'est la lampe des morts; mais après tout il a peut-être raison. »

Et néanmoins, non, David ne pouvait être ensorcelé par les Cythéréennes au nez retroussé, chères à son grand-oncle !

Non, le profil grec seul devait le séduire et, lorsqu'il s'écria à ses débuts, devant une toile séraphique de Boucher : « C'est là que je voudrais vivre ! » moins l'intonation convaincue de *Mignon*, il ne s'aperçut pas que déjà il avait chaussé le cothurne.

« On peut dire de Louis David qu'il fut révolutionnaire à son atelier comme au club des Jacobins ou à la tribune de la Convention.

« C'était un Spartiate et un Romain à Paris.

« Il avait rapporté, en 1780, de son voyage au delà des Alpes, la patrie de Lycurgue et de Brutus à la semelle de ses souliers. Il n'a jamais compris ni l'art national ni le sentiment national. Il était Spartiate et Romain; il n'a jamais été Français, hormis dans son exil. »

Que venait faire, au surplus, le futur dictateur des Arts dans un nuage de poudre de riz ! Et combien se fussent effarouchées les brebis enrubannées, de la rude silhouette de Brutus !

En somme, L. David nous apparaît l'homme de cette réaction, par tempérament. Il veut qu'à son souffle les morts illustres sortent du tombeau. Sur son album s'inscrivent à nouveau le canon de la forme, la ligne, la synthèse.

Il a retrouvé dans ses compositions le balancement harmonique des Grecs, et la nudité reflète en son esprit le caractère divin que Phidias attachait à ses créations.

David ne travaillera que pour l'immortalité, aux sources de laquelle il veut uniquement boire, et nous allons maintenant voir Vien, le vieux maître, nommé directeur de l'Académie de France à Rome, agenouillé côte à côte avec son élève, devant les dieux de l'antiquité.

Aussi bien cette adoration de l'antique aurait pu se borner à une expression picturale. De tout temps, suivant leur genre, les artistes exhument des époques et font revivre des faits du passé, mais sans pour cela jouer les rôles de leurs reconstitutions ni se mouvoir dans le décor de ces reconstitutions.

Ces artistes s'entourent de documents, de modèles, réservés à leurs représentations et, en dehors de leur œuvre, au sortir de l'atelier, ils vivent de la vie moderne. Mais, au temps qui nous occupe, nous assistons à une manifestation opposée : c'est le genre d'un artiste qui dirigera l'esprit et « plantera » le décor d'une époque !

Jusqu'à David, effectivement, les meubles des maisons même les plus opulentes de Paris, étaient encore fabriqués dans le goût de ceux de Louis XV et de Marie-Antoinette et, chose singulière, ce furent les *meubles d'atelier* du peintre des Sabines, *modèles exécutés seulement en vue de ses tableaux*, que la mode adopta !

Écoutons plutôt la description de l'atelier de David : « Les chaises courantes en bois d'acajou sombre, et couvertes de coussins en laine rouge avec des palmettes noires près des coutures, avaient été copiées sur celles dont la représentation est sur les vases dits étrusques. Au lieu des deux *bergères* d'usage, on voyait d'un côté une *chaise curule* en bronze, dont les extrémités des deux X se terminaient en haut et en bas par des têtes et des pieds d'animaux, et de l'autre un grand siège à dossier, en acajou massif, orné de bronzes dorés et garni de coussins et de draperies rouges et noires; le tout avait été fidèlement imité de l'antique et exécuté par le plus habile ébéniste de ce temps, Jacob, d'après les dessins de David et de Moreau, son élève.

Enfin le complément de ce mobilier était un lit également à l'antique...

« Au surplus, poursuit J. Delécluze à qui nous empruntons ces lignes (*Louis David*), tous ces objets exécutés d'après le goût et sur les ordres de David, étaient, à proprement parler, des *meubles d'atelier*, puisqu'en effet ce peintre les a copiés dans ses ouvrages. C'est ce dont on pourra s'assurer en confrontant la description précédente avec les meubles qui se trouvent dans les tableaux de *Socrate*, de *Brutus*, d'*Hélène et Pâris*, et dans le portrait ébauché de *M*^{me} *Récamier* » (*fig.* 12).

Plus loin, le même auteur écrit : « On citait comme une nouveauté les meubles de Jacob d'après l'antique ; Quinquet était peut-être moins fier de l'invention de ses lampes que des ornements étrusques que les élèves de David peignaient sur leurs montures, et l'on surprenait souvent les coiffeurs dans le fond de leur boutique, réfléchissant sérieusement devant une tête à perruque, pour imiter la coiffure des sœurs des Horaces ou de la femme et des filles de Brutus, des tableaux de David. »

Ainsi donc, ce fut le genre de David, sa manière d'artiste qui dicta l'esprit du moment ; son génie seul fut la cause du style Empire !

Aussi bien David avait trouvé en Percier et Fontaine l'écho de son enthousiasme.

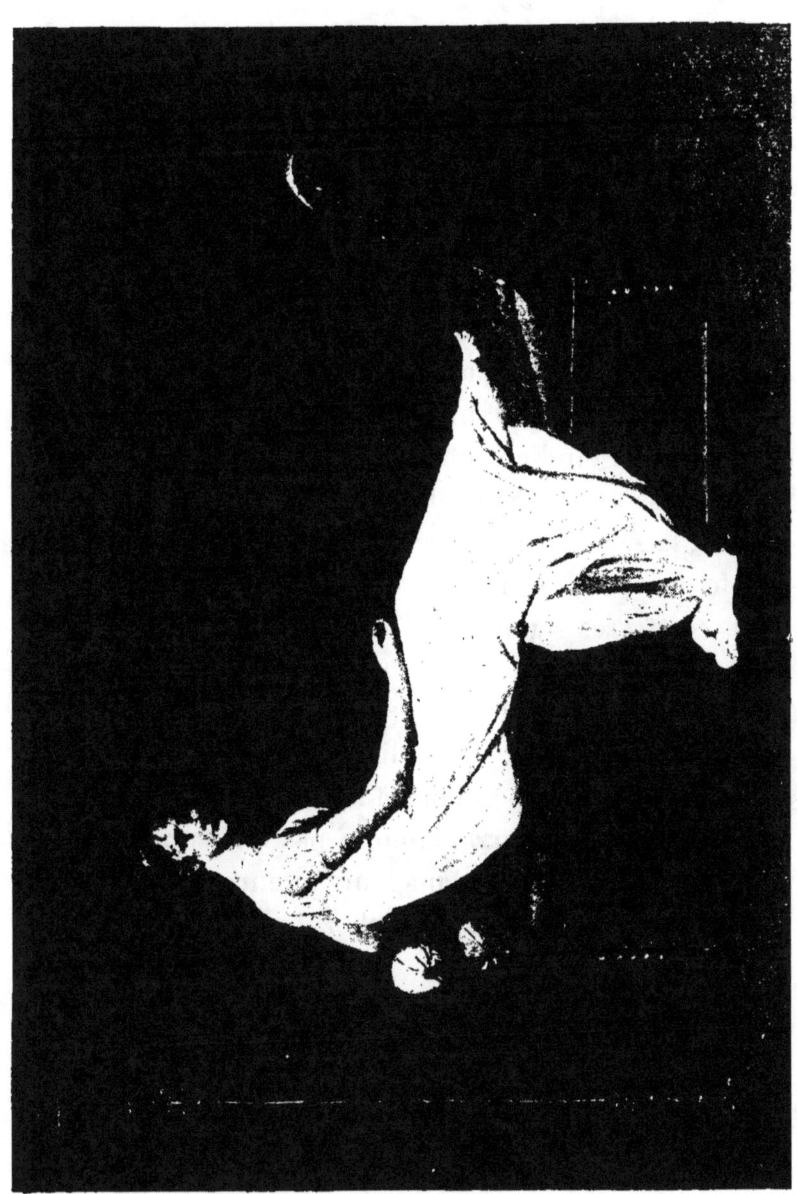

Fig. 12. — *Portrait de Mme Récamier* (musée du Louvre), par L. David

Charles Percier, prix de Rome, dépeindra en ces termes son admiration éperdue au seuil de la Ville éternelle : « J'éprouvais, dans mon saisissement, ce tourment de Tantale, qui cherche vainement à se satisfaire au milieu de tout ce qu'il convoite.

« J'allais de l'antiquité au moyen âge, du moyen âge à la Renaissance, sans pouvoir me fixer nulle part. J'étais partagé entre Vitruve et Vignole, entre le Panthéon et le palais Farnèse, voulant tout voir, tout apprendre, dévorant tout, et ne pouvant me résoudre à rien étudier. »

De son côté, P.-F.-L. Fontaine partageait exclusivement la ferveur antique de Percier, au point que ces deux noms sont inséparables.

Et ces frères siamois de l'architecture impériale ne rêvent rien moins que d' « épurer le goût avec des monuments dignes de l'ancienne Rome, élevés dans le sein de la capitale », tandis que L. David s'écrie, illuminé : « Nous cherchons à imiter les anciens dans les arts, etc., ne pourrions-nous pas faire un pas de plus et les imiter aussi dans leurs mœurs et les institutions qui s'étaient établies chez eux pour porter les arts à leur perfection ? »

Et voici enfin comment Percier et Fontaine jugent l'état de l'architecture en 1798 :

« On dirait à voir la plupart de nos ouvrages modernes, nos appartements ingénieusement rétrécis, nos petites distributions, nos colonnes de plâtre, nos

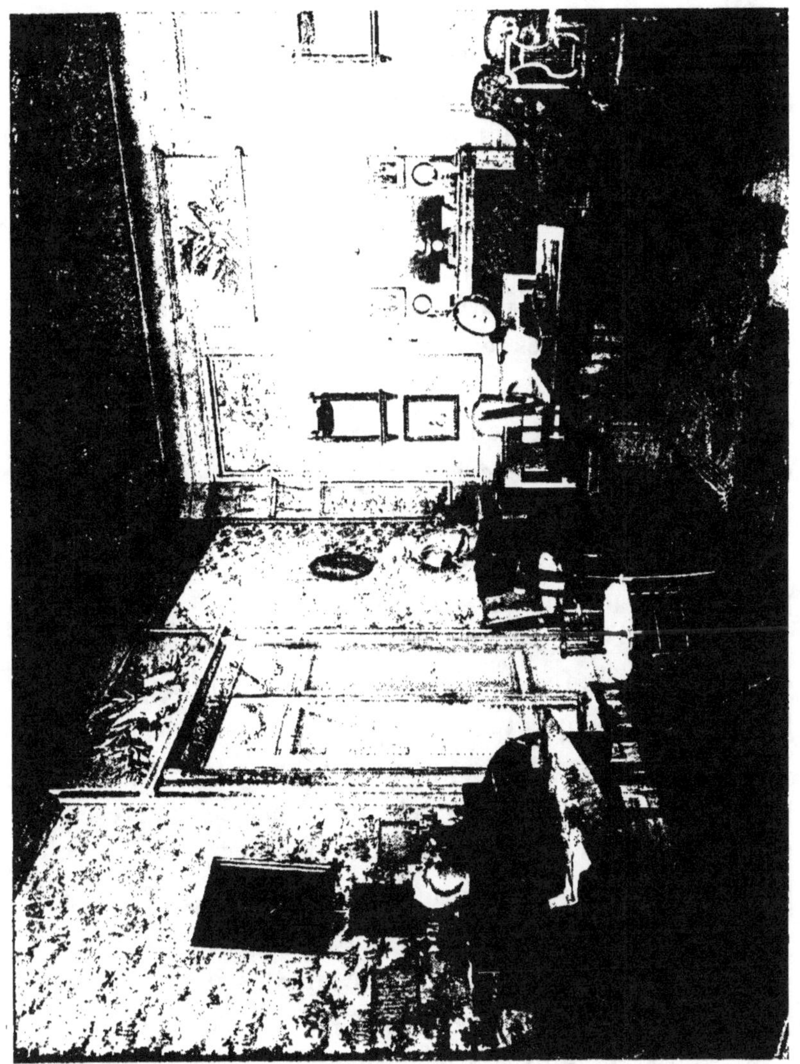

FIG. 13. — *Chambre, époque de la Constituante.*

bronzes dorés, nos marbres peints ; on dirait qu'en

cela, plus enfants que tous les autres, nous jouons à l'imitation en nous contentant de l'apparence.

« Nous ne chercherons pas à dévoiler les véritables causes de cette dégradation dans l'art. Nous ne pouvons croire qu'elle ait été motivée par des raisons d'économie, car il serait facile de prouver que ces fausses imitations, loin d'être moins dispendieuses, occasionnent, au contraire, des dépenses continuelles tant par leur peu de durée que par le prix excessif que les ouvriers habiles exigent pour ces sortes d'ouvrages.

« Nous pourrions peut-être prononcer, avec regret, qu'elle est la preuve certaine que jamais chez nous l'architecture n'a été en grande faveur. »

Suit un éloge de l'Italie dont les deux architectes publient les monuments et les maisons.

Cet extrait permet de se rendre compte de l'état d'abandon dans lequel étaient, à ce moment, tombées les études d'architecture.

On saisit, dès lors, l'importance dont étaient pénétrés ces réformateurs en tête desquels, le glaive en main, le casque en tête, marchait David.

En vérité, plus nous y réfléchissons, plus se fortifie en nous la conviction que David était bien l'homme de son temps aux aspirations desquelles il répondait parfaitement.

A toutes époques, alternativement, une certaine

beauté doit s'imposer ; elle succède, automatiquement presque, à l'originalité ; nous en avons donné la preuve en récapitulant quelques styles, et la grandeur classique est réellement hallucinante, on pourrait même dire fatigante, tant les conceptions personnelles sont paralysées par l'exemple.

Aussi bien, à propos du style Empire, il ne s'agit pas de personnalité, mais d'adaptation originale.

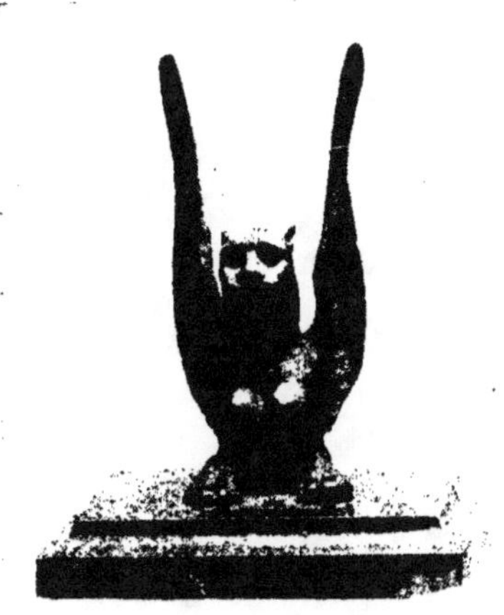

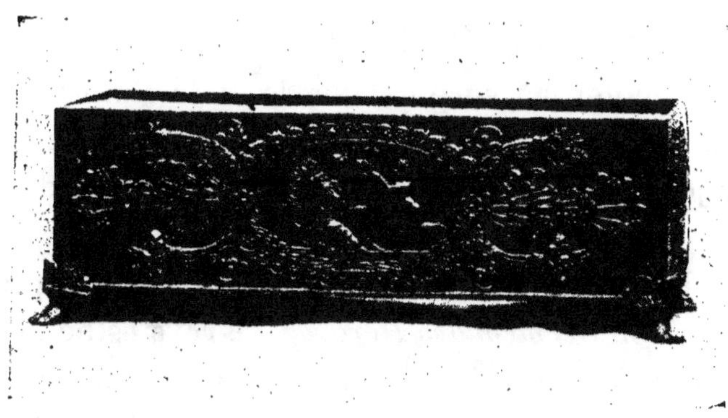

CHAPITRE IV

Le style sous la Révolution ; le style Messidor
ou du Directoire.

Napoléon Bonaparte est nommé premier consul le
11 novembre 1799 ; empereur le 18 mai 1804 ; il ab-
dique pour la seconde fois le 22 juin 1815. Or, c'est
cette courte période de quinze années (de 1800 à 1815)
qui nous vaut la manifestation artistique classée sous
le nom de style Empire, où il nous fut donné d'applau-
dir à « autant d'hommes extraordinaires, à autant de
génies, à autant de magnificences que durant le très
long règne de Louis XIV ».

Cette dernière appréciation, empruntée à H. Bouchot (*l'Empire*), nous dispensera de revenir sur le mérite de l'une des plus intéressantes, sinon des plus fécondes périodes de notre art national.

Il faut songer, au surplus, que le style Empire, en attendant la mise au point d'un art nouveau florissant de nos jours, est le dernier style caractéristique de la France.

Bref, le premier grand succès de David est représenté par son *Serment des Horaces*. Le rêve esthétique du célèbre peintre est sanctifié par cette commande émanant du directeur des bâtiments du roi (nous touchons maintenant à la fin du règne de Louis XVI).

Dès lors, on brise les idoles d'hier; les paravents et les éventails sont tout au plus dignes d'être mis à la française.

C'est dans l'ordre des choses. David, lui-même, qui fut le peintre du roi Louis XVI et sera l'ami de Marat pour devenir ensuite le courtisan de Napoléon, après avoir siégé sur les bancs de la Convention, n'est-il pas un singulier modèle d'inconstance ?

« Il fallait aux ironies des circonstances que le peintre de Marat vécût, pour qu'il se laissât faire le peintre ordinaire des couronnements futurs et le fournisseur des dessins du fauteuil d'un empereur. »

Tout autour de David, la note est identique. On ne puise les sujets que dans le grec ou le romain.

Pendant que le maître peint *Hélène et Páris* et le fameux *Léonidas aux Thermopyles*, ses disciples représentent, Guérin: *Sextus-Quintus, Enée et Didon;* Gérard: *Psyché et l'Amour;* Girodet: *Endymion*, etc.

Et voyez jusqu'où s'étend le fanatisme !

Mme Lebrun et son père, M. Vigée, n'eurent-ils point l'idée de transformer un souper qui devait avoir lieu chez eux en un *festin grec chez Aspasie ?*

On se mit à table en chantant en chœur le fameux air de Gluck : *Le Dieu de Paphos et de Cnide* au son de la lyre. Vêtues de longues tuniques, deux jeunes filles du monde, jouant pour la circonstance le rôle d'esclaves, versaient le vin dans des cratères d'Herculanum.

Le décor en entier, d'ailleurs, était accommodé à la mode grecque, et les invités portaient la pourpre et les sandales avec un sérieux imperturbable ; jusqu'au souper, où, en outre des raisins, des figues, des olives, figuraient un paon, des anguilles à la *sauce grecque*, un gâteau de miel, etc.

Singulière époque, a-t-on dit, que celle où l'on ne veut vivre que dans le mobilier de Tarquin le Superbe et boire exclusivement dans les patères d'Herculanum !

Époque où les robes de femmes ont des airs de chlamydes, où les souliers ressemblent à des cothurnes !

Et le vent de folie qui précède la température assagie des conceptions mises au point, faisait rage.

A l'époque révolutionnaire, si nous ne distinguons rien de caractéristique dans l'architecture, plus préoccupée de réparer que de construire, de démarquer que de créer, et si, dans le mobilier, la simplicité à l'ordre du jour paralyse l'essor de l'ébénisterie jusqu'à la négation, il n'en est pas moins vrai que cette « simplicité » est au moins fantastique.

Qu'on en juge !

« Plusieurs patriotes ont fait faire des lits *à la fédération* ainsi que des fauteuils et des chaises portés sur de vrais pieds *antiques*. »

Le lit *à la fédération* (*fig.* 16) est composé de quatre colonnes en forme de faisceaux, cannelées et peintes en gris blanc verni.

Les liens des faisceaux sont dorés ainsi que les branches de fer et les haches qui soutiennent l'*impériale*. Les pieds du lit sont *antiques*, de cuivre massif bien poli.

L'*impériale* est en forme de bouclier couleur de bronze, ornée de franges d'or, et surmontée d'un panache blanc.

Les pentes extérieures en taffetas ou damas blanc, avec des franges d'or. Les pentes intérieures d'une étoffe de soie en arabesque, dont le fond est violet et les dessins rouges.

Les rideaux de taffetas ou damas bleu de ciel, bordés d'une étoffe de soie en arabesque, dont le fond est *brun étrusque* et les rideaux rouges.

Rideaux intérieurs de taffetas rouge, servant de doublure à la *housse*. Les cordons qui attachent les

Fig. 16. — *Lit « à la Fédération »* (1791).

rideaux aux faisceaux sont violets avec des glands d'or.

La *courte-pointe* en taffetas ou damas bleu de ciel, retroussée par des nœuds de cordon violet terminé par des glands d'or.

Sous la *courte-pointe*, une draperie d'étoffe de soie fond blanc, avec des ornements *brun étrusque* et une seconde draperie rouge avec des ornements blancs.

Écoutons maintenant la description d'un fauteuil *antique :*

Le bois du fauteuil *antique* (*fig.* 17) est peint en gris blanc verni ; ses pieds de cuivre massif sont très polis ; son dossier, plié *en rouleau*, est garni d'une étoffe de soie en arabesque dont le fond est bleu de ciel, avec une *rosace* au milieu, dont le fond est *brun étrusque* et les ornements rouges. Quant au coussin, il est pareil au dossier.

Passons ensuite à la chaise *étrusque :*

La chaise *étrusque* (*fig.* 18) est en bois d'acajou, son dossier est composé de deux trompettes et d'un thyrse liés ensemble ; son coussin en étoffe de soie brune avec une *rosace* au milieu et des ornements jaunes. Le siège repose sur des pieds *antiques* de cuivre massif très poli.

Il y a aussi des lits *à la révolution* « avec des franges *étrusques* ornées de jasmins et de torsades », et l'on trouve heureux le mélange de plusieurs couleurs

sur un brun très foncé qui, formant ce qu'on appelle
le jaune *étrusque*, donne aux étoffes qui garnissent ce
lit un relief « dont on n'avait pas encore eu l'idée jusqu'à présent ».

La forme de ces lits tient le milieu entre celle des

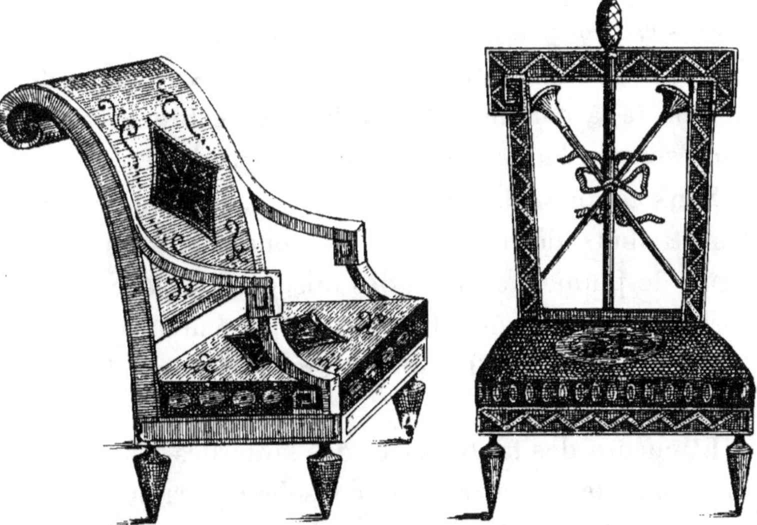

FIG. 17. — *Fauteuil antique*   FIG. 18. — *Chaise étrusque*
        (1791).   (1791).

lits *à la polonaise* et en *chaires à prêcher* ; ils sont dra-
pés en *cantonnières* et en *écharpes* qui tombent sur les
quatre côtés.

Voici des chaises *étrusques* en bois d'acajou aux pieds
à l'antique, dont les dossiers sont en forme de *pelle* et
ornés de camées.

Voici des feux de cheminée en forme de *grils*, à balustres de bronze doré d'or moulu.

Et puis des candélabres *à la chinoise*, avec des figures en bronze, des fauteuils *à chapeau*, à colonnes cannelées sur les côtés, à balustres torses sur le devant, richement sculptés et garnis *à l'anglaise* avec des agréments *étrusques* au lieu de clous dorés.

Et puis des pendules *civiques*, avec les attributs de la liberté, à colonnes de marbre et de bronze doré, représentant l'*autel fédératif* du Champ de Mars.

Sans compter des *lits patriotiques*, avec également les attributs de la liberté, des bonnets figurant en place de plumets au bout des faisceaux de lances qui forment les colonnes du lit; ils représentent l'arc de triomphe élevé au Champ de Mars le jour de la Fédération.

Et encore des fauteuils et des lanternes d'appartement dans le même goût, des consoles en acajou échancrées sur les coins, ornées de galeries à balustres à deux marbres blancs, et de *bretés* en bronze doré dans les *têtes des pieds*.

Aussi bien les draperies des lits et des *croisées* forment un *champ* de couleur opposée à celle du fond de l'étoffe sur laquelle on met deux franges *étrusques*, avec des glands *chinois*...

Grec, romain, chinois, étrusque, polonais, anglais, autant d'emprunts et de prétextes à des décorations sans caractère, accouplées pêle-mêle, à tort et à travers, dans une originalité livrée à l'ingéniosité délirante des profanes. Il semble que le mot de France a été anéanti par celui de Révolution et, de fait, tout notre beau passé artistique vient alors de sombrer dans l'ingratitude.

Sans doute ces meubles sont d'une conception effarante, et nous y lisons le style Empire qui se prépare, mais la confusion est impossible ; nous verrons entrer plus d'ordre, plus de sagesse et de goût, davantage de recherches de proportion et de forme dans le style Empire qui, en somme, disciplinera cette divagation.

Terminons d'ailleurs notre aperçu des inventions de l'époque révolutionnaire.

Voici deux candélabres. Ils sont en porcelaine. L'un représente Apollon et Daphné au moment où Daphné, poursuivie par ce dieu, est changée en laurier.

Les nus des deux figures sont couleur chair. La cuisse, la jambe et le pied droit de Daphné sont déjà convertis en un tronc d'arbre d'où poussent des feuilles.

Le milieu du corps se couvre d'une écorce de laurier ; la tête est verdoyante et les deux mains sont changées en rameaux qui supportent deux bobèches.

La draperie d'Apollon est bleu de ciel, son carquois doré ainsi que le socle.

Le second candélabre représente une bacchante

portant un vase de porphyre dont les anses servent de support à deux bobèches dorées.

La draperie est bleu de ciel, le tambour de basque tenu par la bacchante ainsi que le socle sont dorés.

Ces deux candélabres sont de la hauteur de 28 pouces et les mêmes sujets sont aussi exécutés en bronze antique, avec les draperies, le socle et les ornements dorés en or moulu.

Voici enfin la description d'un salon « nouveau » (*fig.* 19).

La rosace en forme de *parasol* est détachée du fond par un ton brun rougeâtre. La guirlande, ainsi que les ornements, sont blancs, verts et rouges ; les deux filets ainsi que les perles sont également rouges. Les camées sur fond blanc, sont bleus et leur bordure orange, les petits parasols verts.

Le premier ornement est doré ; les *oves* sont violettes et les *denticules* dorés.

Le fond de la *frise* est bleu de ciel, les cornes d'abondance blanches, la bordure des camées rouge.

La bordure de la glace est dorée, ainsi que celles des dessus de portes ; les angles ont des fonds blancs et les petits parasols sont verts.

Les deux *pilastres* de chaque côté de la glace ont les bordures violettes et le fond bleu de ciel. Les feuilles de vigne qui forment les ornements, sont blanches.

La cheminée est de marbre blanc. La pendule en

forme de lyre est de bronze doré ainsi que les *feux*.

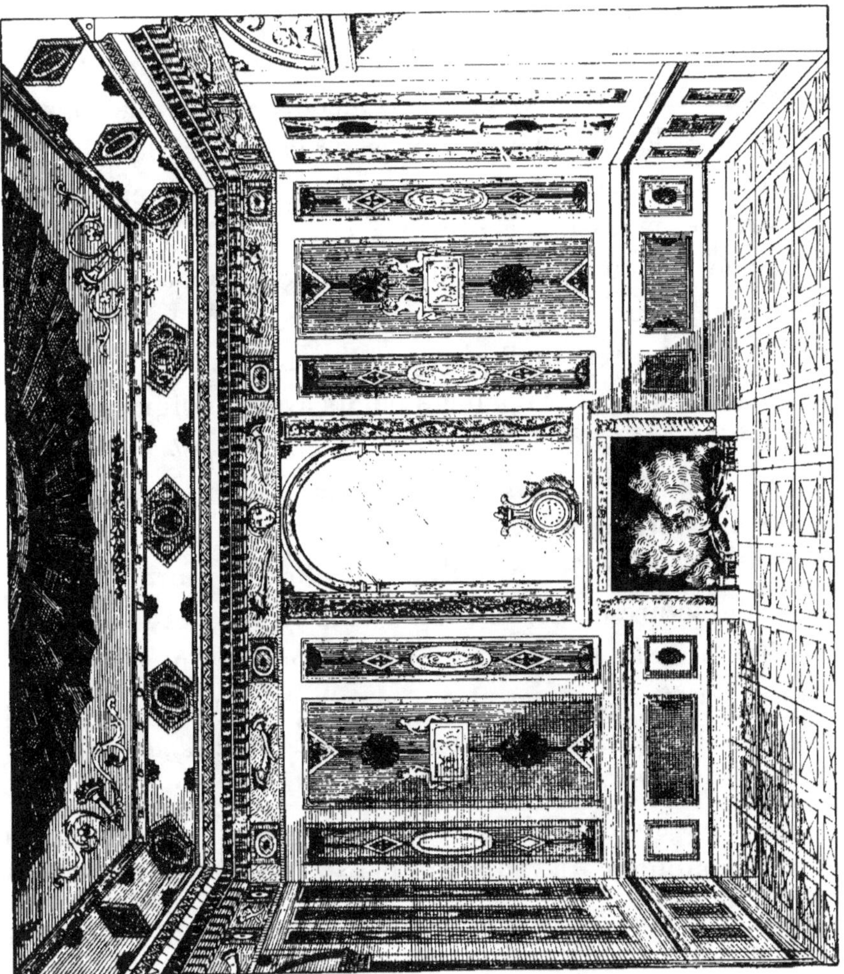

Fig. 19. — *Décoration d'un salon (1791).*

Les fonds des grands et petits *panneaux* sont d'un
brun clair; les bordures violettes et les petits para-

sols verts ; la bordure des camées ainsi que des ornements orange ; les fonds des camées bleus et les figures blanches ; les ornements bruns et rouges.

« ... Et, dans ce tapage de chocolat où détonnent le rouge et le vert, écrivent les Goncourt, essayez de vous rappeler les nuances rompues de jadis, les dégradations rose, amarante, lilas, gris, vert d'émeraude, vert de mousse, aventurine, citron, paille, soufre, douce gamme qui chantait moelleusement sur les meubles, sur les murs du temps passé ! Douce gamme que les maîtres de l'heure oublieront pour les étoffes tricolores, pour les papiers peints avec les signes distinctifs de l'égalité et de la liberté de la *fabrique républicaine* de Dugoure, place du Carrousel, au ci-devant hôtel de Longueville.

« Puis le goût révolutionnaire ira se fournir à la manufacture de la rue Saint-Nicaise, place de la Réunion, « de tableaux avec l'inscription civique prêts à être placés au-dessus des portes de chaque citoyen et portant ces mots : *unité, indivisibilité de la république, liberté, fraternité ou la mort.* »

« Puis au bout de ces barbaries des tapissiers de la République, il y aura un petit almanach qui prédira : « Nous avons tant épluché les modes, tant raffiné sur les goûts, tant retourné les meubles et les ajustements, que, rassasiés, épuisés, excédés de jolies choses, nous redemanderons le gothique comme quelque chose de neuf, nous l'adopterons ; et nous voilà revenus tout naturellement au xive siècle. » (*Histoire de la société française.*)

Hélas ! ce retour au gothique ne devait pas tarder, puisque l'on vit des meubles empruntant à ce style,

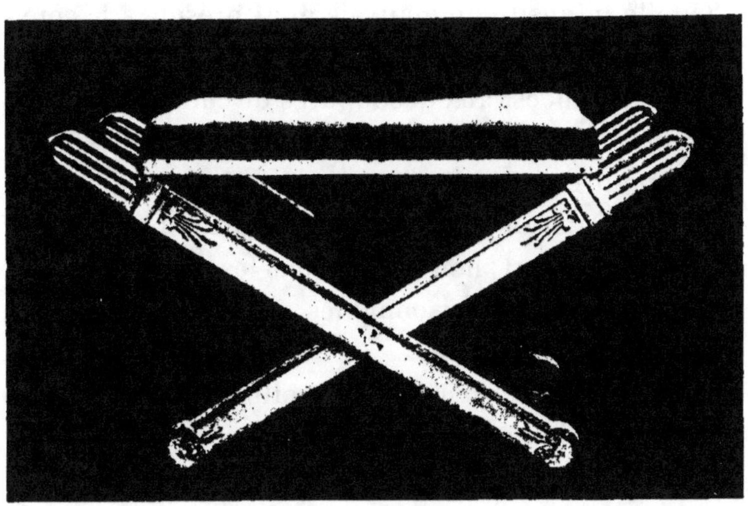

Fig. 20. — *X Directoire.*

tant en Angleterre qu'en France, déjà sous le premier Empire, et que la Restauration devait l'affectionner. Il est vrai que, sous le premier Empire, ces essais furent plutôt isolés avant d'être écrasés définitivement par le gréco-romain, tandis qu'il était réservé à la Restauration, époque plate et bourgeoise, de se rattacher aux branches du gothique pour tâcher d'être originale, entre deux piètres pastiches du style Empire.

Quelles odieuses combinaisons germèrent dans l'indigence imaginative de ce dernier temps ! Quels singuliers accouplements, quelles puérilités, quelles bêtises, tentèrent de rabaisser la grandeur du gothique !

Quelle intensité du mauvais goût présida à la construction de ces chaises, de ces lits, de ces berceaux, de ces crédences, aux découpures de cathédrales honteusement appauvries, tronquées, caricaturées !

Et, pour en revenir à la description de notre salon, il ne faudrait pas croire que nos exemples choisis exprès, exagèrent; non point, nous les avons cherchés typiques et plutôt raisonnables parmi le plus grand nombre d'excentricités.

Comme l'on sent bien qu'à cette heure les architectes sont désemparés et que la politique se mêle aux moindres choses, abolissant les compétences artistiques, livrant tout à la passion au détriment du bon goût !

Voyez, d'autre part, la toilette des « dames » s'improvise « patriote », en adoptant la couleur de la nation, et les patriotes, de leur côté, signalent leur zèle par des costumes avantageux. Ils ont arboré la grenade, le bonnet de poil et l'épaulette rouge.

L'habit des *chasseurs*, dit-on, offre un champ vaste aux jeunes « élégants » et, d'autre part, les *vétérans* (bataillon de vieillards dont le moins âgé doit avoir soixante ans accomplis) auront un uniforme particulier.

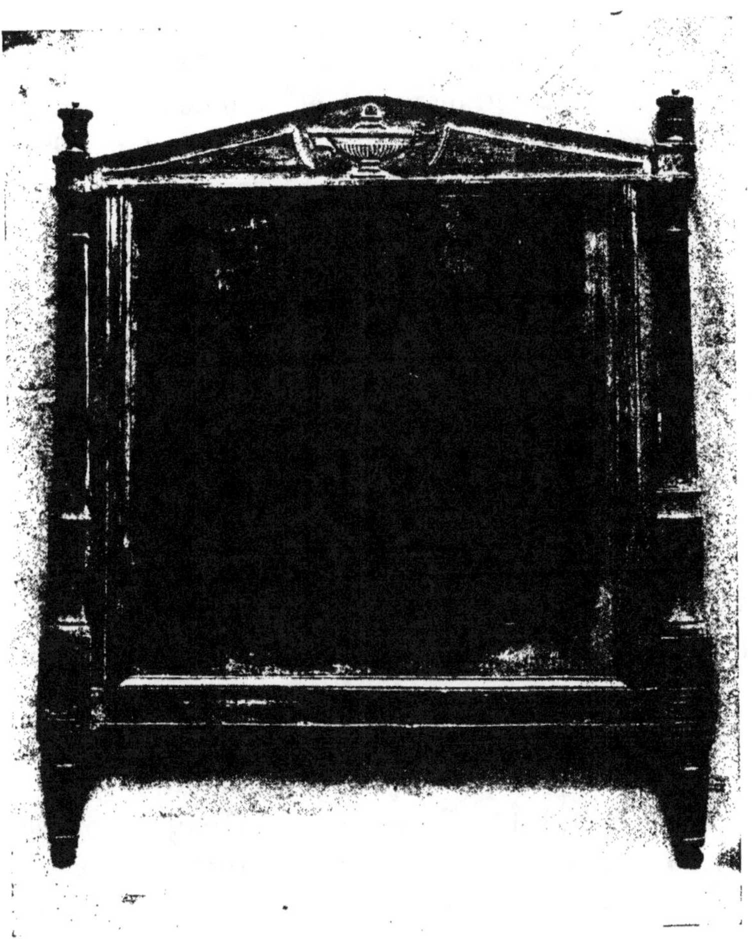

FIG. 21. — *Téle de lit Directoire.*

La fureur du costume, l'audace décorative basée

uniquement sur le sentiment de l'heure, en dehors des conseils de l'art, ne devait engendrer que ce chaos d'initiatives.

Les architectes, pour vivre, répétons-le, avaient en partie émigré à l'étranger, et ceux qui demeuraient à Paris, centre directeur de la France, assistaient impuissants à un débordement dont ils n'étaient point la cause, n'ayant point été consultés pour apporter le remède.

Le grand peintre David, d'autre part, s'apprêtait à décréter le style de Napoléon à travers de singulières hésitations d'opinion. N'avait-il pas osé proclamer, dans sa jeunesse incertaine : « L'antique ne me séduira pas ; l'antique manque d'action et ne remue pas, » lui qui, plus tard, devait se disputer l'honneur avec Vien, son maître, d'établir l'art d'Athènes et de Rome à Paris, lui à qui il incomba de préparer le décor de tragédie en lequel la France allait vivre, lui qui devait porter le coup fatal à l'Académie de peinture !

N'oublions pas encore que le tribun David, peintre de Louis XVI, votera la mort de ce roi et que, sous la Terreur, l'artiste refusera à Carle Vernet d'intervenir pour sauver la tête de sa sœur mariée à l'architecte Chalgrin, en ces termes : « J'ai peint Brutus, je ne solliciterai pas Robespierre ! »

Tant d'incohérence peut expliquer en quelque sorte la

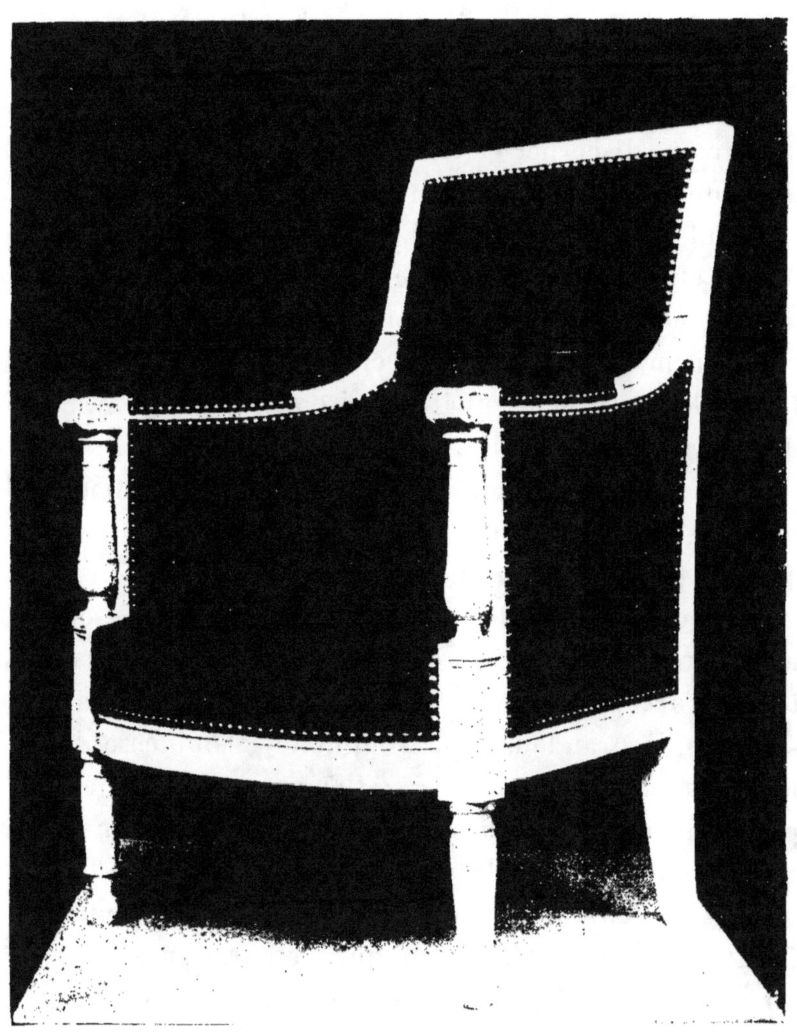

FIG. 22. — *Bergère Directoire.*

difficulté, pour David et son école, de rassembler des idées esthétiques avant l'Empire qui mettait enfin un chef et une direction à la tête de la nation.

Il faut savoir gré, d'autre part, à Napoléon Ier d'avoir su discerner et encourager les meilleurs artistes de son époque, mais n'anticipons pas.

Quant aux sculpteurs qui, au point de vue de la forme, eussent pu être fructueusement consultés, sous la Révolution, voulez-vous connaitre une des propositions parmi les moins saugrenues qui leur furent faites alors? On leur offrit de faire des encriers avec des pierres de la Bastille !

Hélas ne verrons-nous pas plus loin ces mêmes pierres servir de joyaux?

Mais passons et abordons l'époque du Directoire.

Ici la contrefaçon de l'antique est à son comble, on avait juré de faire revivre Sparte et ses lieux austères, l'art pictural exaltait l'héroïsme, l'esprit de sacrifice, la grandeur et la simplicité, la noblesse de la nudité chers à Rome et à Athènes, en des sujets palpitants où le mélodrame, le plus souvent, régnait en place de sincérité dramatique.

Tout à l'entour, l'artifice s'en mêla : les tribuns firent résonner la place publique de harangues plus ou moins lycurgiennes ; les vêtements se transformèrent petit à petit à leurs accents, et l'on put, un instant, assister à Paris à des théories de courtisanes

franco-athéniennes à peine vêtues imitées de Lucien,
se déroulant à travers des architectures plus ou moins

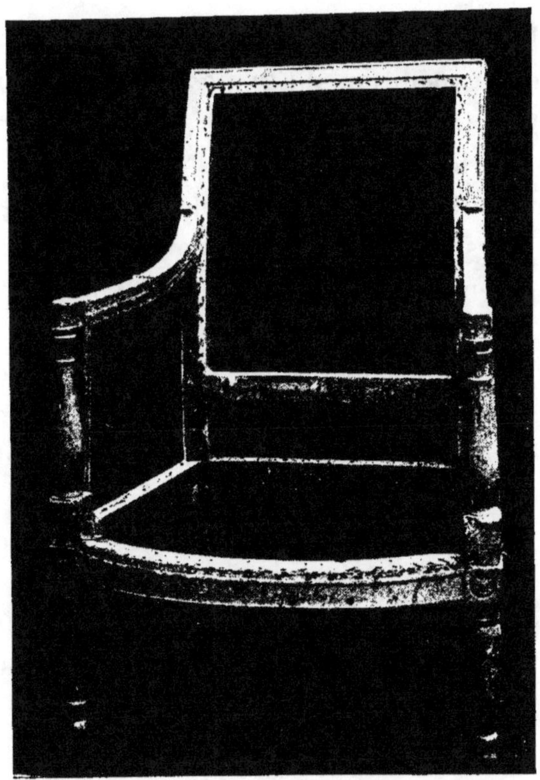

Fig. 23. — *Bois d'une bergère Directoire.*

romaines, dans des mobiliers plus ou moins grecs.

L'horreur de l'individualité était typique à cette
heure, et il sera piquant de constater la quasi-originalité d'un style d'importation, lorsque celui-ci, tem-

péré dans ses excès, méritera le nom de style Empire.

En attendant, l'imitation bat son plein et combien elle est volage!

On délaisse subitement les Grecs et les Romains à la suite de l'expédition d'Égypte; et c'est l'architecture qui contribue le plus, cette fois, à propager le nouveau caprice.

Somme toute la gloire ressemble à la gloire, et Napoléon, alors, vaut bien César ou Thémistocle. Et voici qu'on en est arrivé à imiter les documents égyptiens ou asiatiques!

On s'engoue des obélisques et des pyramides, on bâtit à Paris la *rue des Colonnes* près de la Bourse, et le *passage du Caire* inspirés par les antiquités de Pœstum qui viennent de paraître, et même, les *Bains chinois*, si parfaitement harmonisés (?) avec les *Temples turcs*, les *Salles de danse égyptiennes*, construites à Soisy-sous-Étiolles; on élève la *Fontaine au Palmier* (Châtelet) et le *monument à Desaix* aujourd'hui disparu, etc.

Quelques projets, qui n'ont été transmis que par la gravure, peuvent donner une idée de ces élucubrations fantastiques qui n'ont jamais existé que sur le papier; on y trouve des édifices dont la construction est exprimée par des figures symboliques, mais dont l'exécution matérielle eût été tout à fait impossible.

De ces moments de délire, — non indifférents néan-

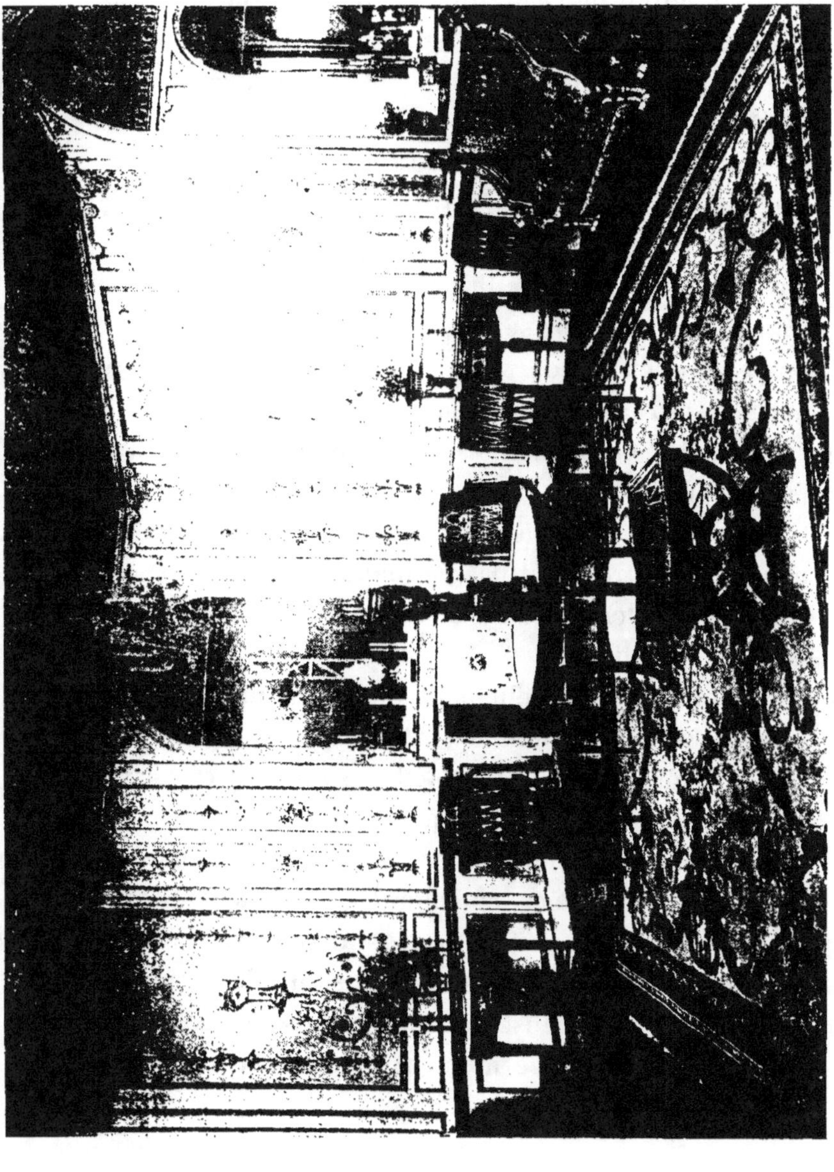

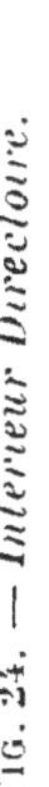

Fig. 24. — *Intérieur Directoire.*

moins à l'étude de l'évolution, — date ce style indécis que l'on a qualifié de *Messidor* et qui eut de la vogue pendant le Directoire et jusqu'à la fin du Consulat.

Le style *Messidor* ou du *Directoire* n'est point, en vérité, sans charme. Outre l'attrait de sa curiosité, il porte en lui le germe de l'individualité qui nous séduira plus tard. Son allure est vieillotte comme toute expression transitoire, le décor semble mal à l'aise sur sa forme un peu sèche ; toujours est-il que l'œil averti le reconnaît, c'est là la preuve de son évidence.

La mode, aussi bien « serait au Directoire », que l'amateur se ruerait sur le Directoire, et il faut impartialement accorder à cette époque si éphémère le mérite de n'être point passée inaperçue.

Les exemples que nous donnons justifient en somme notre bienveillance.

On y observe, naturellement, des traces du Louis XVI, la cannelure et la colonne à mollet entre autres (cette dernière aux bras et aux pieds) : sa moulure est volontiers plate et son décor affectionne la dorure sur bois clair, soit blanc, soit gris ou soufre, rehaussé de couleurs plus foncées, en camaïeu. Pourtant l'acajou commence à être en faveur sous le Directoire qui, à côté de quelques exagérations, nous offre les lignes du Louis XVI savoureusement « dérangées ». Les ornements typiques de ce moment sont la *marguerite*, le *losange* et la *petite palmette* (cette dernière située, dans

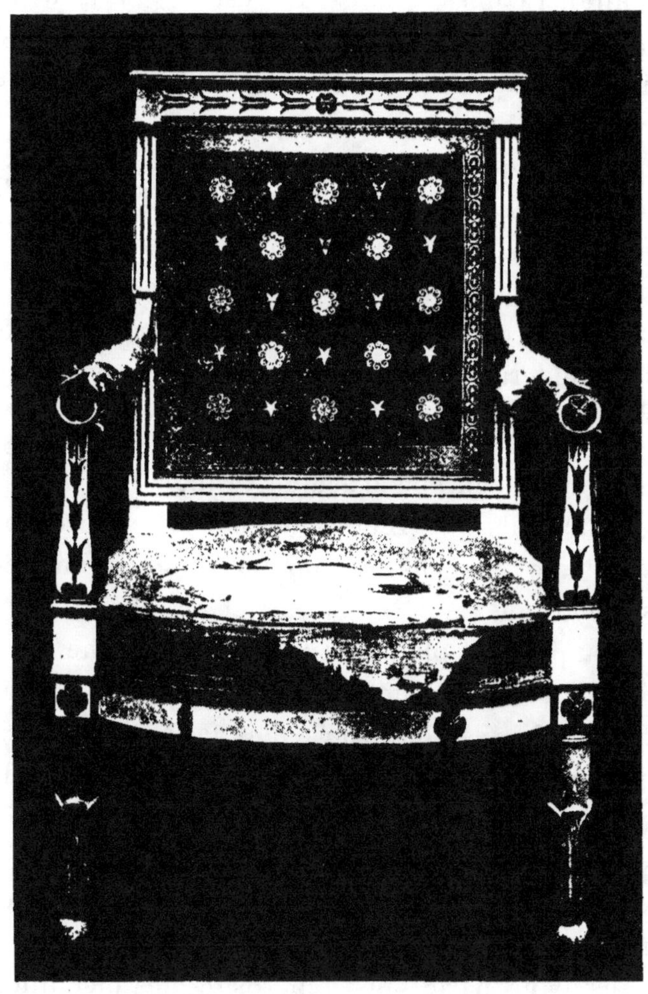

FIG. 25. — *Fauteuil Empire.*

un fauteuil par exemple, au départ du bras et à son

extrémité). Le dossier du siège est le plus souvent enroulé légèrement dans le haut, et on rencontre fréquemment l'extrémité du bras des fauteuils carrée et sans palmette.

Nous remarquerons aussi, à la figure 24, des chaises et fauteuils en bois découpé, fort appréciés sous le Directoire.

Il est piquant de remarquer que ces sièges imités de l'antique ressemblent singulièrement à nos sièges anglais modernes. Sous le Directoire, ces sièges que les Anglais vouent au style de leur célèbre ébéniste Chippendale, étaient le plus souvent revêtus de couleurs claires ou en bois d'acajou verni.

Les fauteuils que représente notre gravure sont « en gondole » et, chaises comme fauteuils, ont leur dossier enroulé.

L'X du premier plan n'est pas moins typique.

Quant aux lits, en dehors des colonnettes héritées de Louis XVI, ils sont ornés d'un faîtage caractéristique, déjà frappant sous Louis XVI, mais ici plus accusé et, d'une manière générale, le style Directoire affecte des formes carrées, moins de grâce que le style dont il procède, tout en conservant un caractère spécial.

Après avoir parlé sans générosité des médaillons sur fond bleu, des panneaux en bois jaune, des ornements en argent du salon de concert du duc de Laval, du « mariage des stucs multicolores avec l'acajou »,

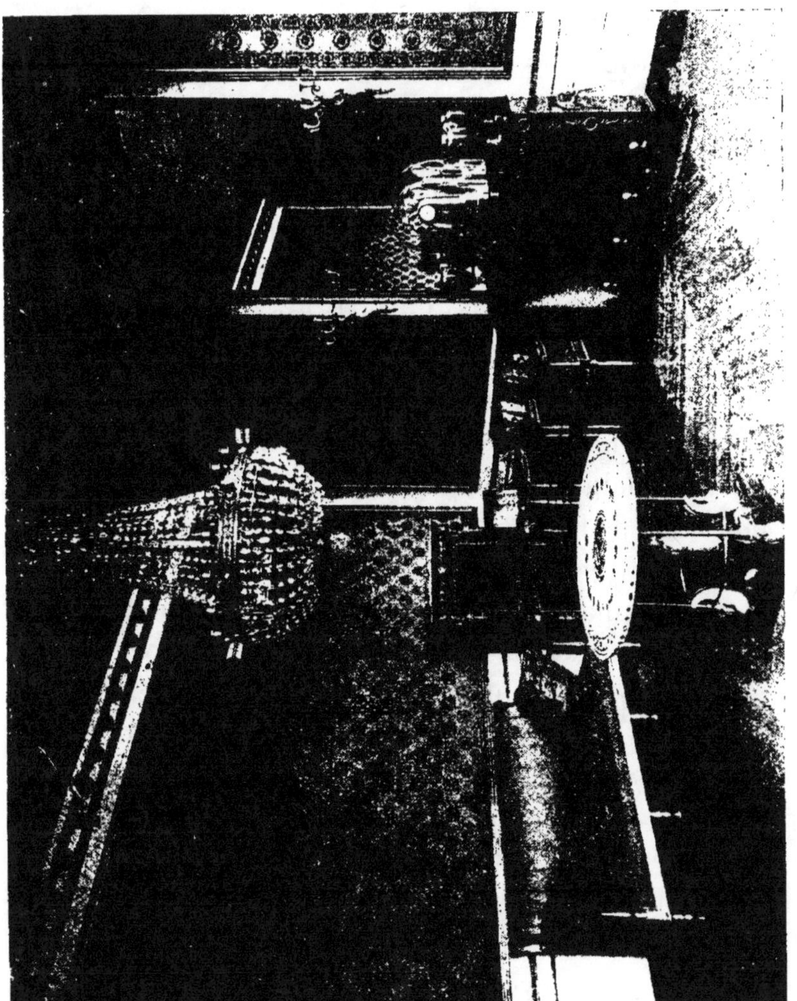

FIG. 26. — *Cabinet de travail de Napoléon Ier (palais du Grand Trianon).*

du petit hôtel de Soubise ; des corniches de stuc
blanc, des frises en bas-relief blanc sur fond puce,

des panneaux encadrés d'argent, aux figures blanches
sur médaillon de granit bleu encore à la mode après
la Révolution, les Goncourt s'écrient : « Qui croirait
qu'en l'an 1798 ce bel art d'enluminer les salons et de
les ornementer à la règle ait encore empiré, et que
les décorateurs aient trouvé moyen de compliquer et
d'aggraver encore les ornements sur champ, les têtes
en coloris sur fond, les filets, les rosaces, les attributs ; cette discorde combinée de tons inharmoniques,
ce pêle-mêle laborieux et abominablement prémédité
au compas, de stucs, de marbres, de granit, d'acajou ; ce honteux tapage de lignes droites et d'arabesques maigres, et de camées de Durolin, toute cette
tapisserie pédante ? »

N'y a-t-il point quelque exagération chez ces auteurs qui manifestent d'autre part un enthousiasme
excessif pour « la magnifique architecture rocaille » ?

Écoutez, au surplus, la description de cette chambre
Directoire, empruntée à la même source (*Histoire de
la société française*) ; elle compte parmi les « affreuses
merveilles » reprochées à cette époque : « Vous êtes
au numéro 7 de la rue du Mont-Blanc. L'acajou sévit
dans cette chambre : pilastres en bois d'acajou, cham-
branles et portes en bois d'acajou, fenêtres en bois
d'acajou. Deux cygnes de bronze doré bordent le lit
d'une guirlande de fleurs échappée de leurs becs ; le
lit se confesse à une glace de ruelle encadrée d'un

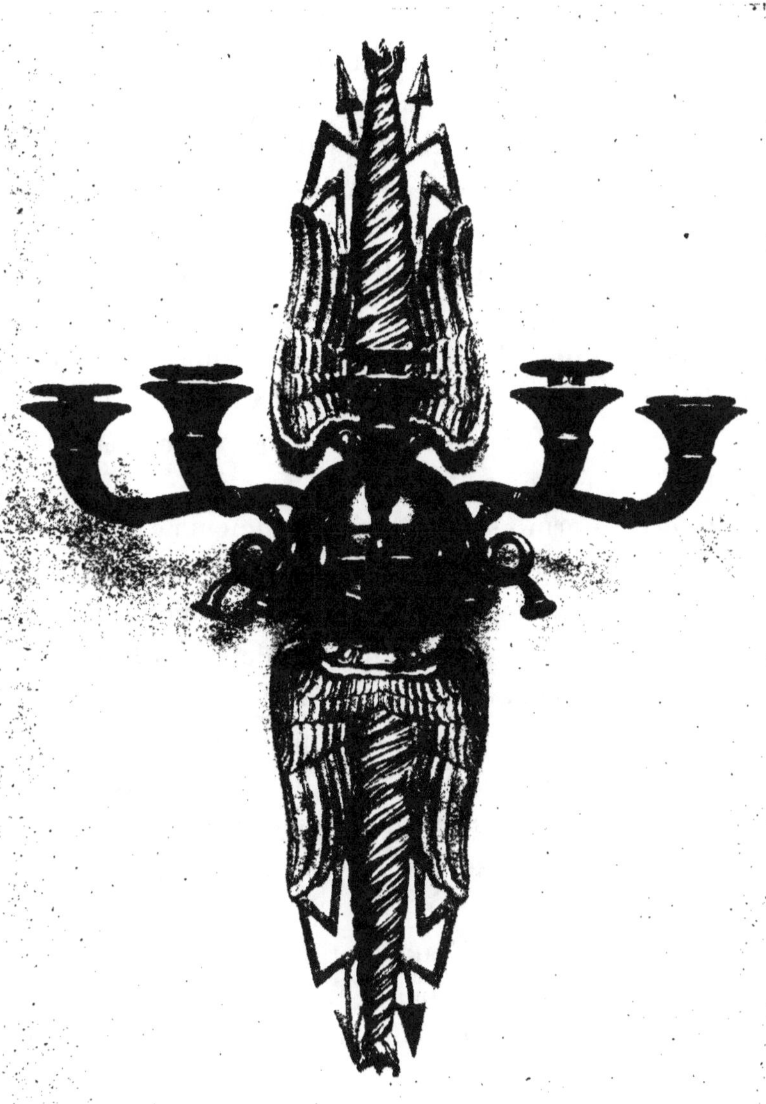

FIG. 27. — *Candélabre-applique.*

acajou à filets d'or. Et qui demeure, s'il vous plaît, en ce gynécée d'acajou? Qui vit dans la compagnie de ces draperies de soie chamois, ornementées d'or, relevées sur des rideaux de soie violette ornementés de noir? Qui s'est résigné à dormir entre cette table de nuit en acajou surmontée d'une corbeille de fleurs en tôle et cette autre table de nuit en acajou où pose une lampe antique en or? Quelle femme peut rêver dans ce Pompéi, borné à gauche par une statue de marbre, à droite par un candélabre de bronze? Qui? La femme qui est la raison de la mode et la grâce du goût : Mme Récamier ! »

En vérité, hormis son austérité, comment ne pas souscrire à la majesté de cette chambre signée Percier où respirait, somme toute, si harmonieusement, n'en déplaise à MM. de Goncourt, le beau modèle de Louis David?

Passe encore pour les exagérations antiques de l'atelier du peintre Isabey, des appartements du banquier Bertaud et de Vivant-Denon, aménagements qui tournaient au burlesque ; mais encore ne faut-il pas dédaigner le luxe et la noble préoccupation de ces fantaisies.

Avant d'aborder l'Empire proprement dit, car on confond volontiers la belle période qui va nous occuper avec les erreurs ou les exagérations qui la précédèrent et celles qui la suivirent, nous retournerons à l'architecture, d'où éclosent les styles.

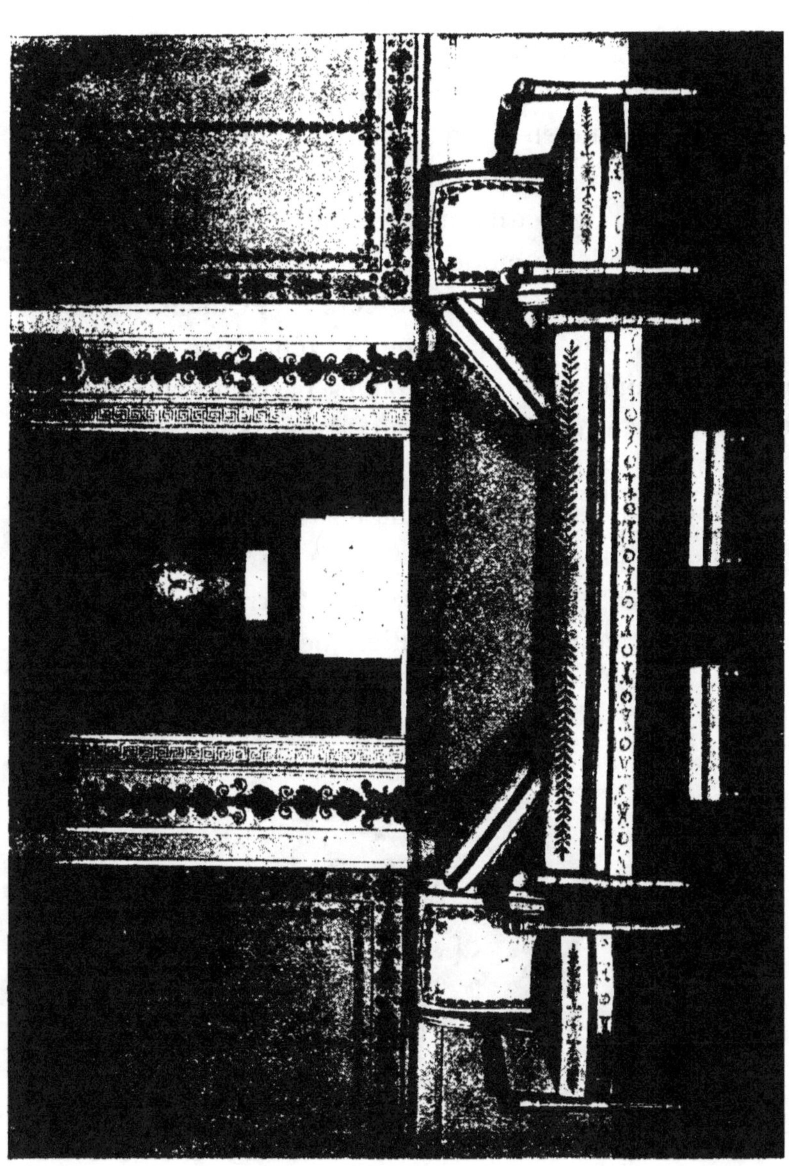

Fig. 28. — *Fauteuils, canapé, tabourets (château de Compiègne).*

En mourant, l'architecte de Wailly s'écria : « Je ne vois dans tous les modernes salons de Paris que les tombeaux des anciens Romains ou les nouvelles boutiques des rues de Londres ; bientôt l'architecture sera dirigée en France d'après le goût des limonadiers et des marchands de modes. »

C'était, de la part de l'architecte de l'Odéon (avec Peyre, 1782), une parole au moins téméraire. L'idée de donner à une salle de spectacles l'aspect extérieur d'un temple antique n'était déjà point si judicieuse, si toutefois elle était « originale ».

D'ailleurs, nous avons indiqué les tendances de Percier et de Fontaine, nous avons conté leurs jugements tout aussi sévères sur le passé, nous verrons maintenant ces deux maîtres, particulièrement, à l'œuvre.

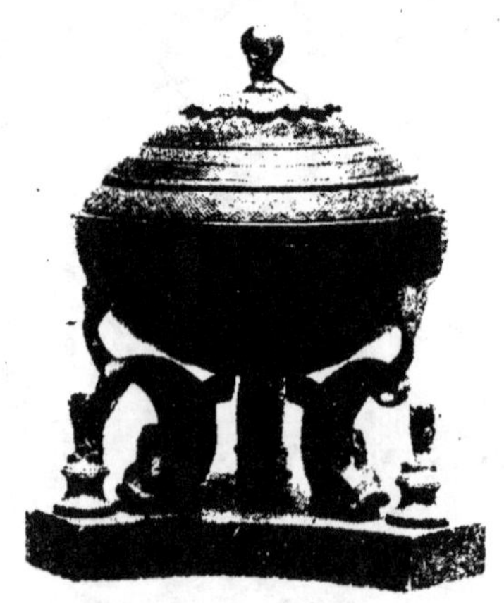

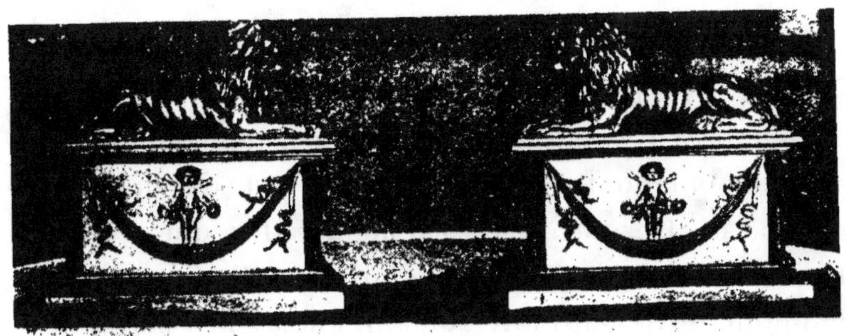

CHAPITRE V

Le style Empire : physionomie générale.

Dans leur *Recueil des décorations intérieures*, Percier et Fontaine écrivent, à propos de l'emploi des matériaux dénaturés qu'ils rencontrent en 1801 : « Le plâtre tient lieu de marbre, le papier joue la peinture, le carton imite les travaux du ciseau, le verre se substitue aux pierres précieuses, la tôle remplace les métaux, les vernis contrefont les porphyres. »

C'est là le résultat de la fausse simplicité présente, la fragilité du bois devant emprunter au bronze et au marbre ses apparences ; la marqueterie, la mosaïque, les fines ciselures, etc., rejetées comme étant de mauvais goût.

Si le règne de Louis XVI fut aussi celui des tapissiers, que les temps sont changés !

Depuis la Révolution, les tentures, le moelleux, la grâce même dont s'enveloppe le confort, ont disparu devant la fresque aux tons maussades qui s'étale froidement sur les murs. Les artistes s'inspirent des monuments de l'antiquité romaine encore fort mal connue, qu'ils arrangent « à la française », ou se jettent même dans l'imitation plus démocratique, semble-t-il, de la Grèce alors totalement inconnue. Car les fouilles du gouvernement français à Pompéi datent de 1799 et ne furent publiées par Mazois, élève de Percier et Fontaine, que pendant les années 1813-1838.

L'architecte allemand naturalisé français, Jean-Charles Krafft, nous aide à connaître l'état de l'architecture au début du mouvement révolutionnaire et un peu après, sans exciter notre admiration. Le penchant pour l'antique, marqué par le style Louis XVI, a seulement dégénéré en fureur antique, et nous partageons en somme l'opinion de Percier et Fontaine sur une décadence.

« Après la Terreur, les parvenus qui avaient acheté des hôtels les firent restaurer « à la mode »; l'art s'était fait républicain, en haine de la monarchie. »

Nous en arrivons à l'Empire, époque à laquelle l'imitation de l'art antique devait être prise au sérieux. Et, si toutes les traditions de l'art du moyen âge et de la

Renaissance sont alors mises de côté, s'il semble

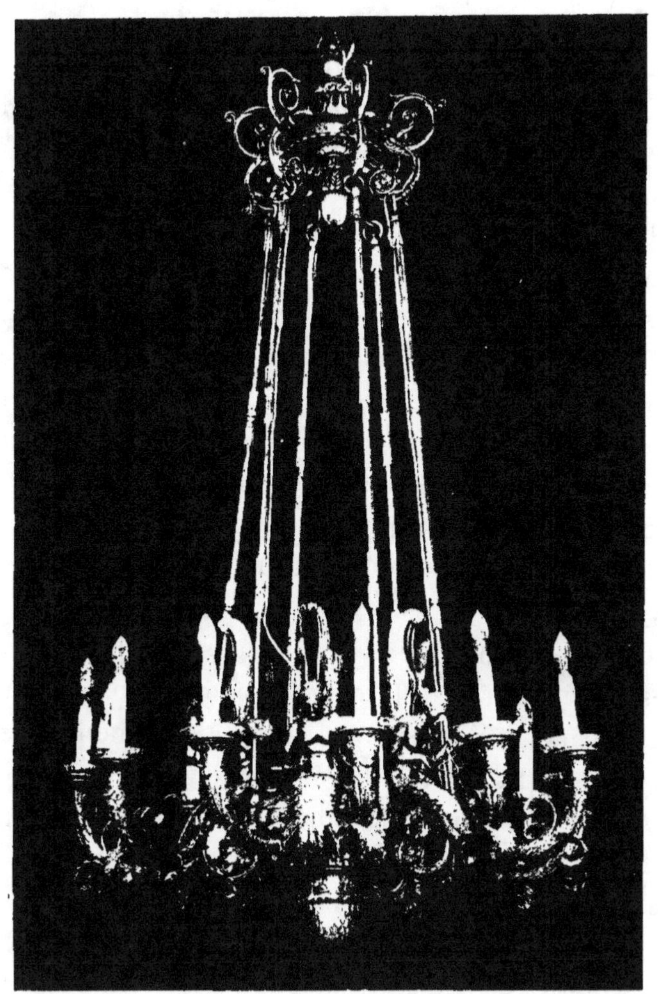

Fig. 31. — *Lustre* (Sous-secrétariat d'Etat des Beaux-Arts).

qu'il n'y ait jamais eu en France aucun type d'architecture, pas davantage sous François Ier et Charles IX que sous Louis XIII et Louis XIV, il n'empêche que nous assistons à une manifestation sans banalité.

Le style Empire marque-t-il, au vrai sens du mot, une décadence? Non certes, si l'on veut bien ne pas confondre le style Empire avec ses tâtonnements du début et ses altérations sous la Restauration.

Mettons que l'époque qui nous intéresse n'ait point mis au jour des formes nouvelles, concédons que le métal ait envahi le bois qu'il tendit même à remplacer, accordons enfin que ce style, aux tapageuses dorures, choque l'artistique sobriété tant goûtée aux siècles de l'esthétique exclusivement française.

Soit, mais ne venons-nous pas, en soulignant ses défauts mêmes, de démontrer tout l'intérêt de ce style?

Effectivement, voici des formes antiques travesties en matières différentes, voici un bois uniforme transformé seulement par le renouvellement du métal sculpté. Et voici de la raideur, de la froideur.

Aussi bien tout cela constitue l'*agrément*, la *nouveauté* du style Empire que l'on aime ou que l'on n'aime pas, simplement.

Qu'il nous plaise par son anomalie, c'est encore nous plaire, et les contrastes font valoir, dans l'un ou l'autre sens, les séductions.

Il est pompeux et solennel, mais ces qualités ou

ces défauts, suivant comment on les envisage, n'ont-

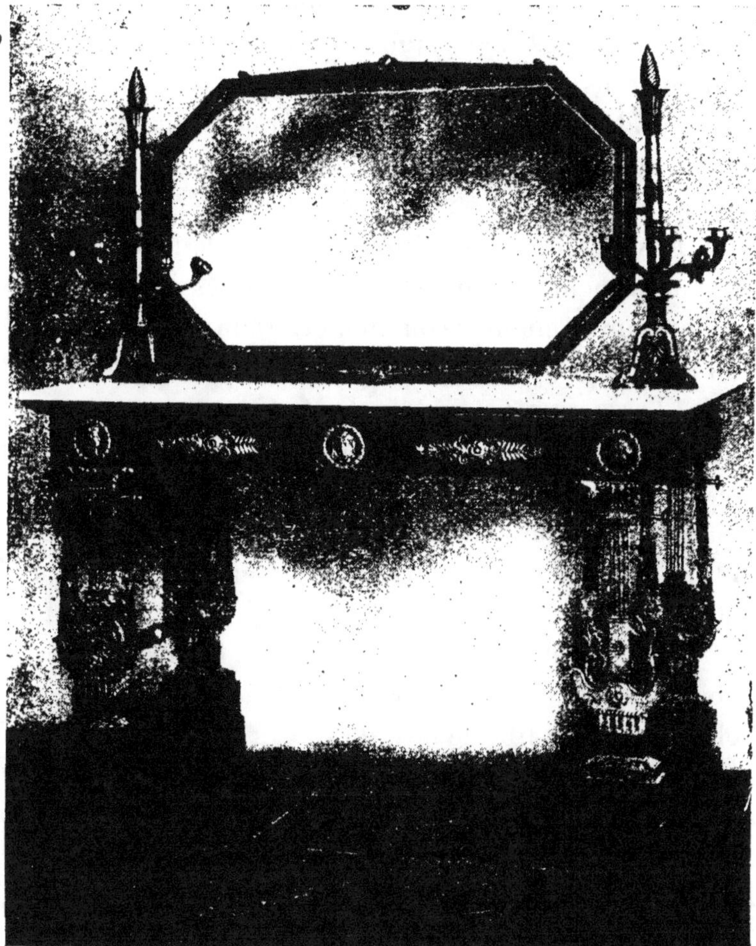

FIG. 32 — *Coiffeuse* (château de Compiègne).

ils pas été loués ou reprochés au style de Louis XIV?

Certes nous n'établirons pas de parallèle entre les deux styles (en dehors de leur majesté similaire), et c'est ce qui les départage favorablement; nous développerons, au surplus, les caractères de beauté de la période en question, lorsque nous traiterons du meuble, et pour l'instant, nous nous tournerons vers les promoteurs du pur style Empire.

Louis David, en qualité de député de la Convention, s'attache aux questions artistiques et propose d'élever un monument commémoratif du siège de Lille, un monument à la mémoire de Le Pelletier (dont il a peint l'assassinat) et à celle de Marat.

Puis c'est un plan de fête nationale, en souvenir de la prise de Toulon, que l'artiste fait aboutir, et nous le voyons ensuite chargé de représenter le plan de l'Être suprême, de peindre l'action héroïque de Barra et de Viala.

Accusé et dénoncé par Lecointre, David voit ses nombreux élèves adresser une pétition en sa faveur, et il est mis en liberté.

Pour Robespierre et sur sa demande, il dessine un sabre à poignée de nacre et d'ivoire; pour Billaud-Varennes, il donne le modèle d'un sabre; il est le grand maître des cérémonies de la Révolution, il dessine les costumes des Directeurs, fait des modèles de cartes à jouer républicaines et devient enfin l'ami de Bonaparte et le peintre de la *Distribution des drapeaux* et du *Couronnement*, puis meurt en exil.

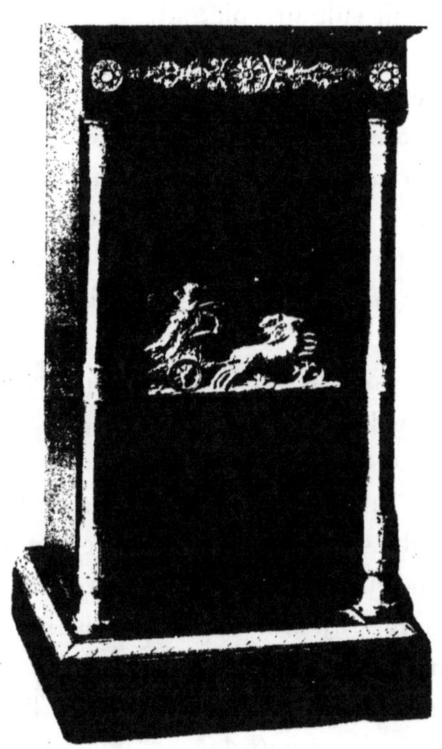

Fig. 33. — *Table de nuit* (château de Compiègne).

Ce bref résumé de la carrière du grand homme en démontre la souplesse et, dans ses tergiversations comme dans ses contrastes, celui qui devait *faire de l'antique tout cru* nous apparaît, en définitive, un esprit éclectique dont l'influence alla jusqu'à souffler du génie à une manifestation d'art, qui, sans lui, n'eût été qu'un vulgaire plagiat.

D'ailleurs, malgré la férule antique, malgré les rigueurs de l'enseignement de David, voyez la diversité du talent chez ses élèves !

Qu'ils s'appellent Gérard, Gros ou Girodet, qu'ils soient Léopold Robert ou Ingres, tous ces disciples du peintre de *Brutus* ont leur personnalité, et ce n'est pas un mince éloge à faire d'un chef d'école, du chef d'un style !

Et voyez aussi combien le style Empire est adéquat à son époque ! L'esprit tout entier est à l'antique, l'Art comme les Lettres.

On crut à l'influence de l'enveloppe, on espéra transformer les idées des habitants de ces demeures nouvelles et parvenir ainsi à faire revivre, dans une république romaine rajeunie, des républicains romains.

Et, tout extraordinaire que le fait puisse paraître, cela réussit parfois. « En pleine Terreur, écrit H. Havard, nous voyons les hommes de toutes conditions, les femmes de tout costume, s'abandonner en paroles à cette sensibilité factice et larmoyante que, quinze ans plus tôt, la lecture de Rousseau avait mise si fort à la mode. »

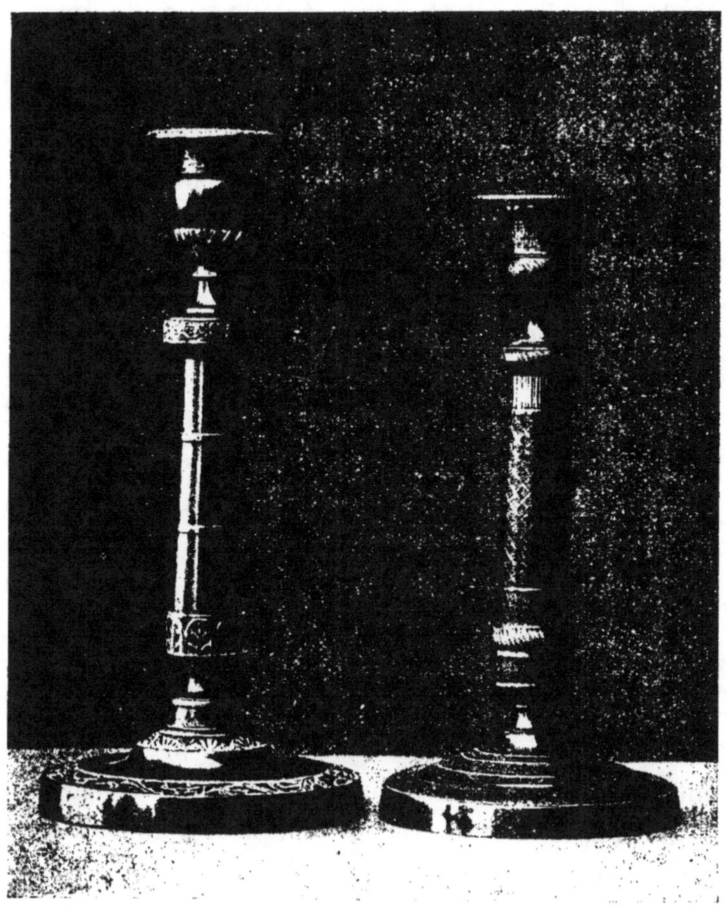

FIG. 34. — *Chandeliers.*

Quelques années après l'Empire, la belle Mme Hamelin, femme d'un officier de marine dont le nom devint célèbre dans la suite, et une amie de Joséphine qui l'accompagnait, descendaient de leurs équipages dans les Champs-Élysées, portant pour tout vêtement une tunique de gaze transparente. Les huées d'une foule pudibonde les forcèrent à regagner leur carrosse : elles retardaient simplement sur leur époque !

Tous ces caprices de la mode et de l'esprit ne sont jamais ridicules en somme, puisque nous leur faisons fête lorsqu'ils nous reviennent.

Nos élégantes, tout à l'Empire, dernièrement, ont-elles été moins jolies et seront-elles plus laides demain lorsqu'elles auront brûlé aujourd'hui ce qu'elles adoraient hier ? De même, le romantisme abolira le classicisme, et pourtant il demeure des chefs-d'œuvre de l'une et de l'autre doctrine.

David fut immolé par Delacroix, mais l'art glorifie les deux maîtres indistinctement.

Quant à l'originalité du style Empire, elle est tout à l'esprit de son adaptation, et cet esprit d'adaptation est considérable et méritoire ; la preuve en est que les deux Restaurations qui suivirent le règne de Louis-Philippe et le second Empire, conduisirent le style Empire proprement dit à la faillite.

Sur ce, nous continuerons l'examen des promoteurs du décor de Napoléon Ier, par Percier et Fontaine.

Charles Percier, élève de Peyre, retrouva à son arrivée à Rome son camarade d'étude, Fontaine, qui devint son ami intime. Ce dernier avait été à la Ville éternelle à ses frais, n'ayant obtenu qu'un second

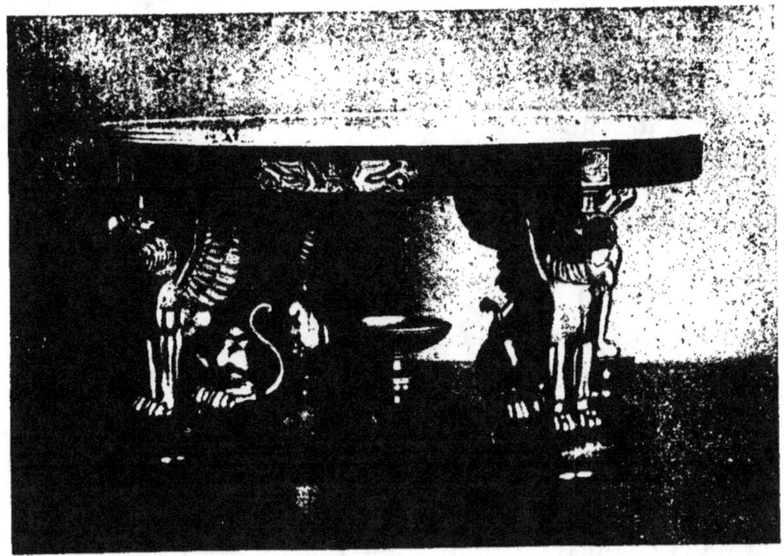

FIG. 35. — *Table* (château de Compiègne).

prix de Rome, tandis que Percier était premier grand-prix.

De retour à Paris, les deux artistes que l'on avait surnommés, à l'Académie de France : les *Etrusques*, ne trouvant pas à exercer leurs talents dans une société en ébullition, s'employèrent, pour vivre, à dessiner chez un fabricant de meubles. « Cet essai leur réussit,

dit Raoul Rochette, dans une notice sur Percier.
Après un premier travail payé d'un prix qu'on n'ose-
rait citer aujourd'hui, Percier se joignit à Fontaine et,
dès ce moment, ils ne furent plus employés qu'à dessiner des étoffes, qu'à esquisser des meubles ; ils tra-
vaillent pour les manufactures de tapis et de papiers
peints ; ils produisent des compositions pour les décorations de théâtres ; ils font des modèles pour les
bronzes, les cristaux, l'orfèvrerie, et tandis qu'ils
s'exercent ainsi de toute manière à introduire dans
l'ameublement moderne les formes du mobilier antique, c'est à peine s'ils s'aperçoivent qu'avec leur
fortune qui commence, c'est une révolution qui s'ac-
complit par eux dans les habitudes domestiques d'une
société qui ne les connaît pas encore, même pour
tapissiers, et qui plus tard les connaîtra pour de
grands architectes dans l'arc de triomphe du Carrousel
et dans l'achèvement du Louvre. »

Le premier travail en collaboration des frères siamois de l'architecture impériale avait été un aména-
gement de la Malmaison et, dans la collaboration,
Percier fut surtout le dessinateur.

Percier imposait Fontaine à ses clients, et il res-
taura avec lui l'hôtel de M. de Chauvelin, rue Chantereine promue rue de la Victoire, pour Bonaparte qui
ne se montra qu'à demi enchanté de leur œuvre.

Car, excellent « calculateur », comme il s'en flattait,

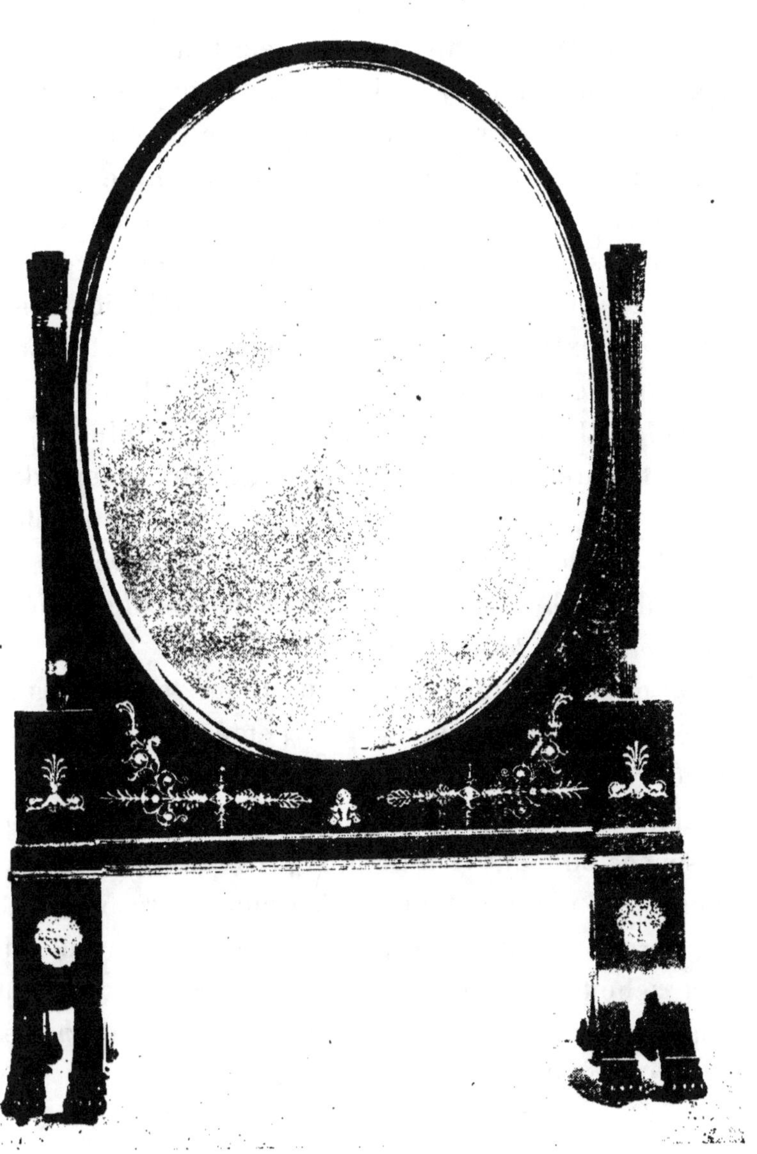

Fig. 36. — *Psyché*.

le prix de ces magnificences lui fit froncer les sourcils.

« En quittant l'armée d'Italie, a-t-il dit, pour venir
« à Paris, Mme Bonaparte avait écrit qu'on meublât,
« avec tout ce qu'il y avait de mieux, une petite mai-
« son que nous avions rue de la Victoire. Cette mai-
« son ne valait pas plus de quarante mille francs.
« Quelle fut ma surprise, mon indignation et ma
« mauvaise humeur quand on me présenta le compte
« des meubles du salon, qui ne me semblaient rien
« de très extraordinaire, et qui montait pourtant à la
« somme énorme de cent vingt à cent trente mille
« francs ! J'eus beau me défendre, crier, il fallut payer.
« L'entrepreneur montrait la lettre qui demandait
« tout ce qu'il y avait de mieux : or, tout ce qui était
« là était de nouveaux modèles faits exprès, il n'y
« avait pas de juge de paix qui ne m'eût condamné. »
(*Mémorial de Sainte-Hélène.*)

On nous renseigne, d'autre part, sur des moyens de
« vérification » employés par l'empereur à propos
encore de son luxe personnel « ... Il revenait aux
Tuileries qu'on avait magnifiquement meublées en son
absence ; on n'eut rien de plus pressé que de lui faire
voir et admirer le tout ; il s'en montra très satisfait,
et, s'arrêtant à une embrasure de fenêtre, devant une
fort riche tenture, il demande des ciseaux, coupe un
superbe gland en pendant, le met froidement dans sa
poche et continue son inspection... »

L'anecdote se termine par l'admonestation de l'intendant chargé des ameublements de la cour.

Aussi bien il faut retenir, dans ces traits d'économie, plus d'ordre que d'art ; les meubles du salon de Bona-

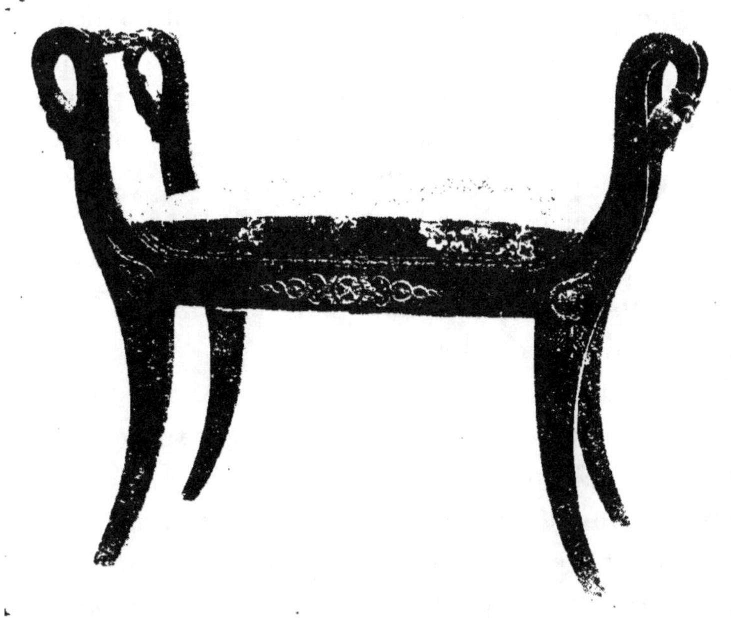

Fig. 37. — *Chauffe-dos.*

parte « ne lui semblaient rien de très extraordinaire », et il n'hésite pas à mutiler une tenture pour satisfaire sa parcimonie.

Il est vrai qu'en dehors de lui, tout n'est que magnificence. Napoléon veut en imposer et alors rien de trop beau !

Bref, à partir de ce moment, nous voyons Percier et Fontaine attachés aux travaux du Louvre, à ceux de l'arc de triomphe du Carrousel (imitation de l'arc de Septime-Sévère, à Rome), de la salle de spectacle des Tuileries (ancienne salle de la Convention transformée), des châteaux de Rambouillet et de Compiègne, aux plans du fameux palais du roi de Rome, qui devait couronner les hauteurs de Chaillot, à la construction de la rue de Rivoli, etc.

Sans oublier le triomphe personnel de Percier : l'hôtel de Mme Récamier [1], rue du Mont-Blanc, dont on trouve aussi la description dans les *Souvenirs de Paris* 1804, de Kotzebue.

Bref, Napoléon avait rencontré chez ces artistes des auxiliaires à la hauteur de son despotisme ; grâce aussi à David, directeur du mouvement classique, il allait pouvoir commander à l'art comme il commandait à ses soldats et, « fils de la Révolution », il s'entourerait de tout ce qui lui rappelait ses campagnes d'Égypte et d'Italie.

Et ce furent les sempiternels Percier et Fontaine qui se virent chargés par l'empereur d'exécuter ces coûteuses imitations de l'art ancien dont nous trouvons des exemples notamment au Garde-Meuble, à Versailles, au Grand Trianon et à Compiègne.

1. Nous avons donné plus haut la description de la **chambre** de Mme Récamier d'après les Goncourt.

Imitations d'ailleurs ingénieuses, délicates, et que l'on a condamnées trop rapidement, puisqu'elles

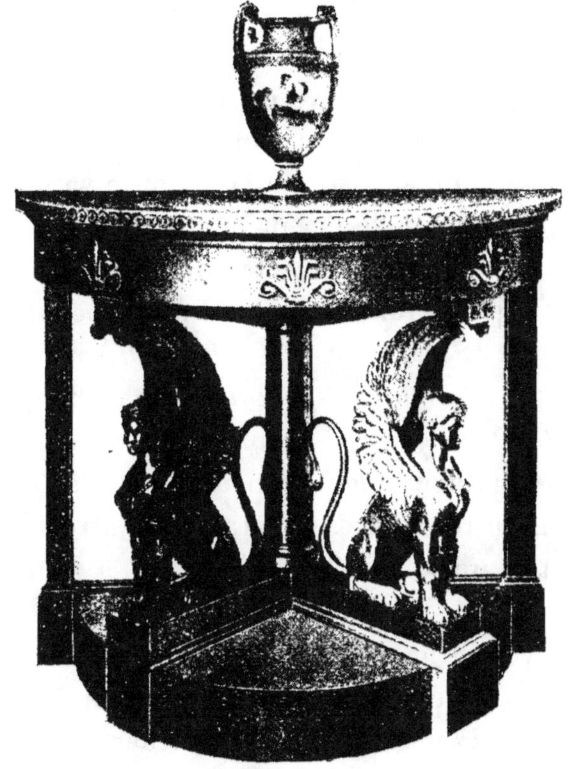

Fig. 38. — *Guéridon-encoignure* (château de la Malmaison).

portent en elles un charme certainement français dans leur transposition.

Et ce charme est communicatif au point que l'étranger ne tarde pas à nous prendre pour modèle. Il transforme son ameublement. Le château de Windsor, en

Angleterre, les palais de l'Escurial et d'Aranjuez, le Palais-Royal de Madrid, en Espagne, semblent avoir été aménagés sur les conseils de Percier et de Fontaine.

Ainsi, Napoléon qui rêve de réduire l'Europe par nos armes, voit son irréductible ennemie s'incliner devant notre génie artistique et savoure sa nouvelle victoire, pacifique celle-là, sur l'Espagne.

Mais en dehors des architectes que nous venons de nommer, et après Kraff, grâce à qui nous possédons les *Plans, coupes et élévations des plus belles maisons de Paris en* 1801, *les plus jolies Maisons de campagne des environs de Paris* (1806), et un *Traité sur l'art de la charpente* fructueusement consulté encore de nos jours, quels autres maîtres en cet art rencontrons-nous?

Se peut-il que nous en trouvions à côté des *Etrusques* ?

Certes : voici Chalgrin.

Et ce grand artiste donne le plan de *l'Arc de Triomphe de l'Étoile*, destiné à perpétuer le souvenir de nos victoires. Deux projets s'étaient trouvés en présence, lors du décret de 1806 qui ordonnait l'érection de ce monument, celui de Raymond et celui de Chalgrin ; c'est ce dernier qui l'avait emporté. La construction de la *Bourse*, décidée en 1808, nous amène encore à citer Brongniart, et la *Madeleine* nous donne le nom de Vignon.

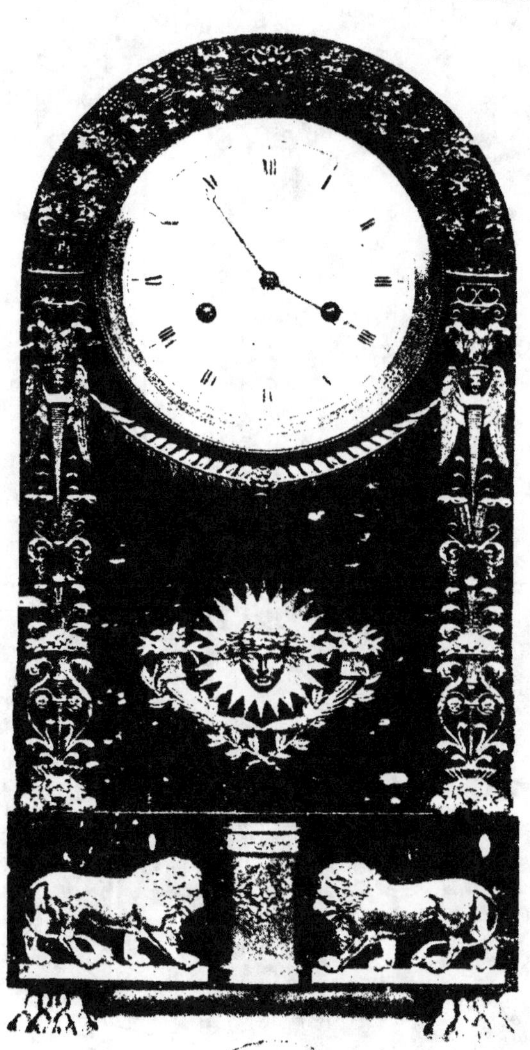

FIG. 39. — *Pendule.*

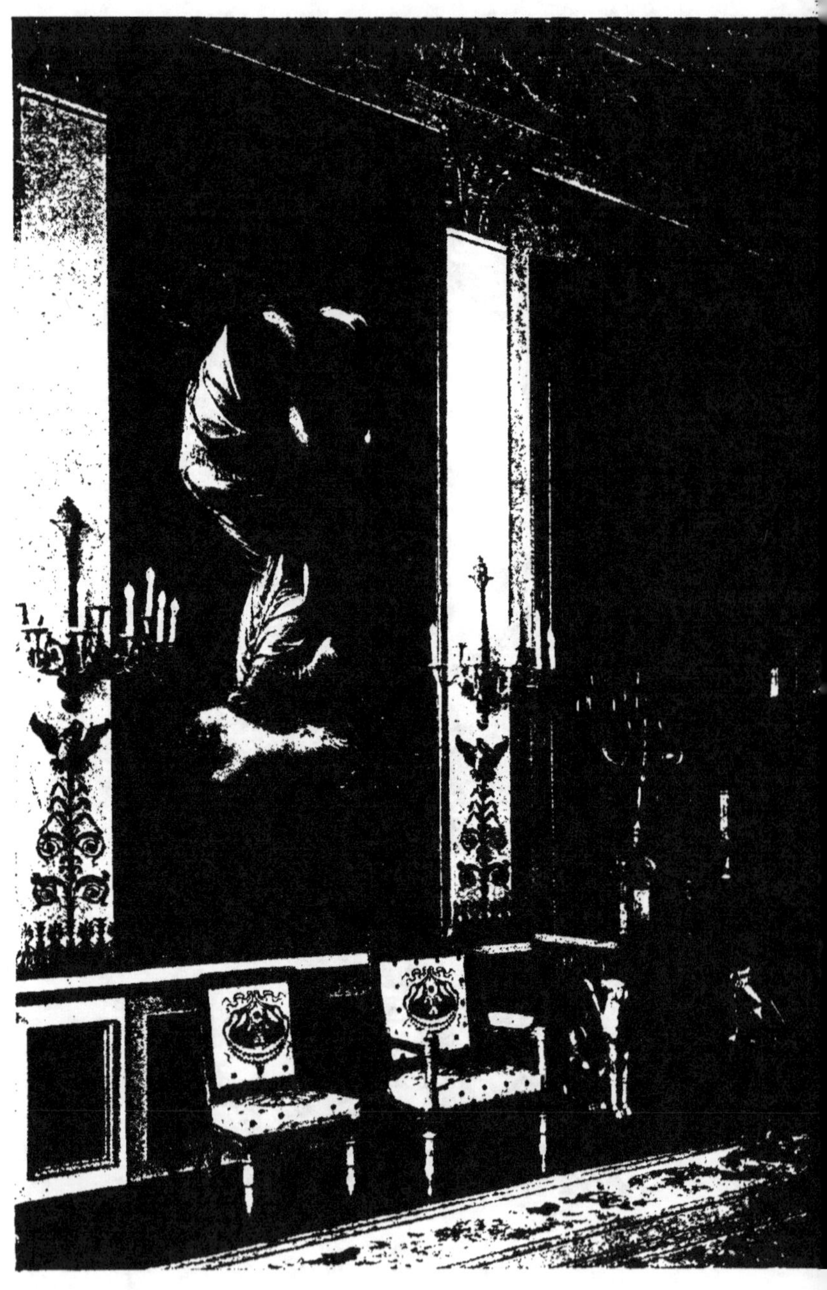

FIG. 40. — *Salon, côté*

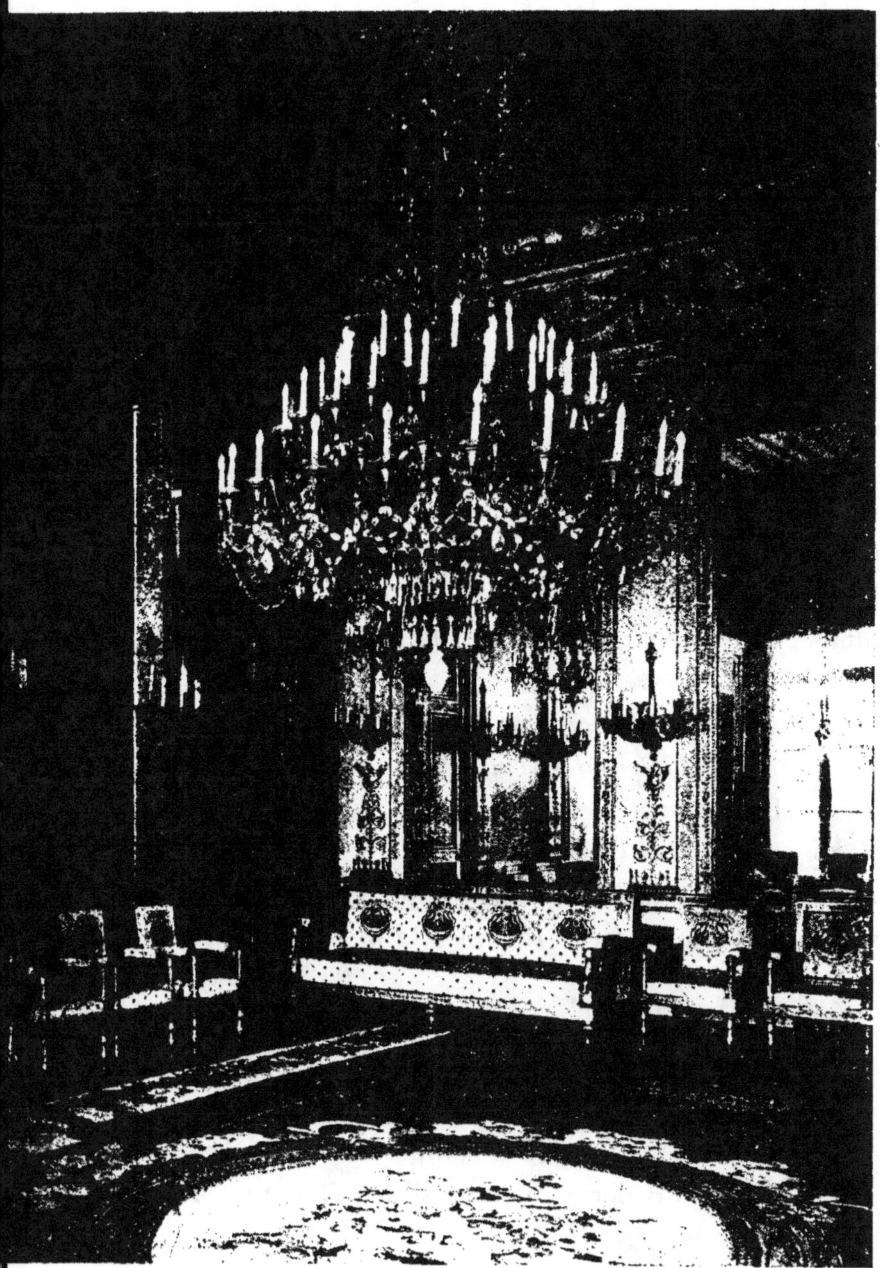

...che (hôtel de Beauharnais).

Vignon, dont le projet n'avait obtenu qu'un accessit au concours relatif à ce monument, avait été choisi par l'empereur parce que, disait-il, « c'est un temple que j'ai demandé et non une église », et il avait ajouté qu'il voulait un monument « tel qu'il y en a à Athènes et qu'il n'y en a pas à Paris ».

Pierre Vignon, chargé de construire ce *Temple de la Gloire* (l'église de la Madeleine, commencée à la fin du XVIIIe siècle, ne s'élevait pas au delà du soubassement quand les travaux furent totalement abandonnés par suite de la Révolution), fit détruire les restes de l'ancienne destination qui ne répondaient plus à son plan et éleva son édifice sur le modèle d'un temple grec.

Les auteurs de la *colonne Vendôme* (colonne d'*Austerlitz* ou de la *Grande Armée*) ne sauraient non plus être oubliés parmi les meilleurs constructeurs de l'époque : Lepère et Denon élevèrent ce monument caractéristique que Chaudet couronna d'une statue représentant Napoléon Ier tenant à la main une Victoire ailée.

Et il est à remarquer que l'artiste a représenté l'empereur nu avec un manteau sur les épaules et un petit glaive de légionnaire au côté, car, lorsqu'il fut question de cette statue, les sculpteurs unanimement déclarèrent qu'il serait « impossible de rien produire de bon avec le pantalon et les bottes ».

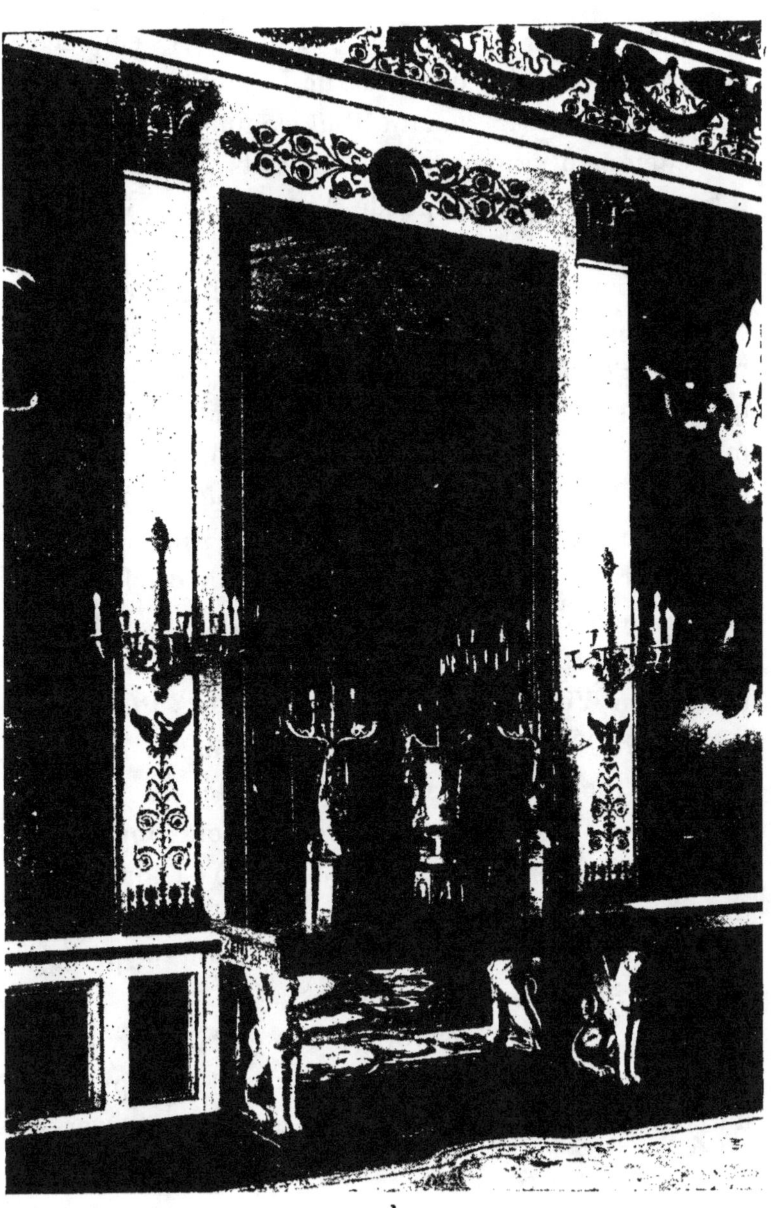

Fig. 41. — *Console à glace et sa garniture* (hôtel de Beauharnais).

Napoléon III, au surplus, ne fit-il pas remplacer l'œuvre de Chaudet par celle de Dumont, qui figura son oncle en César romain, tout comme Cortot avait précédemment immortalisé les traits du vainqueur d'Iéna dans son groupe de l'arc de triomphe de l'Étoile?

Puis, pour en revenir aux architectes, parmi les artistes plus particulièrement sacrifiés à la souveraineté de Percier et Fontaine, nous voyons Gondoin qui construit l'*École de médecine*, Rondelet qui termine le *dôme du Panthéon*, Poyet auteur de la *façade du Corps législatif*, et Vaudoyer, et Lepère, etc.

D'autre part, on poursuit le pont d'Austerlitz, on perce la rue d'Ulm, on agrandit le Jardin des Plantes, on bâtit le marché des Jacobins et l'abattoir de la rue Rochechouart, on restaure le château de Versailles, le fort de Vincennes, l'église des Petits-Pères qui s'appellera Notre-Dame-des-Victoires, etc.

Aussi bien nous savons qu'à côté du peintre L. David, il y avait toute son école, école robuste s'il en fut, dont nous avons vanté la diversité d'expression ; mais nous nous garderions bien d'oublier, à côté du peintre des *Sabines*, Pierre-Paul Prud'hon, le peintre le plus original de son temps.

Prud'hon, ardent révolutionnaire en 1789, ne devait connaître le succès que sous l'Empire et il est piquant de constater que le grand artiste ne put conserver sa

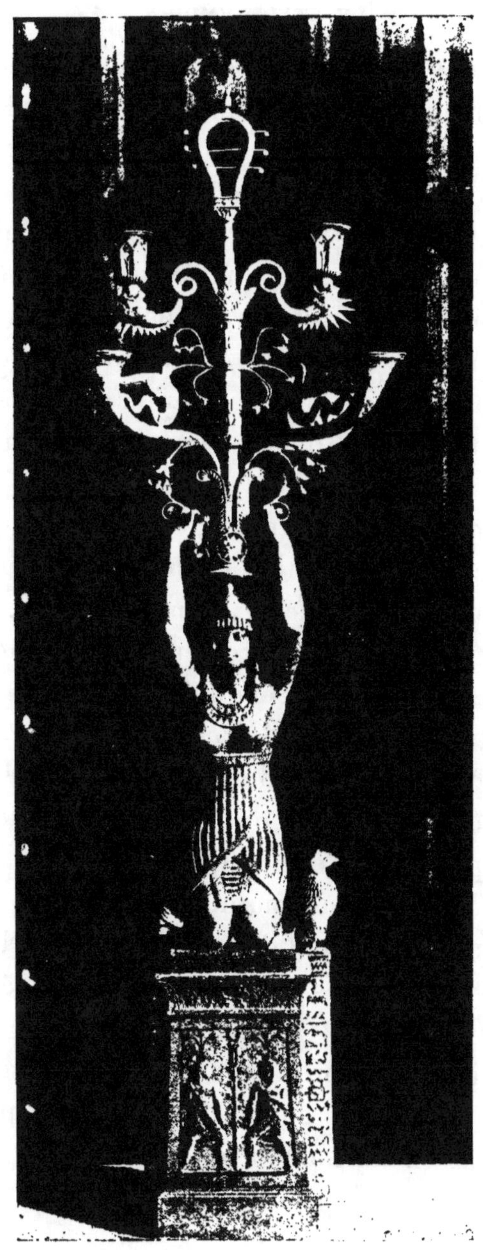

Fig. 42. — Candélabre.

personnalité à cette époque. Ainsi donc, et cela se confirmera lorsque nous parlerons du meuble, Prud'hon a attaché son nom à plusieurs œuvres grandioses créées sous le premier Empire, et il n'a pu s'affranchir ni de David ni de Percier ni de Fontaine !

Et croyez-vous encore que David, lui-même, fut aveuglé dans son art rétrograde par tempérament? Se figure-t-on que le peintre du *Serment du Jeu de Paume*, qui rêva un moment de représenter ses personnages « dans la nudité sublime et vertueuse des Grecs », ne put jamais s'évader de l'antique chrysalide?

N'oublions pas au contraire que le célèbre peintre a produit à côté de son style doctrinaire : les *Derniers moments de Michel Le Pelletier*, dont le naissant réalisme précéda une toile supérieurement réaliste : *Marat assassiné dans sa baignoire*, et qu'il conçut enfin une page de grâce très originale : le *portrait de M*^me* Récamier*.

Il n'empêche que David demeure le peintre des *Sabines* et de *Brutus*, parce que c'est dans cette expression qu'il personnifie son temps.

Et, si l'on se tourne maintenant du côté des ébénistes, certes il y en eut d' « originaux » si l'on peut dire, à côté des frères Jacob, ébénistes placés sous la coupe de Percier et Fontaine au premier Empire ; mais ces ébénistes originaux n'ont pu réussir, parce qu'ils n'étaient point suivis par le public qui ne les trouvait pas en harmonie avec leur époque.

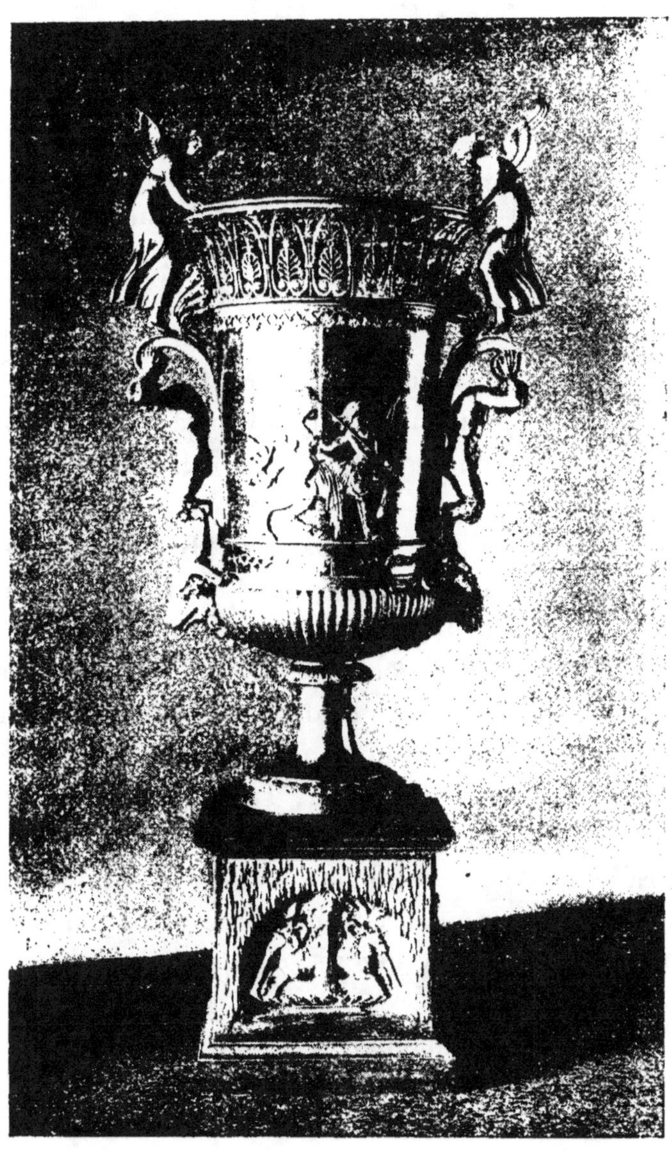

Fig. 43. — *Urne.*

Que l'on vienne parler, après cet exemple typique, des lubies de ce style, d'une convention, d'une discipline.

Non, l'esprit de l'époque s'était seulement bien trouvé de la réaction de Louis XVI, en faisant de l'antique et, par goût, par besoin même, il avait accéléré le mouvement sanctionné finalement par la gloire de Napoléon.

Restait la mise au point de ce fanatisme et c'est l'Empire proprement dit qui la trouva.

Si nous examinons enfin la statuaire, que voyons-nous ?

« La statuaire, a dit fort justement René Ménard, suit la peinture et ne la domine pas. » Cartelier, Callamard, Bosio, Chaudet, Dupaty, montrent en effet une science froide où revit le canon des Grecs. L'art se fige dans une formule. Il est bien évident que le génie est borné maintenant à la plastique ancienne, mais sans spontanéité, à la force du savoir, suivant des règles de beauté impitoyables autant qu'impératives.

Et le modèle le plus souvent choisi ou imposé est Napoléon lui-même, à pied, à cheval ou en buste ; c'est par centaines que se comptent les images de l'empereur.

Le sculpteur Chaudet, auteur du Napoléon de la colonne Vendôme, doit sa renommée à l'empereur, qui lui confie sans cesse le soin de reproduire ses traits.

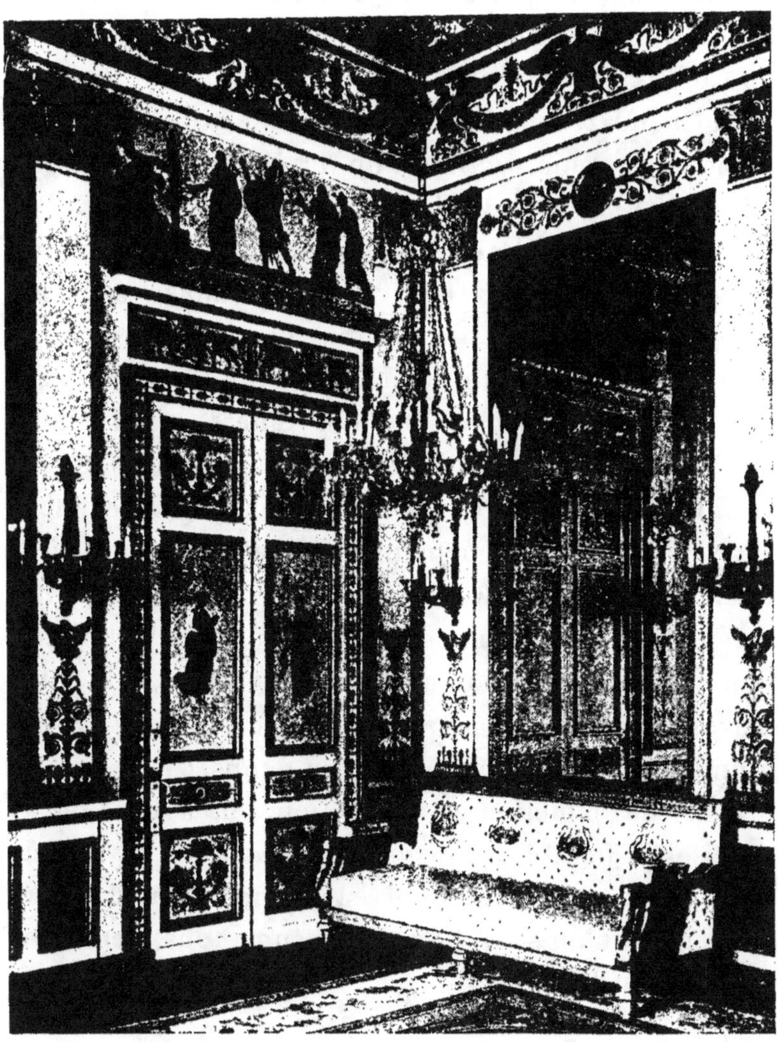

Fig. 44. — *Détail d'un coin du précédent salon* (hôtel de Beauharnais).

De Chaudet le portrait de l'empereur qui sert de frappe aux médailles ; de Chaudet la statue de marbre du Corps législatif, etc.

Et Chaudet, sculpteur favori du monarque, mourra d'une pneumonie, victime d'un refroidissement pris en ébauchant le buste de Marie-Louise.

Mais le succès de la statuaire va principalement à Canova (Italien) et à Thorwaldsen (Danois), artistes sans grande flamme ; le premier gracieux et mou à l'excès, le second en qui l'on retrouve le quasi-génie qui frappera plus tard chez David d'Angers ; quasi-génie de l'heure, à côté d'un Rude, génie de tous les temps.

Si les David d'Angers, si les Percier, les Rude et les Barye préparent l'avènement du romantisme parallèlement à Géricault et à Eugène Delacroix dans la peinture, il est permis de constater que ces révolutionnaires n'auront pas comme leurs devanciers, le mérite d'avoir attaché leur nom ou même de s'être intéressés à un style caractéristique de leur temps.

Ainsi, de déduction en déduction, en arrive-t-on à préciser la qualité, l'*amusant* si l'on veut, du style qui nous occupe, auquel un artiste comme David, pour n'en citer qu'un seul et qui les résume tous, demeure étroitement lié.

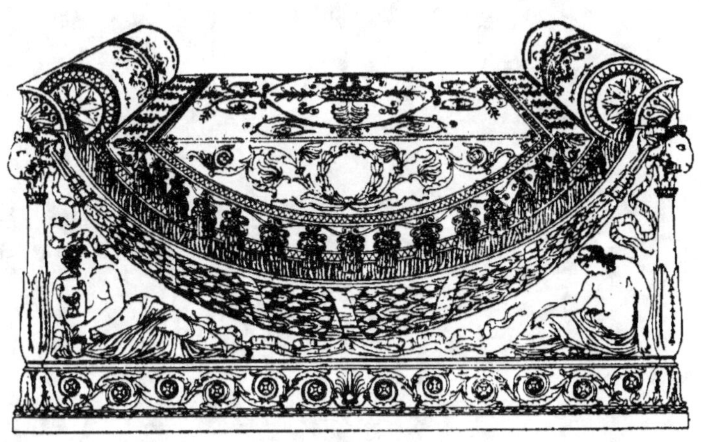

CHAPITRE VI

Des caractéristiques du style Empire
dans le décor, en général.

Pendant que David et ses disciples s'expriment en d'immenses tableaux, nous ne voyons pas que l'on se soit occupé de peindre sur toile ou autrement, des compositions allégoriques destinées à la décoration des plafonds; les Tuileries, la Malmaison (où Girodet-Trioson se distingua), exceptées.

Et il est regrettable que cette école, qualifiée un peu plus tard, dédaigneusement, d'*école du poncif*, sur laquelle une vulgaire insulte de *pompier* renchérit à la fin du XIXe siècle, ne se soit point essayée dans la manière décorative.

On se borna à appliquer tout l'arsenal, bizarre au-

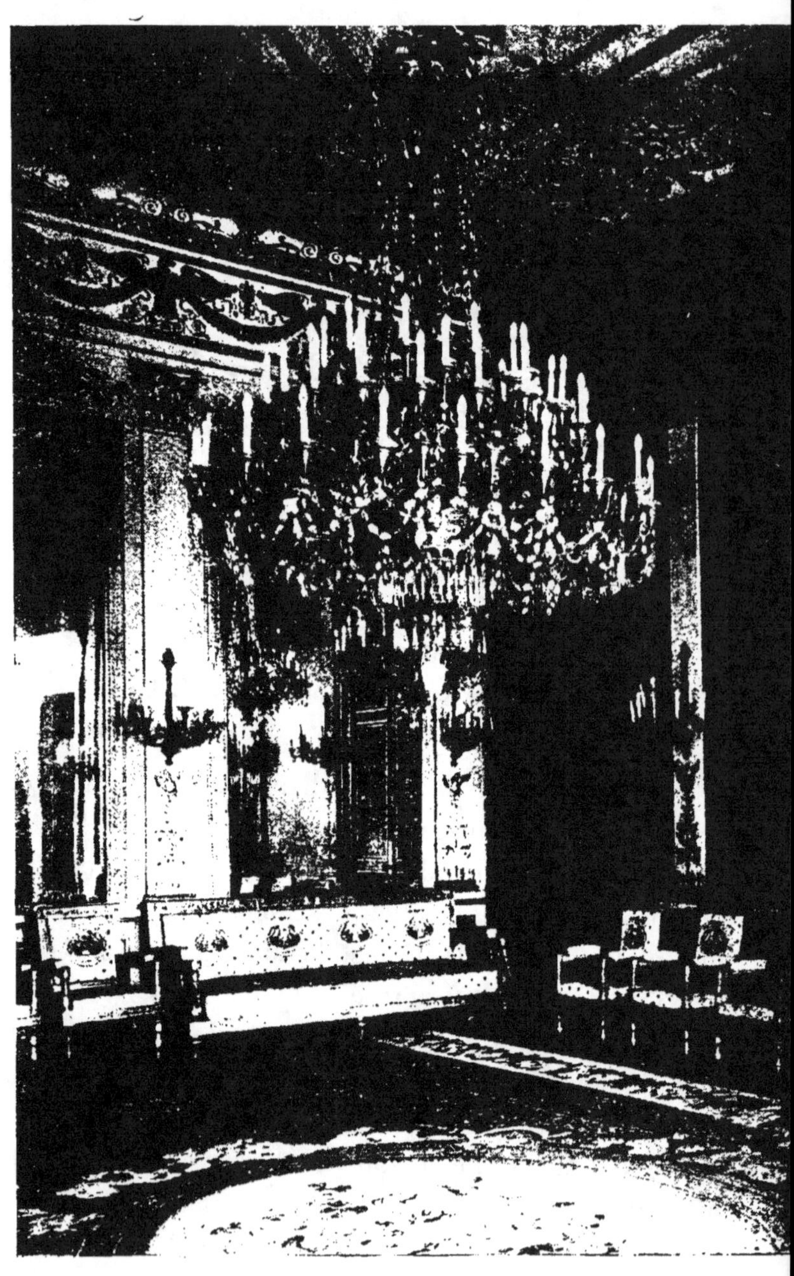

FIG. 46. — Salon,

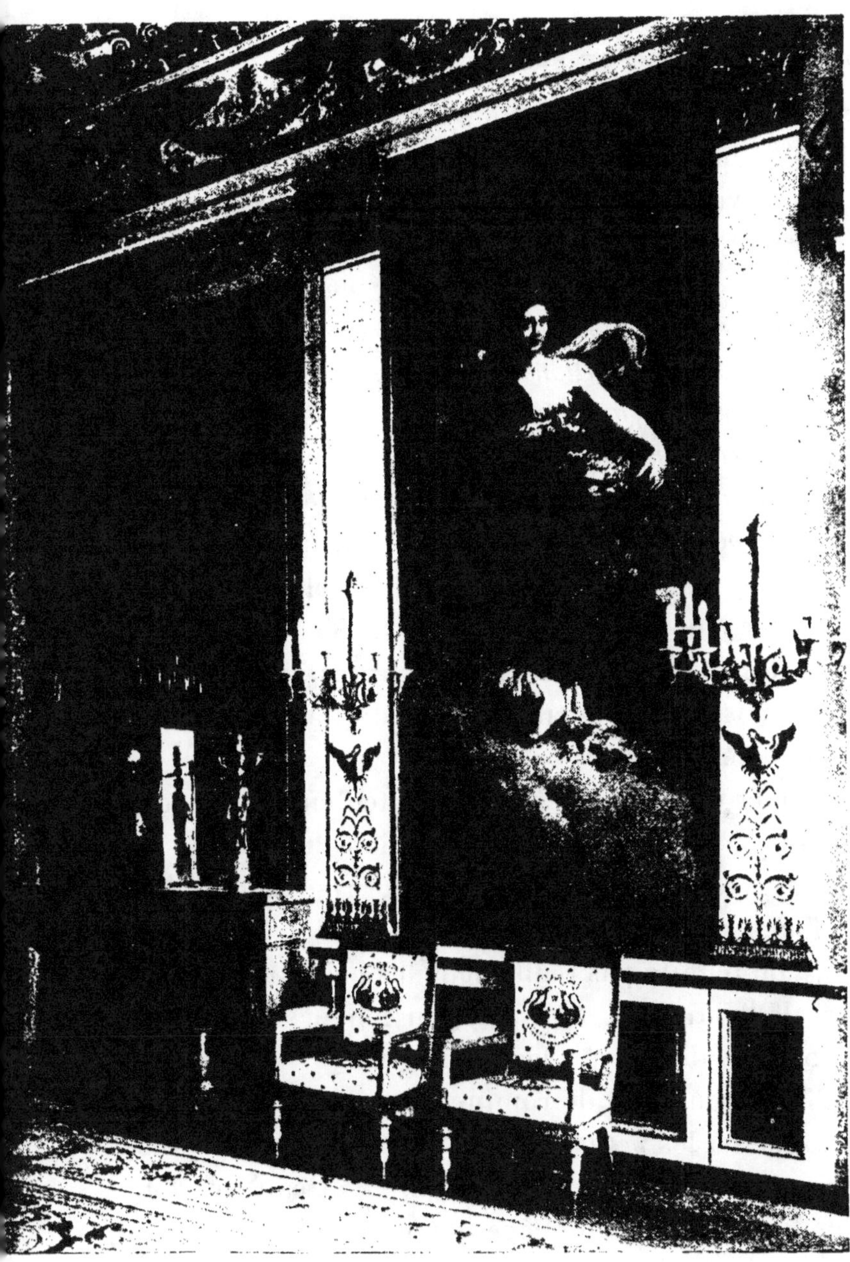

it (hôtel de Beauharnais).

jourd'hui, de l'ornementation antique, soit peint, soit en pâte rapportée.

On ne vit plus que figures de femmes aux ailes déployées et arrondies (*Victoires, Muses, Grâces*, etc.), *guirlandes de fleurs et de fruits, couronnes et palmettes, trépieds à encens, autels de sacrifice, bucrânes, rinceaux, thyrses, vases, médaillons peints en camaïeu ou en porcelaine, carquois, arcs, lyres, caducées, sphinx, oiseaux, cygnes, griffons, chimères, sirènes, aigles et N impériaux, foudres sous aigle impérial, abeilles, cornes d'abondance, étoiles,* etc., le tout dans des cadres de bronze et de cuivre doré, appliqué en blanc sur bleu clair, sur jaune clair, sur jaune de Sienne avec des draperies imitant la soie, bleues, roses, jaunes, etc., une renaissance des arabesques de Raphaël revues et corrigées.

Percier et Fontaine néanmoins tentent, dans leur décoration, une curieuse application de la flore de nos pays, tentative reprise depuis, avec succès, par quelques écoles.

Si l'on n'imita pas réellement les peintures décoratives de l'antiquité, alors très peu connues à Paris, on se contenta de croire à leur imitation.

L'important était de rompre avec tout ce qui aurait pu rappeller les *petits amours* et les gracieuses mythologies des dessus de porte d'un Watteau ou d'un Boucher, et de les remplacer par une mythologie aussi

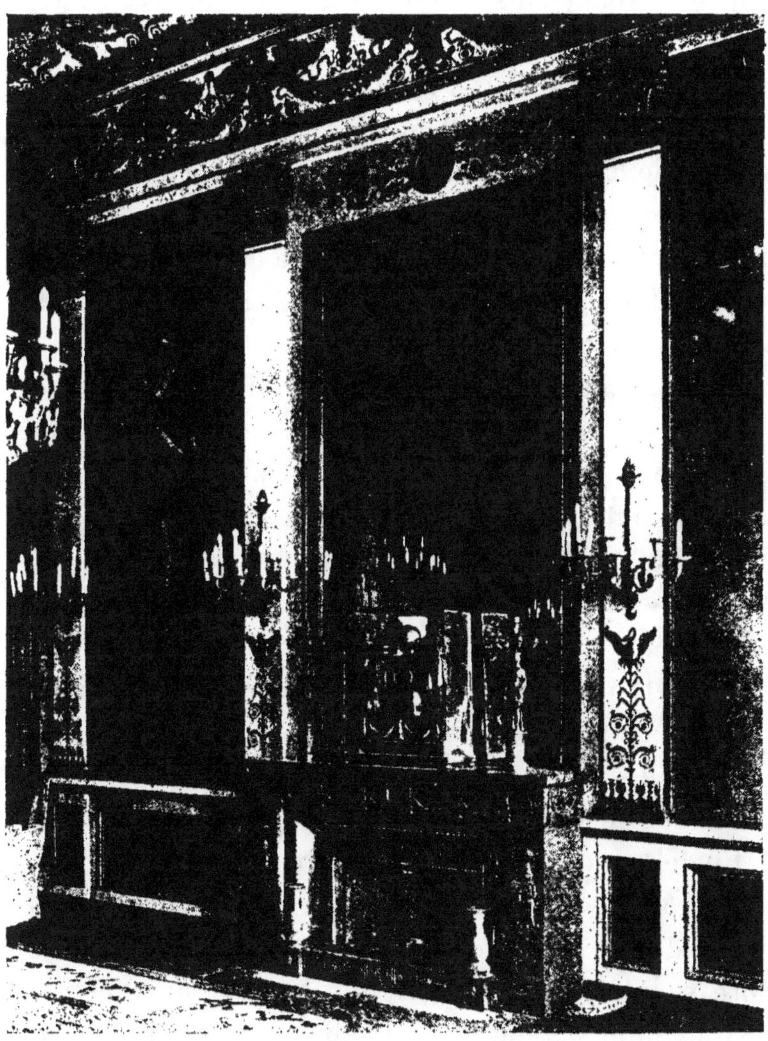

Fig. 47. — *Salon* (détail de la gravure précédente)
(hôtel de Beauharnais).

gracieuse, mais plus sévère, ayant *plus de caractère*, suivant l'expression qui s'est conservée depuis cette époque prétentieuse.

Songez qu'alors « les trumeaux de l'*infâme* Boucher » s'exposaient à terre sur les quais; que les *indécents* Clodion n'osaient se montrer que sur des socles pourvus d'un mouvement de Lepaute et que l'on trouvait *honteux* de laisser le *Départ pour Cythère* du galant Watteau dans la galerie du Louvre !

En revanche, sur les murs, l'économique papier peint qui vient de naître, alterne avec la peinture à la colle qui joue la fresque. Les sujets choisis sortent de l'arsenal antique : ils s'inspirent des anciennes poteries sur tons rouges ou bistres, aux mornes grisailles, et représentent des faunes, des grotesques, des draperies, etc.

La mythologie est le roman de l'époque, on y puise largement; son mensonge idéal plaît d'autant que l'on joue à l'héroïsme dans un décor olympien, avec des costumes de dieux et de déesses.

En dehors de la fresque, on emploie des tentures de drap rouge relevées de bordures noires, ornées de cariatides et de statues bronzées, et les rideaux encore sont en soie, bordés de larges ramages, de festons dont les motifs rappellent les ciselures qui courent sur les meubles. De larges embrasses les maintiennent, et ils roulent attachés à de grands anneaux de cuivre sur de grosses tringles également en cuivre. « Les décorateurs à l'antique emploient continuellement la *patère*, que les tapissiers appellent des *patères*, les méandres se nomment des *grecques*, et les dessins noirs et blancs sont des *camées*, sans

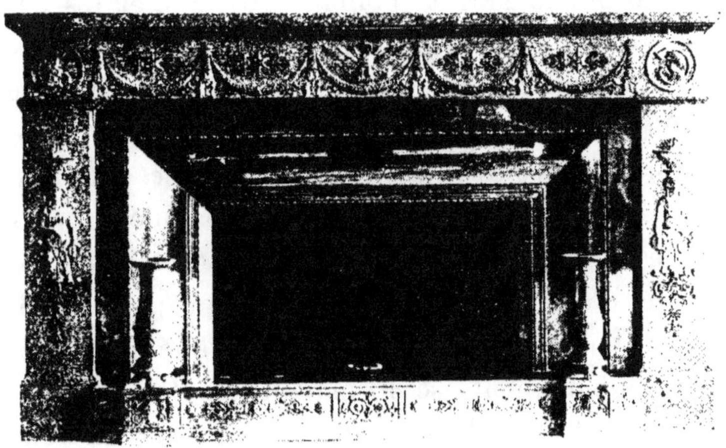

FIG. 48. — *Cheminée.*

distinction. La draperie « jetée » et les « écharpes » sont à l'ordre du jour.

Les papiers de tentures sont tristes, ils répondent mal à notre climat, ou bien des étoffes de soie unie largement bordées comme les rideaux, chatoient légèrement, sourient à peine.

Les toiles de Jouy, répandues en France par Ober-kampf, obtiennent aussi une grande vogue comme rideaux et tentures, et la bataille des Pyramides, qui avait mis à la mode l'égyptien, conseille des impressions en couleurs où revivent à la fois la pacification de la Vendée, de l'Italie et de l'Égypte.

Ces tentures ont autant de finesse que les panneaux de toile peinte, « à la gloire de la Fédération et de la Constitution de 1791 », étaient grossiers, et les papiers peints qui garnissaient l'appartement de Louis XVI, au Temple, avec leur symbole d'Égalité et de Fraternité, ne valaient guère mieux.

D'après l'*Arlequin*, ou *Tableau des modes et des goûts*, *an VII :* «... Tout salon de bonne compagnie eut, dès lors, des tentures de drap ou de soie, attachées par un gland d'or et des clous de cuivre doré ; son extrémité était enrichie d'une broderie étrusque. Les différents compartiments se formaient par des colonnes cannelées et sculptées en relief doré sur un fond clair » ; c'était là un louable souci d'harmonie.

La tradition du blanc et or, chère au style Louis XVI, ne s'est point perdue d'ailleurs, on la retrouve souvent au temps de Napoléon ; mais alors les meubles en acajou sont remplacés, au mieux de l'effet général, par des meubles laqués de couleurs claires, souvent vert bronze, aux ornements peints ton sur ton ou bien dorés.

Ces meubles, qui ignorent le cannage (du moins, très rare) comme le capiton, auxquels ils préfèrent le bois plein en souvenir de la *sella*, de la *cathedra*

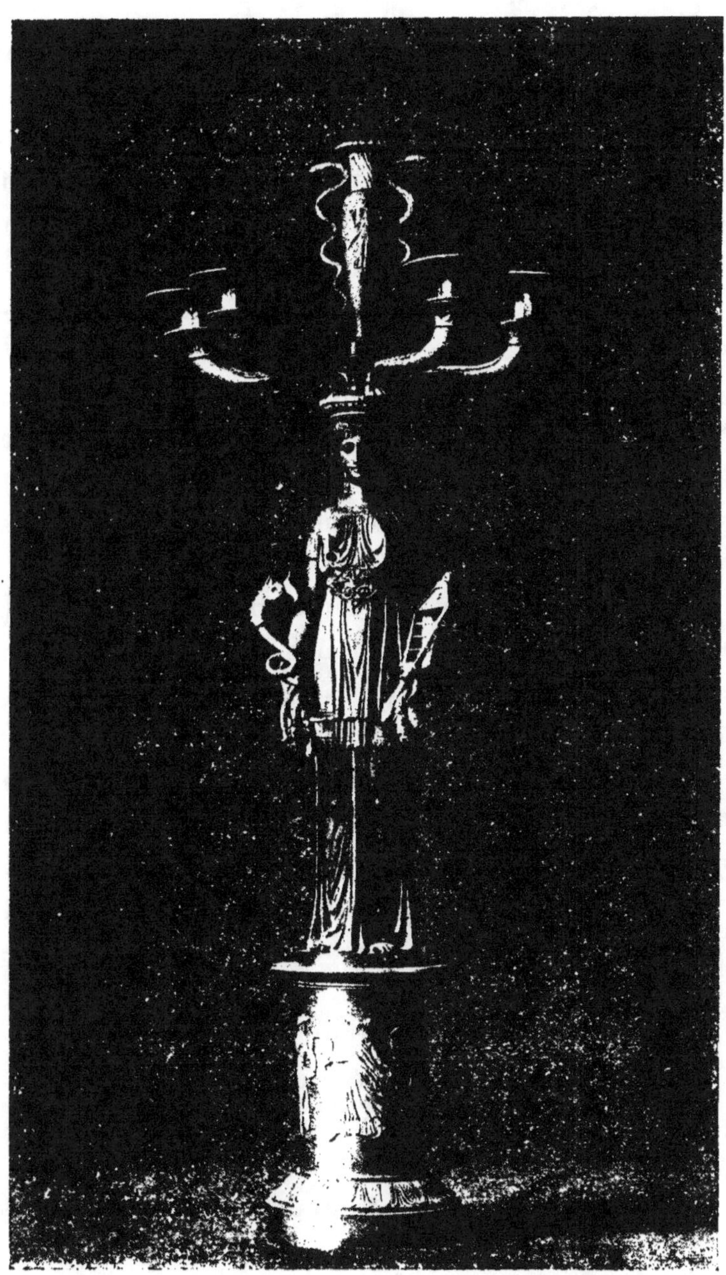

Fig. 49. — *Candélabre* (hôtel de Beauharnais).

et autres *chaires* d'autrefois, sont tendus de cuir uni, de soie ou de drap grenat, bordés de larges motifs clairs, ton sur ton ou jaunes, de soie verte (vert *empire*, très en faveur, avec motifs jaunes, par exemple), de velours brodé, etc.

De grands ramages (rinceaux antiques), aussi, décorent ces tissus.

Point de tapis (le tapis turc est cependant admis), le sol est en marbre blanc ou en marqueterie de marbre ou en mosaïque, à moins encore qu'il soit parqueté, les lames du parquet simulant des dessins dans un même bois ou de bois différent.

Les décorations en pâte ou en plâtre s'appliquent sur les murs et sur les plafonds à la manière d'un *gaufrage* réédité de nos jours par le linoléum, mais avec des arêtes plus fines et plus vives.

C'est le commencement de la fortune des *pâtissiers* qui devait se continuer sous la Restauration, jusqu'à la fin du second Empire et même de nos jours où, au milieu des moulures banales de la corniche du plafond des maisons à loyer, s'épanouit l'éternelle rosace *Louis XVI...*

Où sont les poutres apparentes d'antan!

S'il faut, d'autre part, créer des décorations éphémères, construire des tribunes avec des poteaux soutenant les tentures, en dehors des lances, couronnes, aigles, etc., on voit des trophées d'angle typiques, formés de cuirasses et de casques empanachés, à

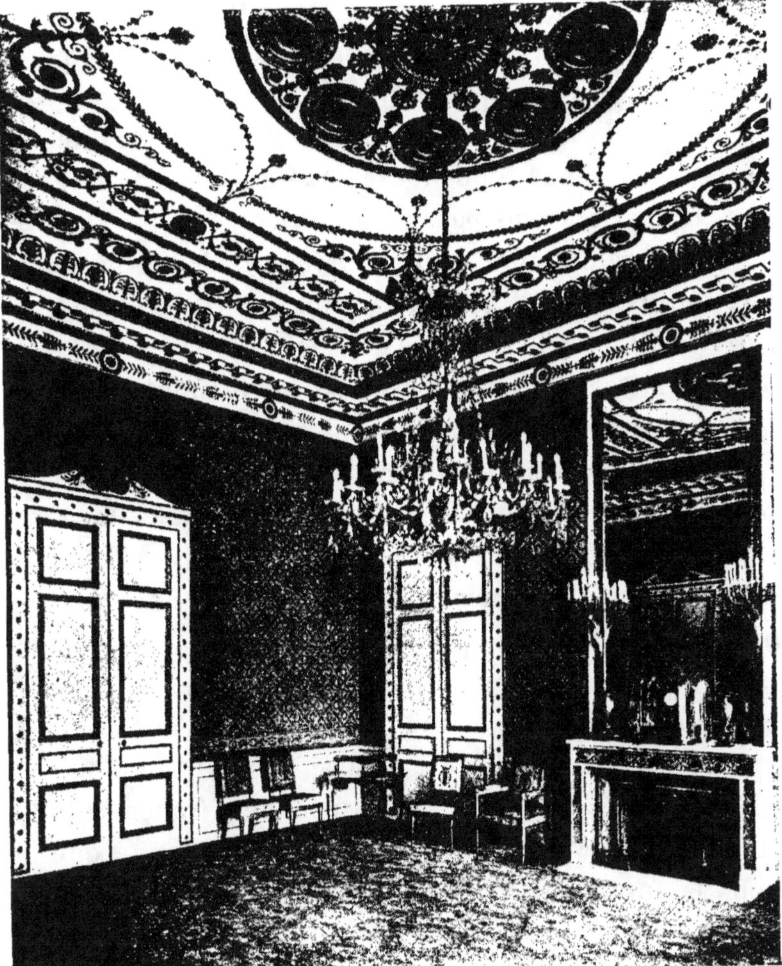

Fig. 50. — *Coin de petit salon* (hôtel de Beauharnais).

moins qu'on n'aperçoive encore un singulier mélange

de gothique — et quel gothique ! — d'aigles et du chiffre napoléonien, comme pour cette galerie du sacre, qui devait plutôt enlaidir la façade de Notre-Dame de Paris que l'embellir.

Quant à la sculpture décorative, puisqu'elle emprunte au même fond que la peinture décorative, nous n'y reviendrons pas.

« ... L'architecture, qui, en général, donne le ton aux autres arts, et surtout à ceux de la décoration, écrivent Percier et Fontaine dans leur *Recueil de décorations intérieures*, se trouve ramenée à la simplicité du goût antique et même du plus antique, chez les Grecs. »

Nous connaissons l'antienne, et ce passage montre bien la haine vouée par ces deux champions fanatiques de l'antiquité, — Fontaine surtout, — à un siècle que, pour beaucoup de raisons, ils ne comprenaient pas.

Ce sont des ennemis farouches qui parlent ; et cependant, de bonne foi, supposons un amateur grec, du temps de Périclès, éclairé, c'est-à-dire indulgent, en présence d'un beau spécimen français de style Louis XV : serait-il beaucoup plus étonné que nous le fûmes, il y a quelques années, devant les beaux échantillons de l'art japonais ?

Certainement, il trouverait que cela manque de science, mais que d'imagination !

Il faut l'avouer, les artistes qui se distinguèrent dans

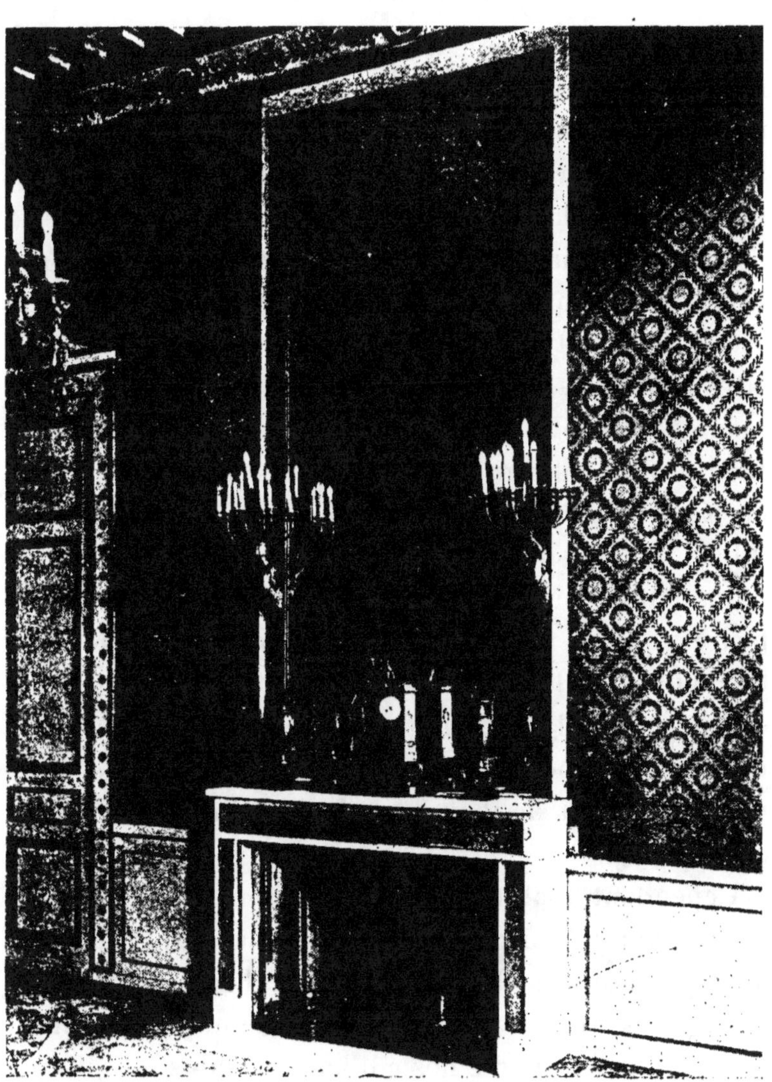

Fig. 51. — *Cheminée* (détail de la gravure précédente)
(hôtel de Beauharnais).

l'exécution des projets de Percier et Fontaine, en orfèvrerie, notamment, avaient été formés sous la Monarchie, et c'est là leur mérite.

Ceux qui furent apprentis sous l'Empire devinrent
généralement la médiocrité de la Restauration.

Or, dans l'art actuel, point d'imagination, l'inter-
prétation même est interdite, et l'on ne s'aperçoit
pas que l'esprit d'adaptation ne répond pas aux nécessités modernes. « Sous l'influence de ces idées dépri-
mantes, note H. Havard (*les Styles*), l'archéologie,
insuffisamment renseignée, égare les constructeurs »,
et voici pourquoi « nombre de logis bourgeois, de
villas, de maisons de plaisance, affectent les allures
d'un temple ou d'un tombeau : étalant sur des pilastres inutiles un classique fronton que crève un œil-
de-bœuf ; développant de chaque côté un entablement
qui jure avec le comble mansardé du toit et les cheminées qui le percent ; alignant des murs accouplés qui
privent d'air et de jour les habitants infortunés d'un
pareil édifice ».

Cependant, malgré l'indigence inventive de l'architecture après Louis XVI, indigence basée surtout sur
la fascination des chefs-d'œuvre séculaires, il ne faut
pas nier nombre de progrès d'adaptation, presque ins-
tinctifs il est vrai, que nos édifices ont subis, et est-on
bien sûr, après tout, que Napoléon n'était point dans
son cadre dans le temple d'Auguste ?

Évidemment nous retrouvons dans le style Empire la plupart des ornements antiques : rais de cœur, trèfles et palmettes, godrons, entrelacs, denticules, grecques, etc., et la feuille d'acanthe qui donne la clé des styles à travers les âges, s'est figée maintenant en

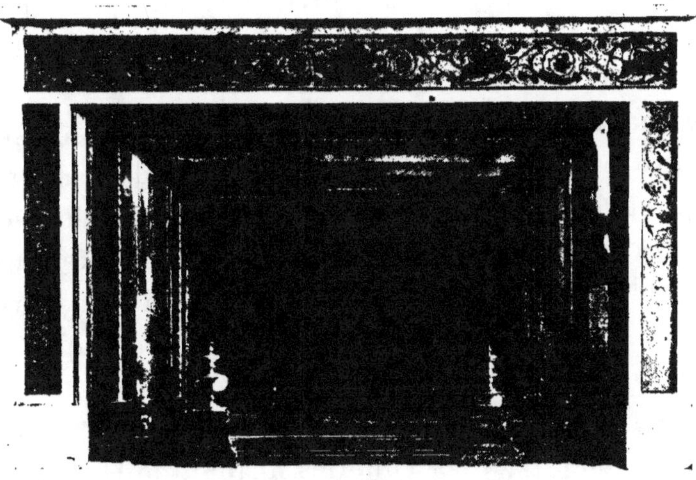

FIG. 52. — *Cheminée* (la galerie est de style Louis XIII).

souvenir des Grecs. Plus tard, dès la Restauration, cette palmette s'étiolera, s'évanouira. Pour l'instant, la voici schématique et raide (dorique), mais aussi elle alterne dans des bordures avec des motifs plus amènes, Empire ceux-là ; et même le masque Empire est arrangé à la française ainsi que le chapiteau, le motif des panneaux, la guirlande, les trophées, etc.

N'insistons pas sur la froideur qui se dégage de ces

ornements, mais rendons justice à leur insensible personnalité si l'on veut, et au rare mérite de la sculpture de ces ornements en bronze doré alternant avec des porphyres.

D'ailleurs, le luxe renaissant de jour en jour davantage, depuis les fêtes du Directoire, est adopté partout, c'est le retour de l'art et de la fantaisie richement adaptés.

Bonaparte lui-même, tout en maugréant, répétons-le, contre les cent trente mille francs demandés par Percier et Fontaine pour la décoration du salon de Mme Bonaparte, dans son hôtel de la rue Chantereine, est obligé de s'exécuter : il paye, mais si Bonaparte suit le mouvement, à peine sacré empereur, Napoléon voudra le conduire.

Rien de trop beau alors, pour la Malmaison [1], pour Saint-Cloud, pour les Tuileries surtout, où les N couronnées et les abeilles impériales vont remplacer les fleurs de lys et les emblèmes d'une royauté « à jamais disparue » !

Les Gobelins reçoivent la commande d'une copie du *Sacre* de David, en 1808 ; les glaces coulées à Saint-Gobain sont débruties, polies et coupées aux

---

1. L'histoire nous apprend que l'empereur inspectait lui-même plusieurs fois dans l'année les comptes de la cour. « On a trouvé tous ses châteaux réparés et embellis ; ils renfermaient près de quarante millions de mobilier et de quatre millions de vaisselle. »

magasins du faubourg Saint-Antoine, qui en ren-

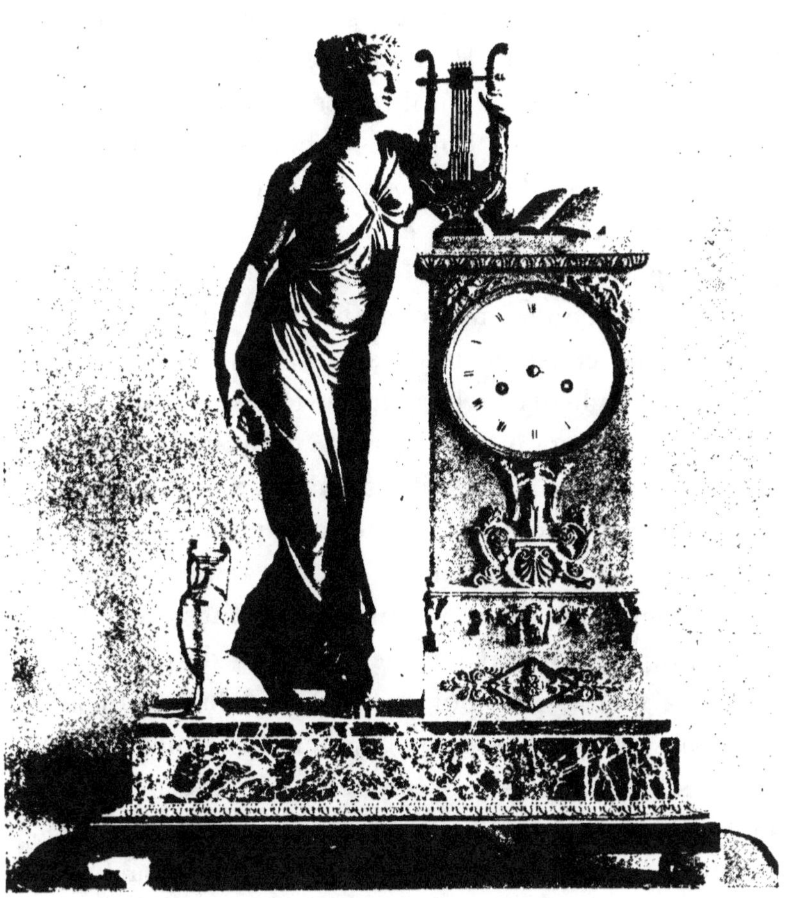

Fig. 53. — *Pendule.*

ferment pour des millions ; les plus belles et les plus grandes orneront les palais impériaux.

Par ordre du ministre de l'Intérieur, en 1801, un atelier de mosaïque avait été établi à l'Institution des sourds-muets. Dix apprentis, sous la direction de l'Italien Belloni, y exécuteront les morceaux envoyés à l'Exposition de 1810 : *le Génie de l'empereur maintenant la Victoire*, sans oublier les compositions de la salle Melpomène au Louvre, et celles du salon circulaire qui précède la galerie d'Apollon, d'après les dessins du baron Gérard, etc.

C'est pour Marie-Louise que Percier et Fontaine prépareront d'abord une chambre aux Tuileries, dont il nous ont conservé le dessin. C'est là que seront placés les cadeaux de la ville de Paris, la *Toilette* et la *Psyché* en argent massif, à côté d'un lit merveilleux couronné par un ciel dont les nuages sont en plumes rares, les rideaux dus au fameux Camille Pernon, de Lyon. Et, dans un décor de couleur tendre, sous un plafond en pâtes et en peinture d'une finesse exquise, sur un tapis de la Savonnerie à bordure de palmettes, du style grec le plus pur ou d'un modèle acheté chez le tapissier de basse lice Robert Desrolée, d'immenses lampadaires se dressent majestueusement, des fauteuils étirent leurs courbes gracieuses et légères. Quelque vase de Sèvres enfin, épanouit sa forme classique au bout d'une colonne, le maître du lieu daignant encourager la manufacture, pour obéir à ses principes.

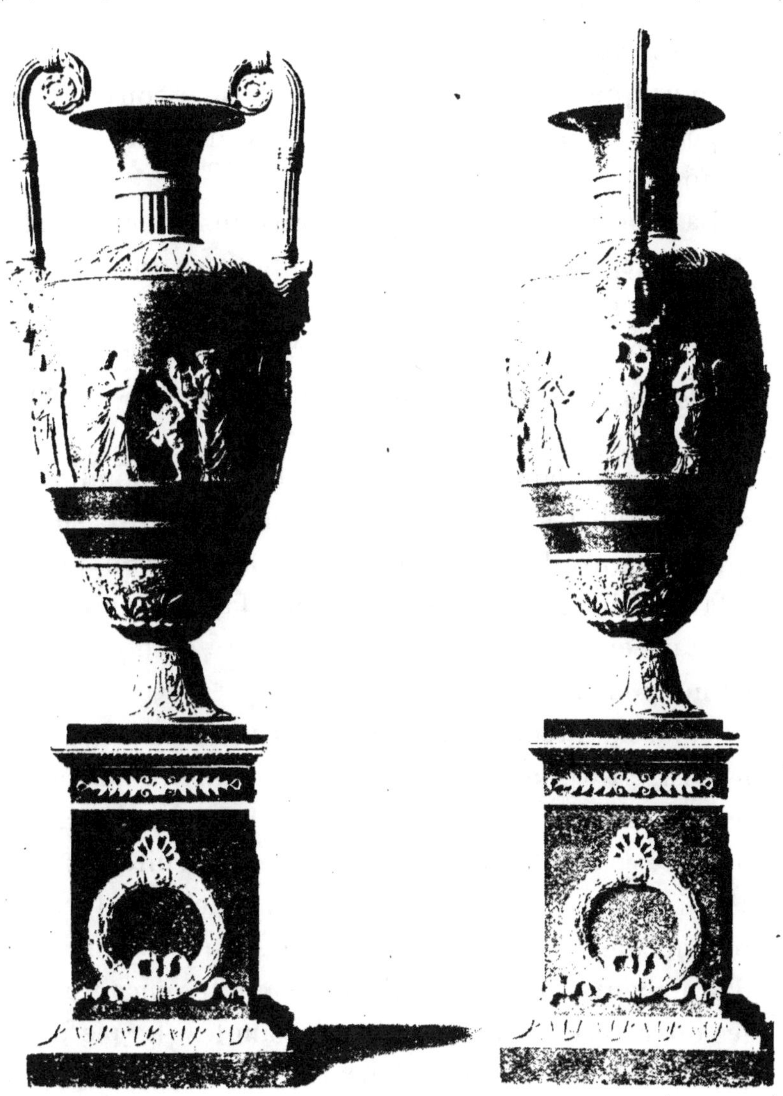

FIG. 54. — *Urnes (hôtel de Beauharnais).*

Nous allions oublier de noter une harpe ou bien une guitare (voire un tambour de basque), instruments de musique d'une grâce typique, dernier souvenir de l'époque de Louis XVI, inséparable du salon ou du boudoir.

La robe Empire a laissé les bras nus pour le geste de la harpe, et les femmes chantent, en s'accompagnant, des chansons langoureuses.

Un piano, souvent même — le clavecin a été détrôné par la Révolution — tente les doigts gantés de mitaines des élégantes.

La petite lampe *Empire* ou flambeau-bouillotte, sous son abat-jour opaque, manquerait encore sur la table de travail, et surtout sur la table où l'on jouait à la bouillotte (d'où le nom de cette lampe-flambeau), avec un entrain que n'égale que notre enthousiasme actuel pour le bridge.

Voici maintenant, d'après Frédéric Masson (*Napoléon chez lui*), la description de la chambre de Napoléon aux Tuileries : « ... Le travail fut poussé avec activité par Percier et Fontaine, architectes du Palais : ils revêtirent les murs d'une riche tenture de brocart de Lyon, appuyée sur des lambris enrichis d'ornements dorés ; des pilastres sculptés encadrèrent les ouvertures et recouvrirent les angles. Le plafond, peint et doré, présenta dans des caissons les figures de Jupiter, de Mars, de Minerve et d'Apollon, peintes

en grisaille avec des rehauts en or sur des fonds de
lapis-lazuli ; les armoiries et le chiffre de l'empereur

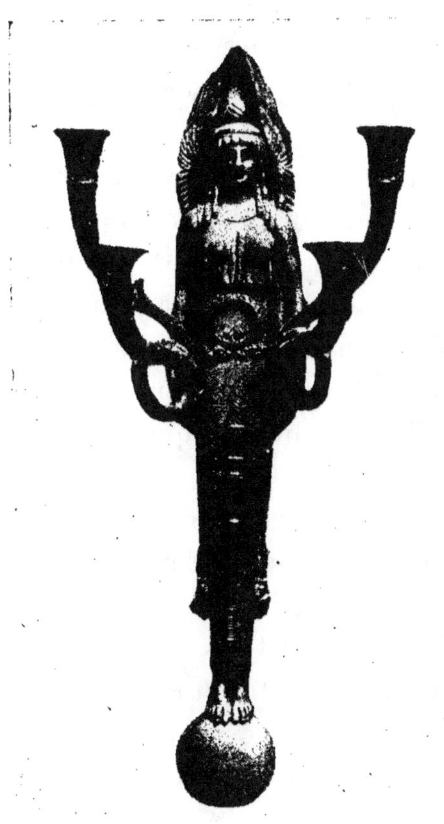

FIG. 55. — *Candélabre-applique.*

avec des trophées militaires et des guirlandes soute-
nues par des génies ailés composèrent les ornements
d'entourage. Le lit, élevé sur une estrade recouverte

11

en velours, occupa le fond de la chambre en face des croisées.

« Presque pas de meubles : des fauteuils en bois doré recouverts de tapisseries des Gobelins, une sorte de grande commode anglaise ornée de cuivres, et c'est tout. »

Après avoir pris soin de décorer son intérieur, Napoléon songe maintenant à costumer les personnages qui vont l'animer, et c'est David qui sera officiellement chargé de cette tâche, tandis qu'Isabey s'emploiera à dessiner des modèles de broderie. Mais le chapitre du costume étant en marge de notre travail, nous n'en toucherons quelques mots qu'en terminant.

Pour l'instant, nous cherchons à tracer l'ensemble des caractéristiques du style Empire, dont la manifestation la plus esthétique est le plus sensible, répétons-le, entre 1800 et 1815.

Au fur et à mesure de notre étude, les détails viendront habiller la masse et nos gravures feront le reste pour éclairer la religion du lecteur.

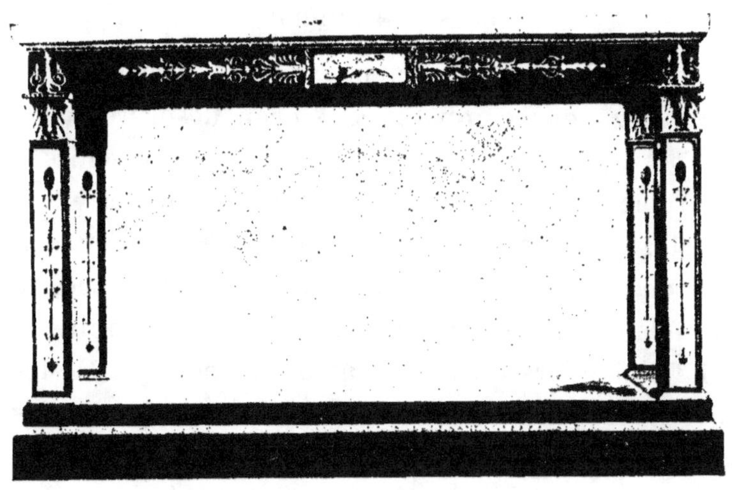

CHAPITRE VII

Le meuble et les ébénistes.

L' « amusant » du style Empire est précisément son anachronisme qui lui tient lieu d'originalité. On n'aura point ce reproche à adresser à la Restauration.

Dans le style Empire, on est frappé par la multitude des petits meubles inutiles. Les maisons sont semées de bibelots, naturellement empruntés à l'antique; mais il n'empêche qu'entre les mains de nos Françaises, ces bibelots ne ressemblent pas à ceux que maniaient les anciennes Athéniennes.

Chaque génération a son parfum.

Voici du disparate qui conserve au moins son caractère. Osez donc comparer ce « beau désordre, effet de l'art », à l'ordre qui présidait aux « souvenirs » proprement alignés sur l'étagère de nos aïeules !

Notez que le type « garniture de cheminée » date de la Restauration, parodie de l'ordonnance, de l'uniformité de grand ton en faveur sous l'Empire.

Il fallait alors que tout fût de même style, et les cuivres (les chandeliers notamment) vont avec les meubles, non suivant la convenance et la routine bourgeoises, mais selon le caractère général.

La nudité de la cheminée Empire se choquerait du moindre bibelot étranger à cette nudité, tandis que nos jours sans personnalité empruntent à toutes les beautés et les mêlent.

Et cela nous rappelle qu'à l'époque du Directoire, dans l'indécision où l'on se trouvait de l'esprit et du goût avec lesquels les hôtels et palais dévastés devaient être remeublés, on s'inspira singulièrement du désordre de la nature. Désordre, d'ailleurs, plus apparent que réel.

Cette désorientation du goût nous vaut ces lignes de Mme de Genlis : « On plissa sur les murs les étoffes au lieu de les étendre, on calcula que, de cette manière, l'*ouvrage* étant infiniment plus considérable, cela serait plus magnifique. Afin d'éviter l'air mesquin qui aurait pu rappeler certaines origines, on

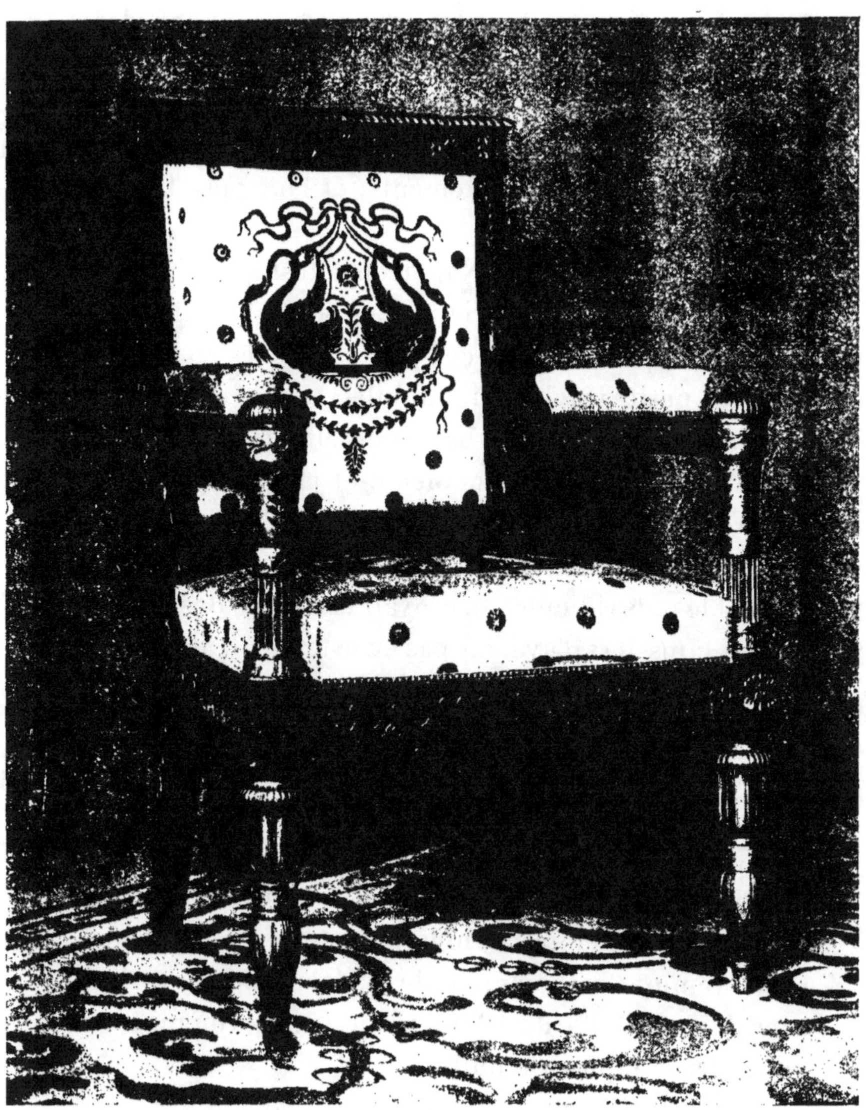

FIG. 58. — *Fauteuil* (hôtel de Beauharnais).

donna à tous les meubles les formes les plus lourdes
et les plus massives.

« Comme on savait, en général, que la symétrie est
bannie des jardins, on en conclut que l'on devait
aussi l'exclure des appartements, et l'on posa toutes
les draperies au hasard. »

Il faut se souvenir que Napoléon détestait les jardins
anglais pour leur symétrie : « Ces petits lacs, la plupart du temps sans eau, ces petits rochers en miniature, ces petites rivières immobiles, toutes ces niaise-
ries sont des caprices de banquier. Mon jardin, à moi,
c'est la forêt de Fontainebleau, et je n'en veux pas
d'autres. »

Bref, ce désordre affecté donnait à tous les salons
l'aspect le plus ridicule, on croyait être dans des pièces
que les tapissiers n'avaient pas eu le temps d'arranger.

Et cependant les tapissiers s'en donnent à cœur
joie! On met à une croisée quatre, quelquefois six
rideaux et les draper est une grande affaire ; il faut
entendre l'homme de l'art pérorer avant que de poser
le thyrse ou la lance qui soutiendra tout cet édifice!

« Enfin, pour montrer que les nouvelles idées
n'excluaient ni la grâce, ni la galanterie, les hommes
et les femmes rattachèrent les rideaux de leurs lits
avec les attributs de l'Amour, et transformèrent en
autels leurs tables de nuit.

« On vit des conspirateurs qui s'étaient baignés

dans le sang, se coucher sur des lits somptueux, ornés
de camées peints représentant Vénus et les Grâces, et

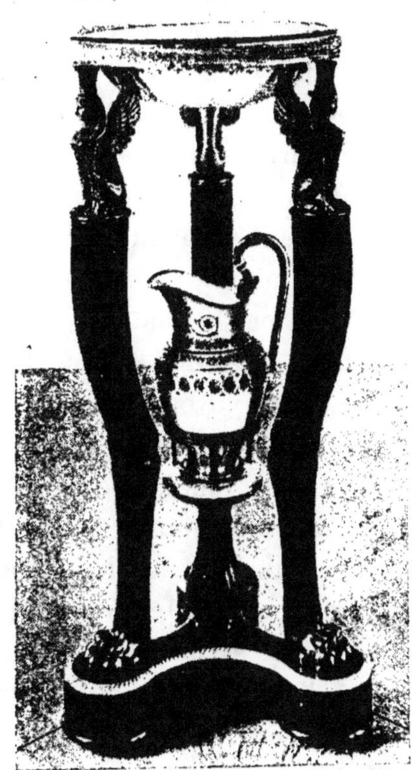

Fig. 59. — *Lavabo-saut-de-lit de l'impératrice*
(château de la Malmaison).

l'on vit suspendue sur leurs têtes, non l'épée de Da-
moclès, mais une flèche légère ou des couronnes de
roses. »

A bien réfléchir, cette exclusion de la symétrie dans l'ameublement à l'égal des jardins, n'était déjà point si sotte comparativement à la symétrie, d'un goût le plus souvent pitoyable, représentée par le tapissier.

Et l'on ne pourrait réclamer à ce modèle d'après la Nature — essentiellement harmonique — qu'une mise au point. Au surplus, le pessimisme de Mme de Genlis n'est point partagé par nombre d'écrivains de son temps, qui célèbrent, au contraire, le progrès des arts, l'activité de l'industrie, l'épuration du goût conduit on ne peut mieux par la mode.

Certes, si sous le Consulat on exagéra le fanatisme de l'antique, nous voyons le décor s'adapter de jour en jour davantage aux meubles et, en somme, le style Empire s'harmonise, tandis que nos intérieurs modernes sont contraints de cumuler toutes les beautés faute d'en pouvoir réunir une seule — tout au moins une beauté personnifiant leur temps, car il ne manque pas d'aménagements de style ancien.

Bref, la maison d'aujourd'hui est la tour de Babel des styles, et s'il lui convient parfois d'être un musée, elle est plus fréquemment un capharnaüm.

Mais retournons aux meubles Empire.

Meubles romains, certes, mais en acajou, de telle sorte qu'ils ne sont plus romains; et voyez encore la perfection des ciselures de leurs appliques métalliques.

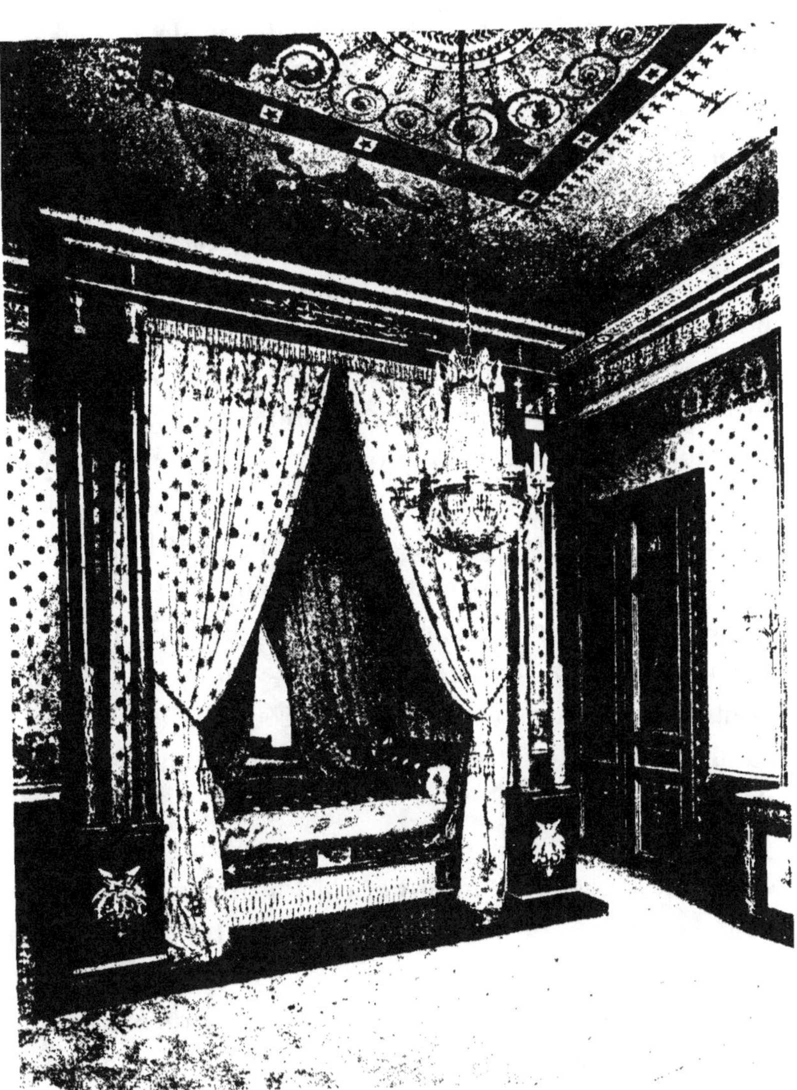

FIG. 60. — *Chambre à coucher* (hôtel de Beauharnais).

Nous ne reviendrons pas sur le décor de ces ciselures énumérées à la page 112, à propos de l'ornementation en général ; nous dirons simplement que la plupart de ces motifs, — qui forment en somme la base du style en question — reparaissent fondus ou ciselés en bronze doré, en forme de bas-relief comme appliques ou plaques, ou en ronde-bosse comme supports et pour tous autres ornements libres, c'est-à-dire affranchis, saillants du bois (à l'extrémité du bras du fauteuil, au pied des meubles, etc.).

Voici au surplus, pour ajouter aux ornements typiques, la *feuille de fougère* qui, de même que la *palme* ou *feuille d'acanthe grecque*, s'étire ou se réduit selon les besoins de la forme sur les montants et bras d'acajou, — cette dernière feuille, motif ornemental particulièrement caractéristique, — le *lambrequin* dont la chute pare les galeries, en général (flambeaux, candélabres, etc.), la *couronne de roses* aux entrées de serrures, etc.

Sans oublier, — lorsque les montants en bois simulent la colonne antique, c'est-à-dire le plus souvent, — la *base* et le *chapiteau* en métal, tous deux dorés.

On rencontre souvent aussi dans les bracelets qui ornent les montants d'acajou et dans nombre d'autres pièces métalliques (dans les bougeoirs, notamment) un motif ciselé formé de petits *o minuscules* (voir la gravure page 87), symétriquement rangés, dans le milieu desquels s'insère une rosace exiguë. A la place de

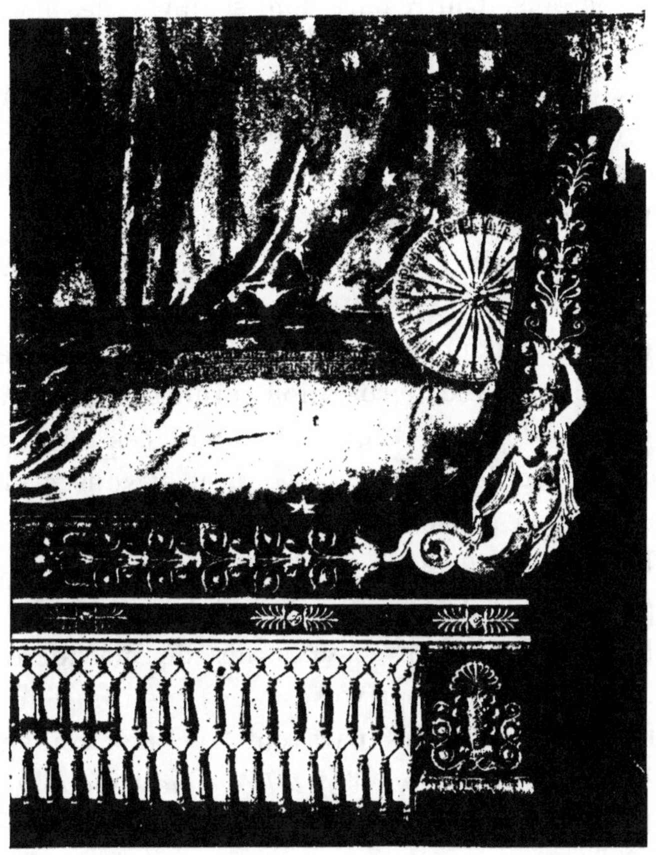

Fig. 61. — *Lit « en bateau »*, fragment (hôtel de Beauharnais).

la rosace, on aperçoit souvent un trèfle à quatre feuilles inscrit dans un losange, et puis voici des tores accompagnés de points, des cannelures, des méandres, etc., dont, répétons-le, la finesse est telle qu'ils font l'effet, de loin, d'un simple guillochis.

Sur le bois, d'autre part, sont sculptés : des marguerites, des losanges, des étoiles (ces deux motifs plus particulièrement chers au Directoire), des ornements à facettes, la sempiternelle acanthe grecque accompagnée de singuliers feuillages en rapport avec la sécheresse de sa feuille schématique.

En dehors de l'acajou parfois incrusté d'ébène et d'acier (ou de bois peint de couleurs claires), examinez l'orme noueux (si recherché alors), l'érable ou le citronnier avec incrustations brunes, la marqueterie de bois de rapport, qui présentent ces formes solennelles, rigides, mais *spéciales*, et si vous évoquez un instant la grâce d'une muse de l'époque servant le thé, ou... l'hydromel, sur cette table massive, vous verrez un instant sourire cette lourdeur.

Meubles en bois précieux ornés de marqueteries, meubles romains apprivoisés à nos mœurs d'un instant. Guéridons légers, paravents, écrans, coiffeuses, *bonheurs du jour* (*fig.* 65), *athéniennes* (meuble servant de cassolette, de console, de vase à fleurs), vide-poches, tables à ouvrage, chiffonniers, consoles, buffets bas, armoires à bijoux, commodes avec plateaux de marbre, secrétaires, canapés étroits ou lits de repos droits, recouverts d'étoffes drapées à l'antique, dits *paphos*, fauteuils *gondoles*, *méridiennes*, chaises

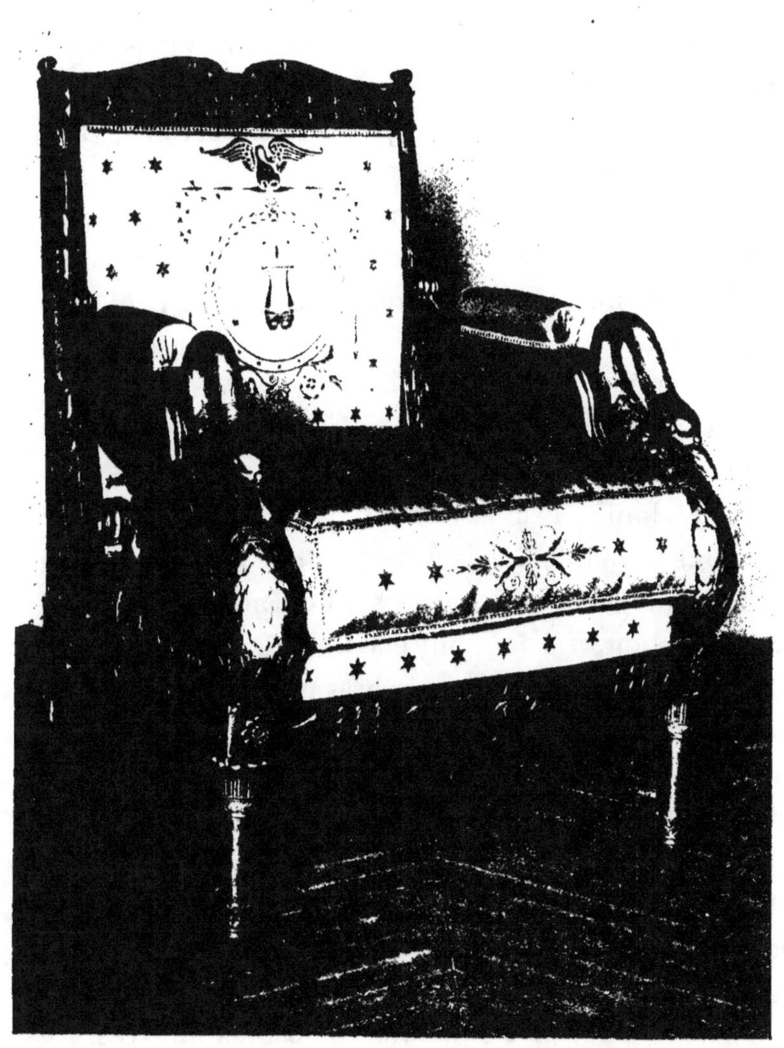

Fig. 62. — *Bergère* (hôtel de Beauharnais).

à dossier rond et bas, fauteuils à joue pleine, à dossier légèrement enroulé (plutôt Directoire), *psychés*, chauffe-dos, X, etc., sans oublier tant d'objets en bronze ciselé comme des torchères, des trépieds surmontés de victoires ailées, des candélabres, des supports de vases, des appliques, des brûle-parfums, des feux, etc.

En réalité nous aperçûmes la plupart de ces meubles et ustensiles sous Louis XVI, mais ils se sont alourdis, « romanisés » au point que l'on ne peut les confondre.

Le grand art de l'ébénisterie est dérouté, non détruit, il ne faillira qu'après, sous la Restauration, dégénérant dans la pacotille.

On réclame exclusivement pour l'instant, aux moindres meubles, l'aspect d'autels antiques ; les grandes tables et les chaises sont terminées par des griffes de lion. Le fauteuil est une chaise curule, et « il lui faut remplacer chaque bras par le col ondoyant d'un cygne, à moins qu'il ne le fasse porter par des Amours… » « Pour support de la table, l'ébéniste réunira un quatuor de sphinx décevants… » « On fera reposer des sièges sur des cornes d'abondance. » Le guéridon avec sa tablette de marbre est soutenu par des pégases de bronze.

Le montant des psychés, ou les pieds des bergères sont ornés de torches enflammées ou bien de lyres.

Que de lyres ! Les voici en guise de dossier à des

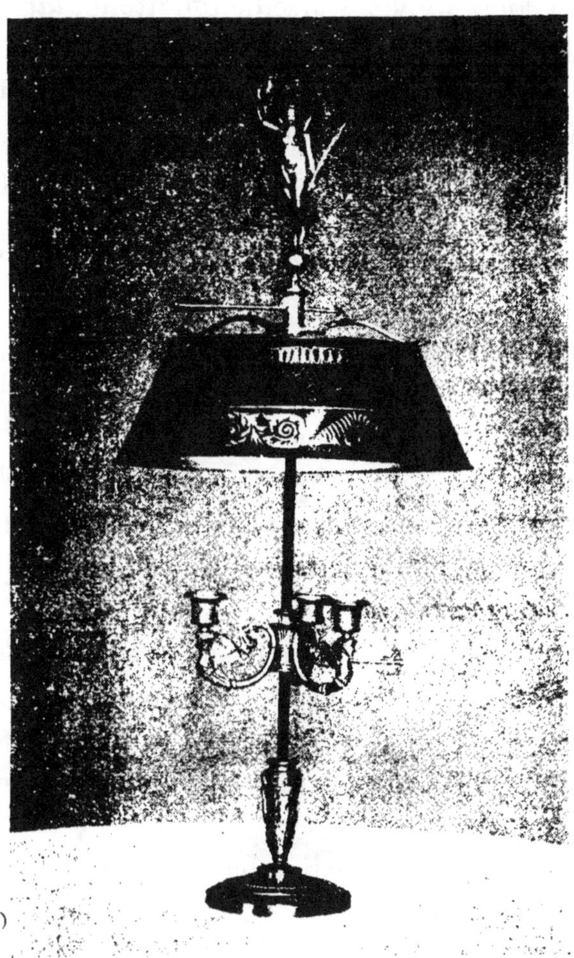

FIG. 63. — *Flambeau-bouillotte* (château de Compiègne).

chaises, en appliques métalliques, voire en manière de supports !

Une chaise longue s'appelle un *otio*, une table de nuit un *somno*, un nécessaire de toilette un *lavabo*.

Quant aux lits — ne craignons pas de répéter Mme de Genlis — ils ont des airs de tentes guerrières ; leurs rideaux sont retenus par des trophées belliqueux ou par des attributs de l'amour, — antithèse caractéristique, Mars aux pieds de Vénus, — lorsqu'ils ne sont pas couronnés d'une guirlande de roses.

On les orne de camées, ces lits somptueux, qui, souvent aussi, ressemblent à des bateaux, tandis que la table de nuit est transformée en autel !...

Ces lits encore, sont garnis d'un second traversin ou rondin imprévu aux pieds ; ainsi le veut la symétrie impitoyable de l'heure, qui exagère l'harmonie et les pondérations consacrées.

Lits « en bateau », lits « à flasques », c'est-à-dire à dossiers renversés. La mode de couvrir d'une peau d'ours à griffes d'argent, le siège des cochers, a conduit à faire des couvertures de lit en peau de lion ornée de griffes d'or.

Entre le meuble en acajou bagué, ciselé, incrusté, bordé d'ornements de cuivre, et le meuble tout en métal, il n'y a guère de milieu, et des lances, des caducées, des boucliers imprévus, viennent, à tout bout de champ, étonner de leur fantaisie cocasse.

L'acajou n'est point ici du vil placage, l'acajou

Fig. 64. — *Écran* (château de Compiègne).

plein sied seul à tant de majesté qui veut joindre l'effet de lourdeur à une pesanteur véritable.

Le placage, lui, sera assez bon pour la Restauration, contrefaçon de l'Empire.

Et cependant, en contraste, des victoires fuselées, aux bras tendus, sur la pointe de leurs pieds posés sur des sphères d'or, soulèvent les branches des girandoles.

Ce sont maintenant : les cheminées de marbre plaquées de bronze ciselé, les lustres trapus, sorte d'agglomération de petites lampes romaines, ou bien simulant des faisceaux de flèches ou bien en cristal dans le goût du dernier siècle, mais toujours antiques dans les ornements métalliques; ce sont : les pendules si caractéristiques, soit complètement en bronze doré, soit alternant le bronze doré avec le bronze noir, le marbre blanc, ou de couleur, etc.

Et quels sujets servent à embellir ces pendules ! Scènes puériles, allégories sentimentales subordonnant l'heure qu'elles doivent montrer, à leur importance décorative. Il est vrai qu'il est des pendules Empire de toute beauté, tant dans l'harmonie que dans l'habileté de la ciselure.

Retenons pourtant, qu'après Louis XVI, montrer l'heure, pour une pendule, est devenu accessoire, et nous ne verrons les pendules revenir à leur but pratique qu'à l'époque de la Restauration qui, par un souci de propreté exclusif, les placera sous globe !

Aussi bien il est piquant de constater que l'on a fait sous le premier Empire un grand nombre de pendules Louis XVI préoccupées, comme il sied, de l'heure

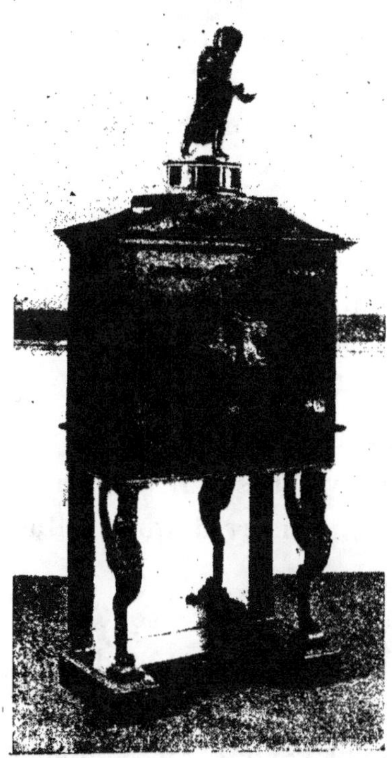

Fig. 65. — « *Bonheur du Jour* » (œuvre de Jacob Desmalter) et *veilleuse de l'impératrice Joséphine* (château de la Malmaison).

objective, mais en revanche fort déroutantes pour l'amateur.

La Restauration, encore, à défaut d'imagination, détruira la naïveté du sujet de pendule en la paraphrasant, et elle dégénérera dans la sottise. Cette époque sans idéal méconnaîtra l'enthousiasme au moins, de l'Empire aux coûteuses fantaisies artistiques, aux mâles reconstitutions, et sa pendule en marbre noir ou bien en dorure imitation ne méritera pas même un regard.

Où l'on goûte judicieusement le style qui nous occupe, c'est en le comparant précisément à sa décadence.

Voyez les meubles en acajou des deux Restaurations et du second Empire, et vous apprécierez le charme exact du premier Empire.

Le premier Empire visait à l'éclat, son art était cher, il n'employait que des matériaux de premier ordre (bois, soie, velours, cuir, dorure, etc.), et les époques suivantes ne visèrent qu'à l'illusion à l'aide du faux.

Autant les meubles Empire sont martiaux, autant les meubles de la Restauration et du second Empire sont veules.

On a exagéré, certes, la tristesse du style de Napoléon Ier lorsque l'on regarde celle des styles de Louis-Philippe et de Napoléon III.

Ici du galon, là rien, et l'acajou se morfondit.

Mais disons maintenant quelques mots des artistes et artisans du meuble.

Nous avons indiqué les raisons pour lesquelles l'in-

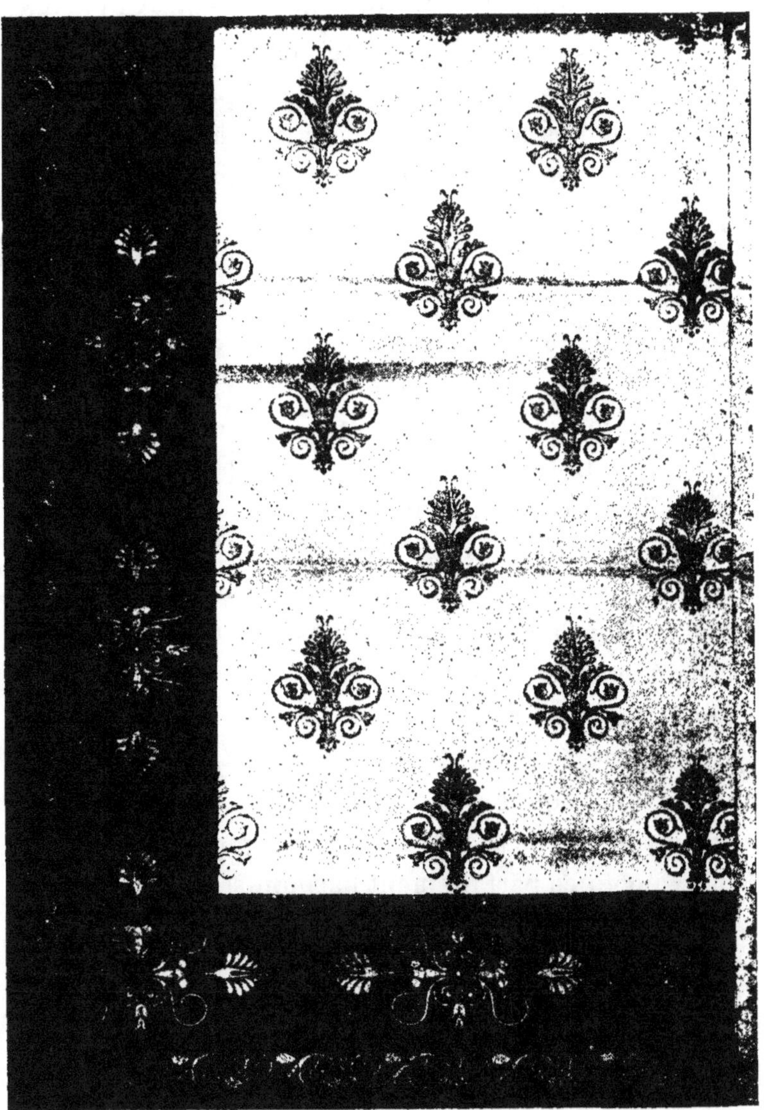

FIG. 66. — Étoffe.

dustrie du meuble périclita après Louis XVI : l'industrie se séparant de l'art, le mépris de la tradition, les ouvriers n'étant plus soutenus par les maîtres, l'abolition des corporations, etc., et, en conséquence, la faillite du goût et de l'habileté individuelle, la monotonie des copies.

Le seul survivant alors, de ces grands artistes qui, comme l'Allemand David Roëntgen, de Neuwied, ou Joubert, de la butte Saint-Roch, avaient fabriqué les derniers spécimens du style Louis XVI, était l'auteur du bureau-secrétaire de Louis XV (que l'on peut admirer au Louvre) : Oëben. Oëben avait exécuté ce chef-d'œuvre en collaboration avec son élève Riesener.

Riesener, né en 1734, mourut en 1806, ne laissant aucun souvenir de sa fabrication de l'Empire, qui, malheureusement le laissa dans l'inaction, du moins officiellement, et on sait seulement que l'artiste racheta quelques meubles aux ventes ordonnées sous la Révolution.

Lorsque l'on examine le bureau-secrétaire dû à Oëben et à Riesener, on y distingue l'influence de deux époques parfaitement harmonisées (Louis XV et Louis XVI), et l'on regrette d'autant que les belles facultés d'assimilation de Riesener, du moins, car Oëben mourut vers 1665, n'aient point été mises à contribution pour préparer l'avènement d'un pur style

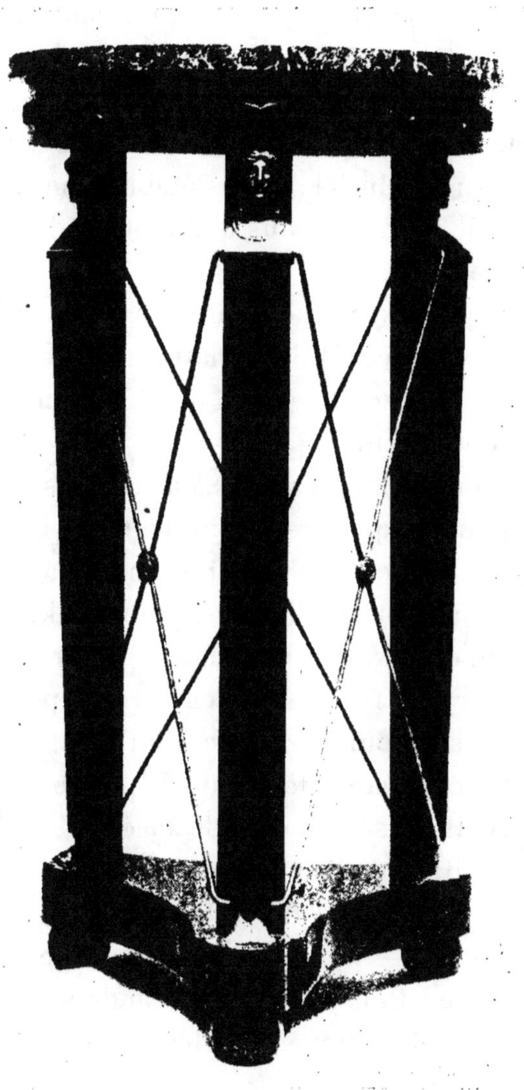

FIG. 67. — *Guéridon-trépied.*

Mais un de ses collègues, un fabricant également, qui était mort en 1789, avait laissé deux fils qui demeuraient rue Meslée. Il se nommait Jacob.

L'un de ses fils prit le nom de Jacob Desmalter et, quittant la rue Meslée, alla s'établir rue des Vinaigriers, où il travailla sous la direction de Percier et de Fontaine.

C'est là qu'il exécuta ces meubles en acajou et en bois précieux décorés de cariatides et de figures de sphinx en bronze, revêtues d'une patine verte qui firent sa réputation.

Fournisseur de l'impératrice Marie-Louise, à laquelle il vendit pour cinquante-cinq mille francs une armoire à bijoux (autrefois au mobilier national) (*fig.* 87); Jacob Desmalter travailla aussi pour le directeur des Musées impériaux, dessinateur à ses heures : Vivant-Denon, pour les frères de l'empereur, pour l'empereur de Russie, pour l'Espagne, pour l'Angleterre, etc.

Un autre ébéniste célèbre de l'époque Empire fut Lignereux, il s'inscrit à côté de Jacob.

A l'Exposition de l'an IX, ce dernier artiste obtint la médaille d'or, et en l'an X (1802), nous le voyons encore exposer, — mais hors concours cette fois, — avec Burette, Papst, Neckel, Baudon-Goubaud et A. Rascalon, ébénistes et fabricants de meubles tous inconnus aujourd'hui.

Pour en revenir à l'armoire à bijoux de Marie-

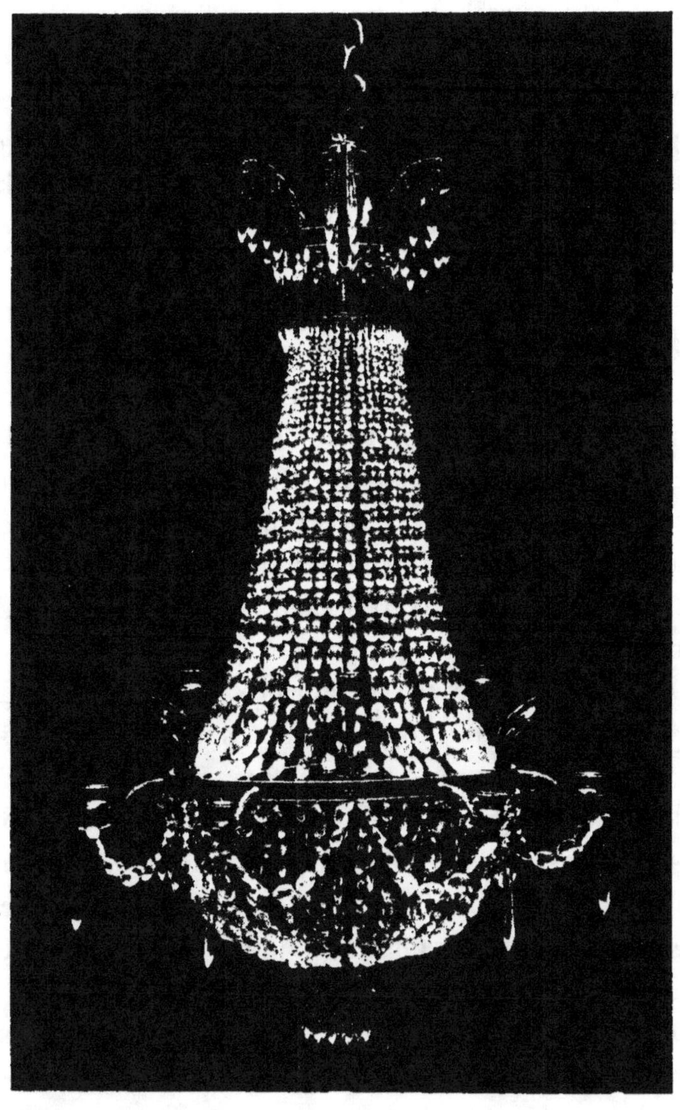

Fig. 68. — *Lustre en cristal.*

Louise, qui aurait été, croit-on, préférée par l'Empereur à un chef-d'œuvre de Riesener, on aurait tort de comparer ce meuble à celui du même genre, qui est conservé à Trianon. De même, on en critique exagérément les panneaux plats, d'une ordonnance droite et carrée, sur lesquels s'appliquent des ornements de cuivre monotones.

Si le style Empire ignore les bosses et les rondeurs en général, il n'en est pas moins vrai que sa conception simple et sévère en impose. Quant à la qualité du travail d'ébénisterie qui préside au précédent exemple, elle est parfaite, et les bas-reliefs de cuivre réprouvés de prime abord, sont d'un grand charme quand on les examine de près, inspirés qu'ils sont des compositions de Prud'hon (ils représentent la naissance de Vénus Anadyomène).

De Desmalter encore, ce curieux lit, exécuté pour Vivant-Denon, dont nous citons le nom plus haut : sa forme est antique, ses trois côtés sont incrustés de bas-reliefs d'argent représentant à gauche la figure d'Isis, au-dessus d'un hémicycle dentelé, sur le devant des figures agenouillées et, sur le troisième côté et aux angles, des têtes d'uræus en acajou avec des appliques en argent. Le lit repose sur quatre pattes de lion.

Deux fauteuils d'acajou incrusté d'argent accompagnent ce lit ; ce sont des copies de meubles dessinés à Thèbes par V. Denon.

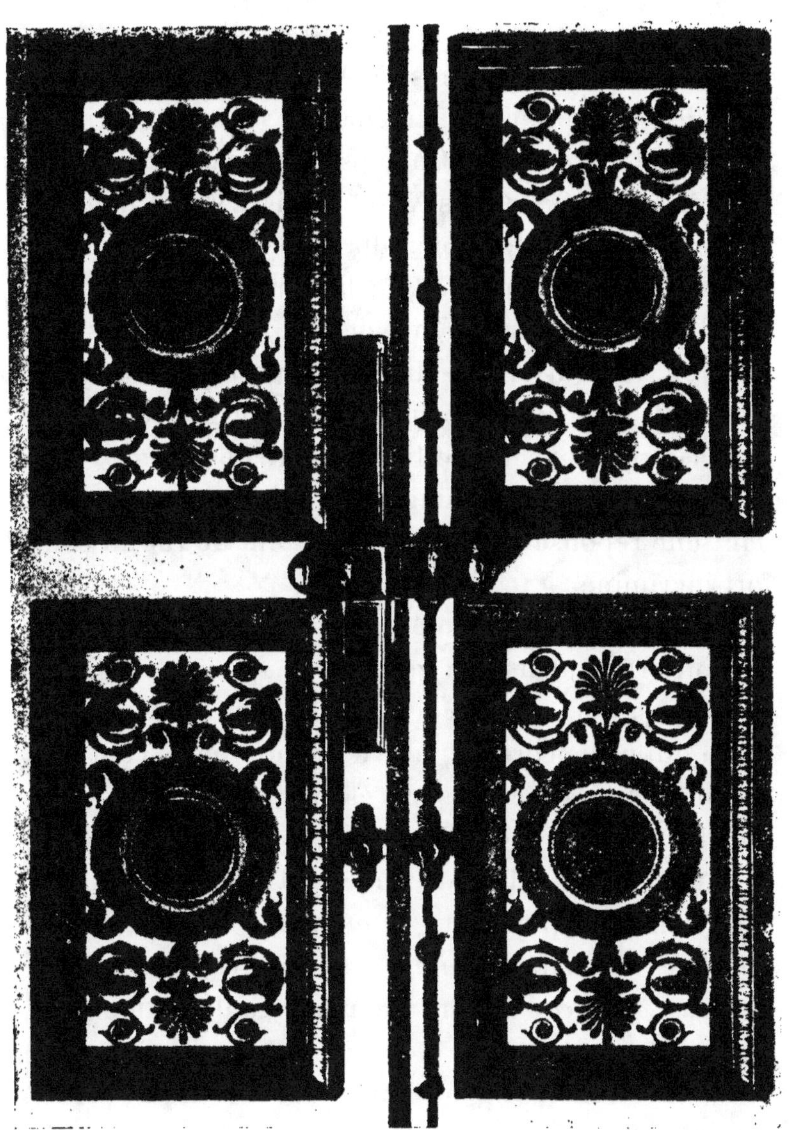

FIG. 69. — *Panneaux de portes* (château de Compiègne).

Avant de quitter Jacob Desmalter, disons que l'on peut voir de ses œuvres à Versailles, au garde-meuble, au cabinet des médailles (grande vitrine), et à Saint-Nicolas-des-Champs (banc d'œuvre, 1806).

Si aux époques Louis XV et Louis XVI, le fauteuil est moelleux, confortable, alors que sous Louis XIII et Louis XIV on s'asseyait « à la dure », il faut avouer que le fauteuil Empire, au début, manque aussi de capiton, et pourtant la chaise curule en ivoire, puis en métal, se permit, sur la fin, quelque douceur.

Roederer, dans une lettre à l'éloge des *meubles à la mode*, adressée à un ami, reçoit de son correspondant une réponse intéressante au point de vue du confort incriminé :

L'ami ayant voulu se débarrasser de ses antiquités, se voit arrêté dans son geste : « ... Tu ignores, écrit Roederer, que tu possèdes la collection la plus complète qui ait encore été faite d'un mobilier à l'antique et que tous les meubles ont été faits d'après les dessins les plus purs ; que leur ensemble, leur accord, est le fruit de recherches, d'examens et de comparaisons faits dans les plus rares monuments de l'antiquité: *Plus de dix mille estampes, de cinq cents médailles, de deux cents camées,* ont été mis à contribution pour ce beau tout.

« Chacun de tes appartements est meublé de pièces qui appartiennent justement *au même temps, à la même année, au même peuple ;* car les Grecs avaient aussi des modes changeantes et diverses comme nous.

« *Pas un seul anachronisme, pas une seule erreur de*

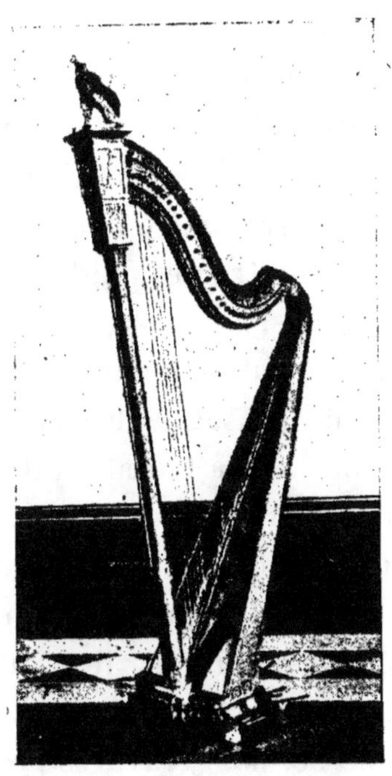

Fig. 70. — *Harpe de l'impératrice Joséphine*
(château de la Malmaison).

géographie dans plus de *sept cents articles* qui composent ton mobilier.

« *Point de mélange de l'athénien avec le lacédémonien, point de confusion entre les meubles d'une olympiade et ceux d'une autre.* Prends garde, encore une fois, à ce que tu vas faire. »

Et voici en quels termes l'ami de Rœderer motive son désir de retourner *aux bons meubles bien français* :

« Convenez-en, mon cher, on n'est plus assis, on n'est plus reposé. Pas un siège, chaise, fauteuil ou canapé dont le bois ne soit à nu et à vive arête.

« Si je m'appuie, je presse un dos de bois ; si je veux m'accouder, je rencontre deux bras de bois ; si je me remue, je rencontre des angles qui me coupent les bras et les hanches.

« Il faut mille précautions pour ne pas être meurtri par le plus tranquille usage de vos meubles. Dieu préserve aujourd'hui de la tentation de se jeter dans un fauteuil ! on risquerait de s'y briser... »

Il est vrai, qu'à côté de cette critique nous apprenons avec quel souci artistique les beaux meubles de l'Empire étaient reconstitués, il y a dédommagement. D'autant que si la copie en art est un défaut, un aveu de faiblesse, nos gravures prouvent amplement qu'instinctivement ou non, les adaptations du meuble à cette époque ne manquaient pas d'originalité.

La variété délicate de ces modèles suffit à leur personnalité.

Voici enfin, pour clore ce chapitre, un couplet ironique qui garde bien le parfum du temps : « Julie, avez-vous des meubles faits d'après des dessins de la Bibliothèque, des vases d'albâtre sur votre cheminée, une pendule en bronze doré, une tapisserie de drap

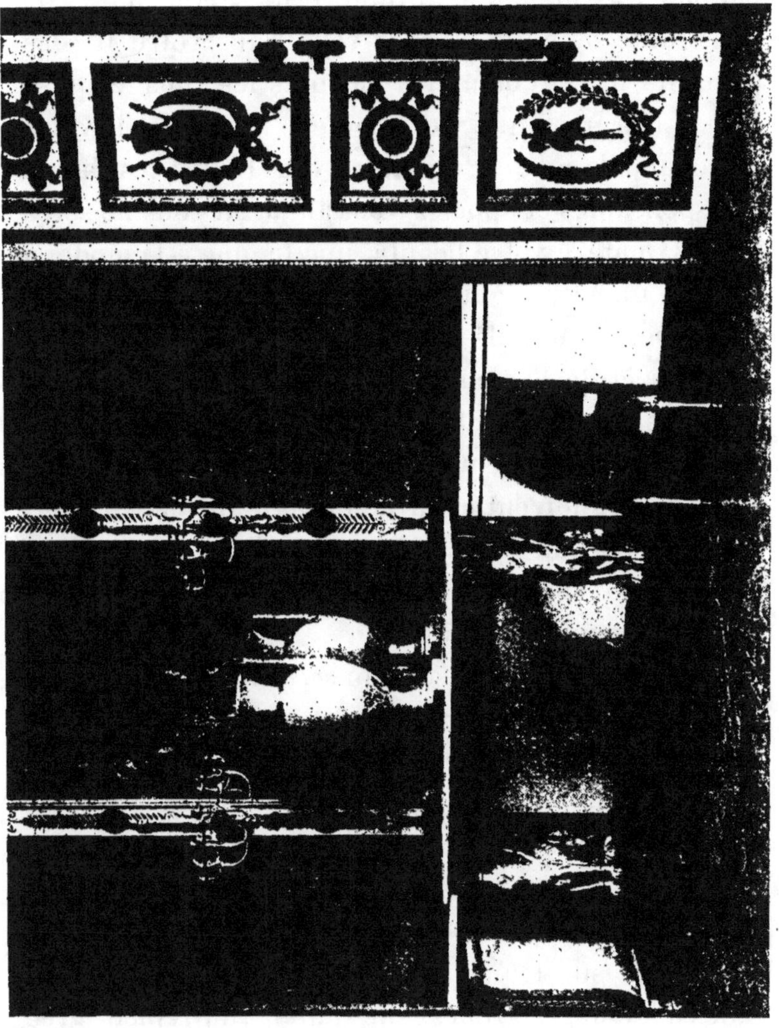

Fig. 71. — *Chambre de Napoléon Ier (château de Compiègne).*

relevée par des franges en or et des rideaux de soie ?

Votre tapis est-il turc? votre toilette a-t-elle été faite par Jacob? Une lampe antique brûle-t-elle auprès de vous toute la nuit? et avez-vous dans votre lit des conduits où circulent les parfums les plus exquis? Est-ce Harmand qui vous coiffe? Leroy est-il votre marchand de modes? Procurez-vous toutes ces choses indispensables et appelez-vous Julia, ou vous ne serez jamais, malgré votre beauté, une femme à la mode. »

Nous glanerons, au surplus, dans des documents d'époque, ces détails et aperçus complémentaires du mobilier et de l'ameublement. « Le goût des formes antiques s'est étendu jusqu'aux meubles les plus fragiles de l'appartement d'une élégante. Son pot-à-l'eau, son sucrier, doivent avoir la forme d'un vase romain; sa soupière doit être grecque et elle renoncerait à prendre du sel à table, si la coupe qui le contient n'était étrusque ou attique.

« Ainsi, nos dames usent du *sel attique;* et il ne faut pas désespérer de voir, par amour des anciens, le *brouet spartiate* devenir à la mode. »

Outre sa lampe antique, souvent remplacée par la douce clarté que versent des bougies du Mans brûlant dans l'intérieur de vases d'albâtre, une femme élégante a sur sa table de nuit ou *somno* un sphinx en bronze sur lequel reposent les journaux à charades et à logogryphes; un autel ou trépied grec dans lequel brûlent des parfums et le roman ou le

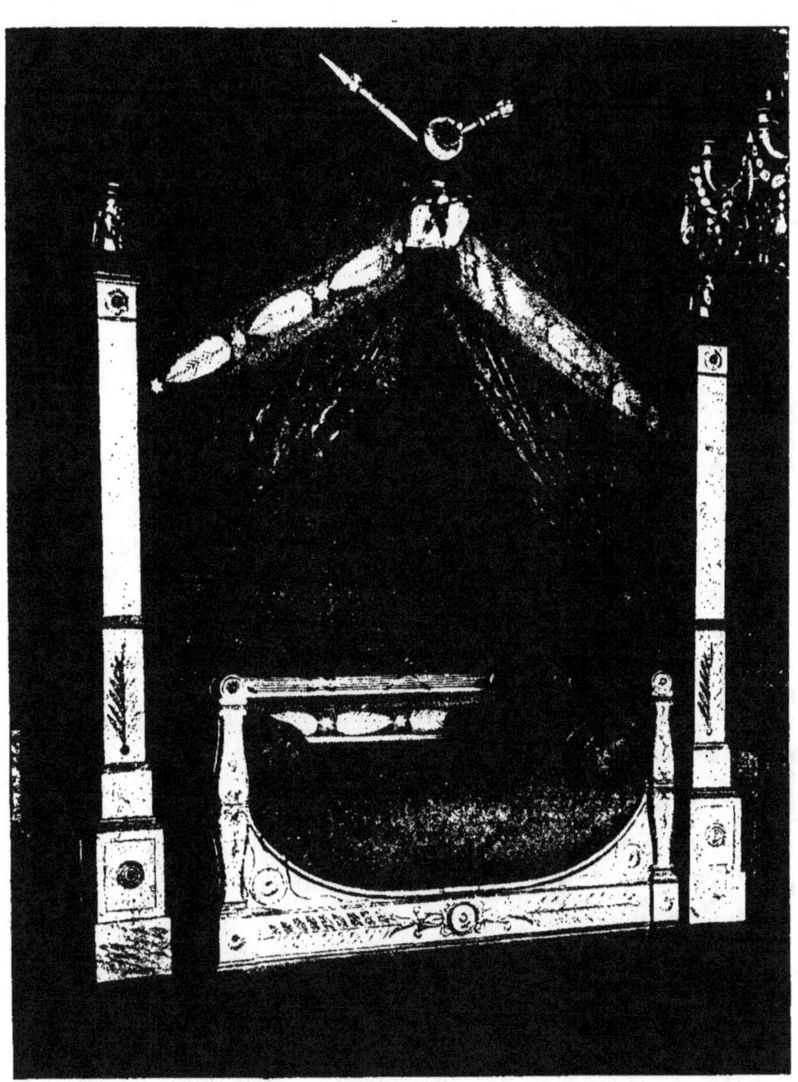

FIG. 72. — *Lit de Napoléon I*ᵉʳ (château de Compiègne).

poème le plus nouveau. Sa beauté, enfin, se réfléchit dans le plus grand nombre possible de glaces, et son odorat est flatté par le parfum des fleurs rares qui s'échappe de sa serre chaude où des jasmins d'Arabie, des lauriers-roses, des cyprès dans des vases de tôle

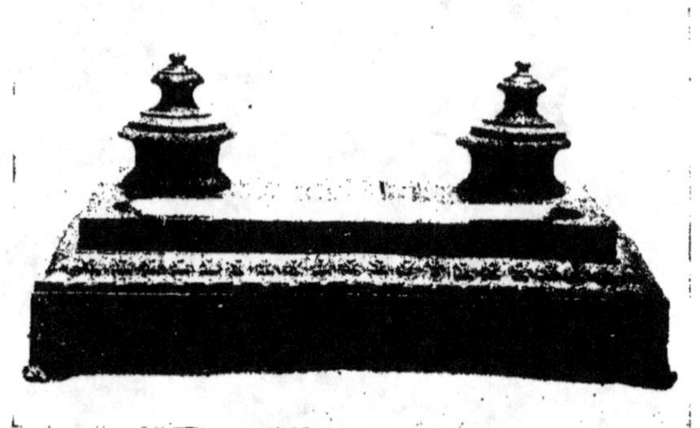

Fig. 73. — *Écritoire.*

« à vernis antique », côtoient des hortensias et des *malucas.*

Une alcôve moderne ressemble à une niche pour une statue de sainte ou à un trône sur lequel doit se placer une reine, plutôt qu'à toute autre chose ; la tenture n'en est plus de papier, mais de riche étoffe de soie ou de percale brodée ; elle n'est plus appliquée sur le mur, mais drapée largement et relevée par des patères en or mat, fixées à des colonnes d'albâtre ou de granit oriental. Le lit est toujours sur une estrade ; mais, au lieu d'un tapis, on a imaginé, pour

réchauffer les pieds de la petite maîtresse, ou peut-
être « pour produire un contraste entre ce qu'il y a de
plus doux et ce qu'il y a de plus féroce », on a imaginé
de recouvrir le piédestal d'une peau de tigre dont

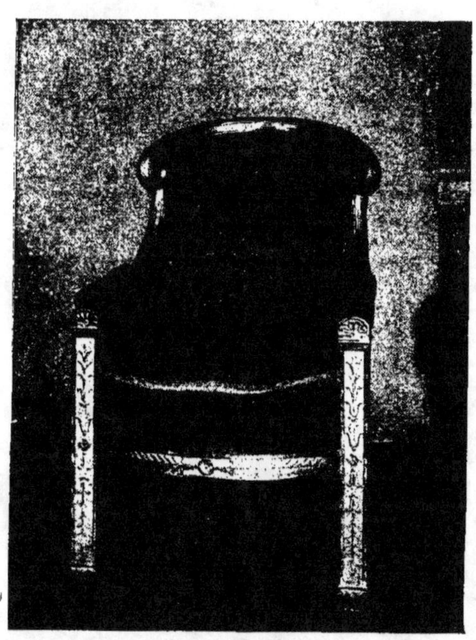

Fig. 74. — *Fauteuil-bergère de Napoléon* (château de Compiègne).

les pattes sont en or et dont la tête, bien conservée,
semble être écrasée par un des supports antiques du
lit moderne. Le ciel, les ornements sur acajou et la
broderie de la courte pointe doivent être analogues
et ne représenter que des pavots tombant en pluie tout
autour de la petite maîtresse qui, pour cela, n'en dort

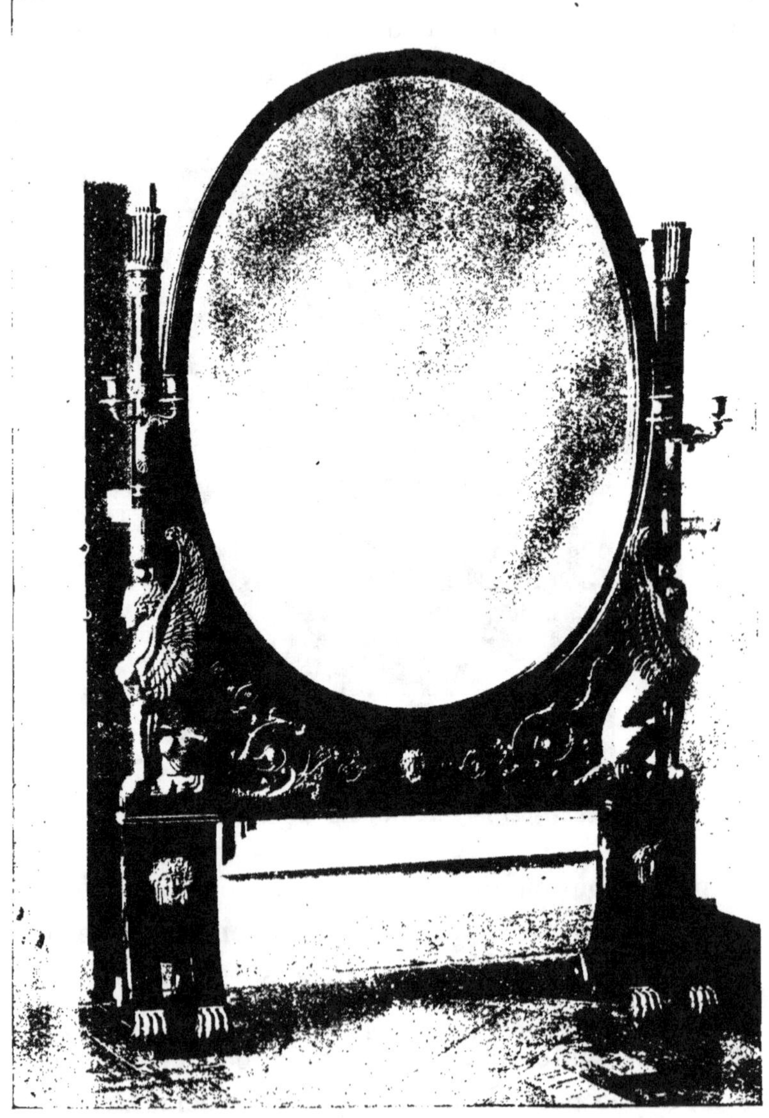

Fig. 75. — *Psyché* (château de Compiègne).

pas mieux... Et puis, en dehors de la couleur de bois
et de bronze qui pare les appartements, on voit des
fonds unis gris clair ou d'un blanc mat, rechampis en
rose, en lilas, en citron ou en or, ou bien encore des
imitations de granit fin, des jaspés d'albâtre, d'agathes
d'Orient ou d'Allemagne ondées ou rubanées. Quant
aux pilastres, ils sont étroits et les moulures des chapiteaux deviennent de plus en plus délicates. En revanche, les meubles s'accusent si massifs et si lourds
que « lorsqu'une dame entre dans un salon moderne,
il faut se mettre à deux pour lui apporter un siège
antique ».

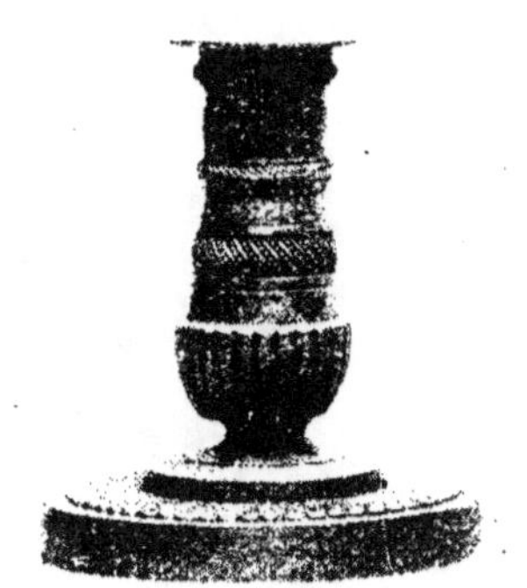

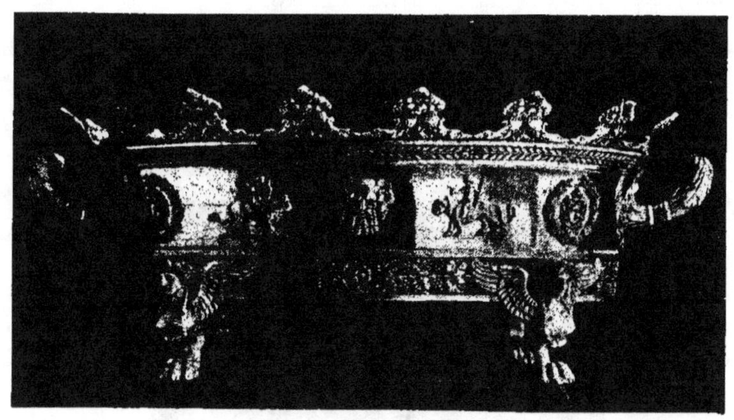

CHAPITRE VIII

L'orfèvrerie et les orfèvres. — Le bijou.

Au début de ce chapitre, nous emprunterons à Per-cier-Fontaine les lignes suivantes : « L'orfèvrerie du siècle de Louis XIV est esclave du goût de Le Brun.

« L'armoire et le guéridon de Boule ont les contours, les profils et les cartels de Mansard. Le xviiie siècle fait reconnaître son goût mesquin, faux et insignifiant dans les contours de ses glaces, dans le chantourné de ses dessus de porte, de ses vitrines, etc., comme dans les plans mixtilignes de ses bâtiments et la manière des compositions de ses peintres.

« Cependant, la fin du siècle, par une réunion de

causes inutiles à décrire ici, vit son goût non seulement changer, mais passer d'un extrême à l'autre... »

Et la conclusion, naturellement, de ces sévérités, de

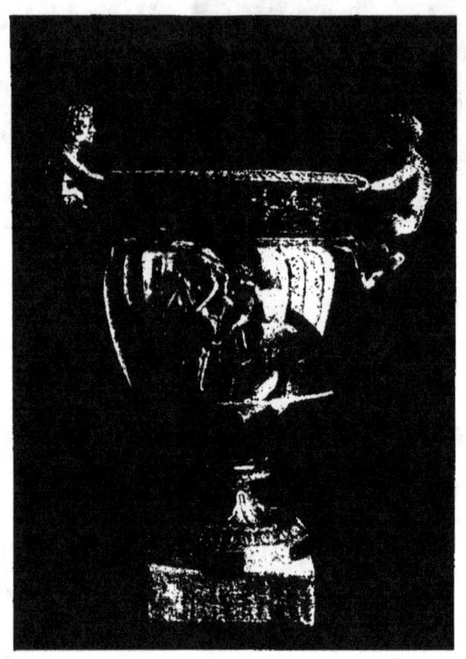

Fig. 78. — *Vase* (musée des Arts décoratifs).

ces injustices, de cette ingratitude, est favorable à l'intervention de ces deux artistes, nouveau Messie !

Nous savons qu'en matière d'orfèvrerie, entre autres, Percier et Fontaine avaient eu le bénéfice d'artistes formés sous la monarchie, ils semblent ici l'oublier,

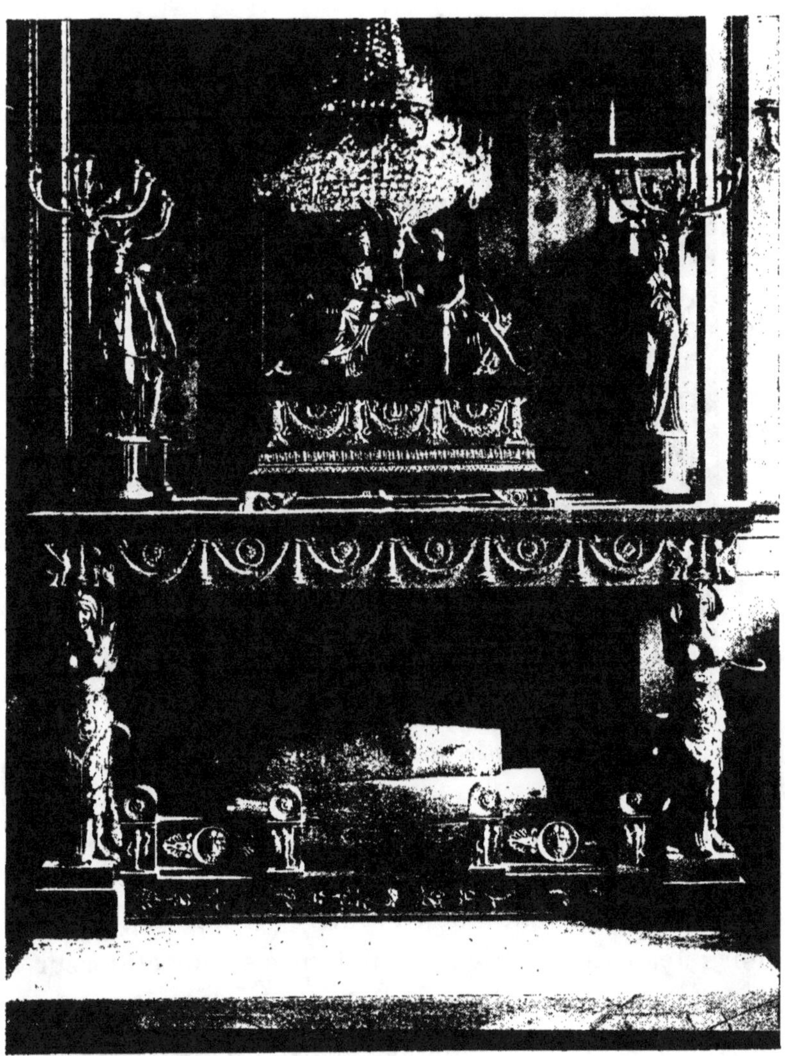

FIG. 79. — *Cheminée et sa garniture* (château de Compiègne).

et c'est rendre hommage à la mémoire de ces artistes que de les nommer.

Sans parler des Delaroche, sculpteur-ciseleur ; des Hervieux, des Hauré, qui n'étaient pas, à pro-

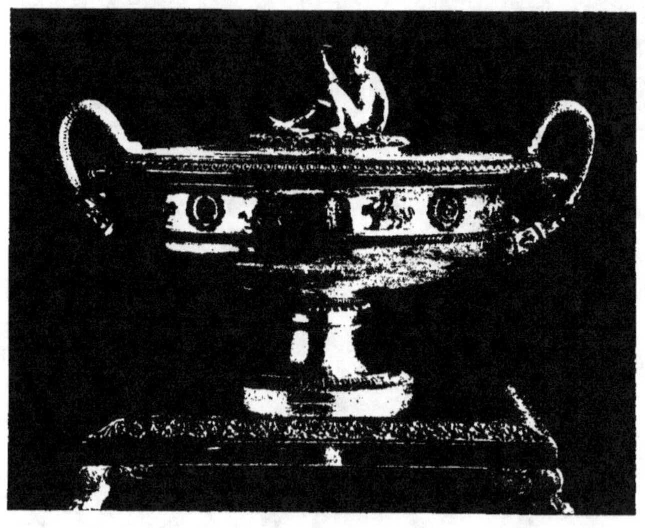

FIG. 80. — *Soupière* (musée des Arts décoratifs).

prement parler, des orfèvres, mais qui s'attaquaient au cuivre pour le fondre et le ciseler, nous citerons Martincourt, le maître de Gouthière ; Duplessis, sculpteur ; Jean-Louis Prieur, sculpteur-ciseleur et doreur du roi, à qui l'on doit les cuivres du carrosse du sacre de Louis XVI ; Delafontaine, Charité, maître-ciseleur de plaques de gibernes et de hausse-cols, principalement ; le Toulousain Vinsac ; A.-A. Ravrio (1759-1814), dont les vaudevilles remportaient aussi de vifs succès,

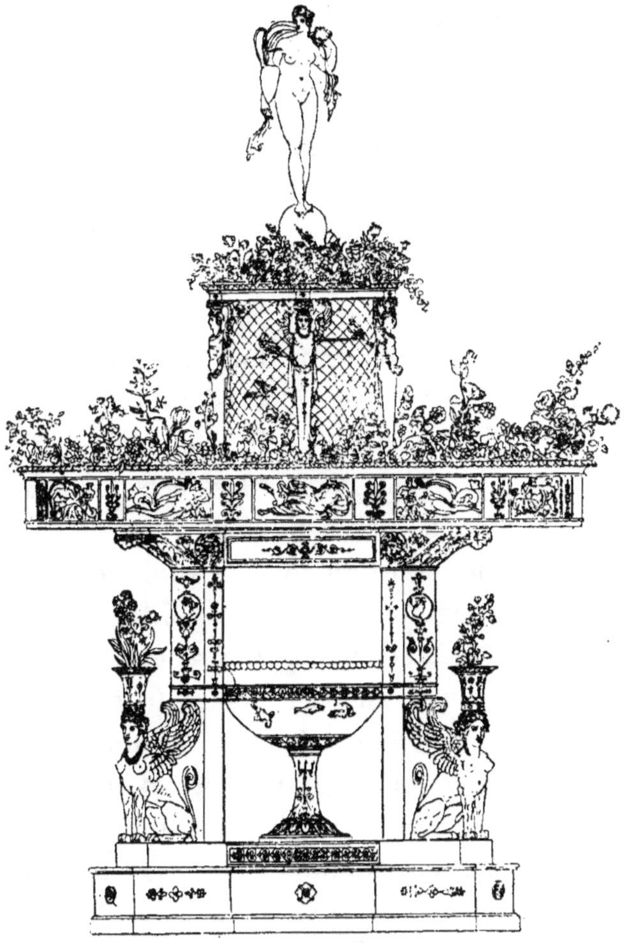

FIG. 81.— *Jardinière*, dite *Table à fleurs*, dessin de Percier.

Viennais et enfin Pierre-Philippe Thomire (1751-1843),
ciseleur et fabricant de bronze, élève de Pajou et de

Houdon, dont Louis XVI, personnellement, avait employé les talents.

Après s'être tenu pendant quelque temps à l'écart, nous retrouvons Thomire chargé de nombreux travaux sous l'Empire : torchères, candélabres, consoles, supports de vases, etc.

C'est alors qu'il exécute, pour le compte de son fameux collègue Odiot, les surtouts de table destinés aux Tuileries, sans oublier la *psyché* et la *toilette* avec le fauteuil et le miroir d'argent doré, orné de plaques de lapis, offerts à l'impératrice Marie-Louise par la ville de Paris (15 août 1810), avec le berceau du roi de Rome, modelé par Radiguet et dessiné, ainsi que les ouvrages précédents, par Prud'hon.

« Il est curieux, a dit un contemporain, de voir aujourd'hui ce berceau où l'artiste avait en quelque sorte prédit l'avenir. Il s'élève sur quatre cornes d'abondance ; il est appuyé sur la Force et la Justice ; des abeilles d'or le parsèment ; à ses pieds, un aiglon est prêt à prendre son vol. Il est ombragé d'un rideau de dentelles semé d'étoiles. Deux bas-reliefs ornent les côtés : d'un côté, la nymphe de la Seine, couchée sur une urne, reçoit l'enfant de la main des dieux ; de l'autre côté, on voit le Tibre, et près de lui la louve de Romulus : le dieu soulève sa tête couronnée de roseaux, pour voir à l'horizon un astre nouveau qui doit rendre à ses rives la splendeur antique. »

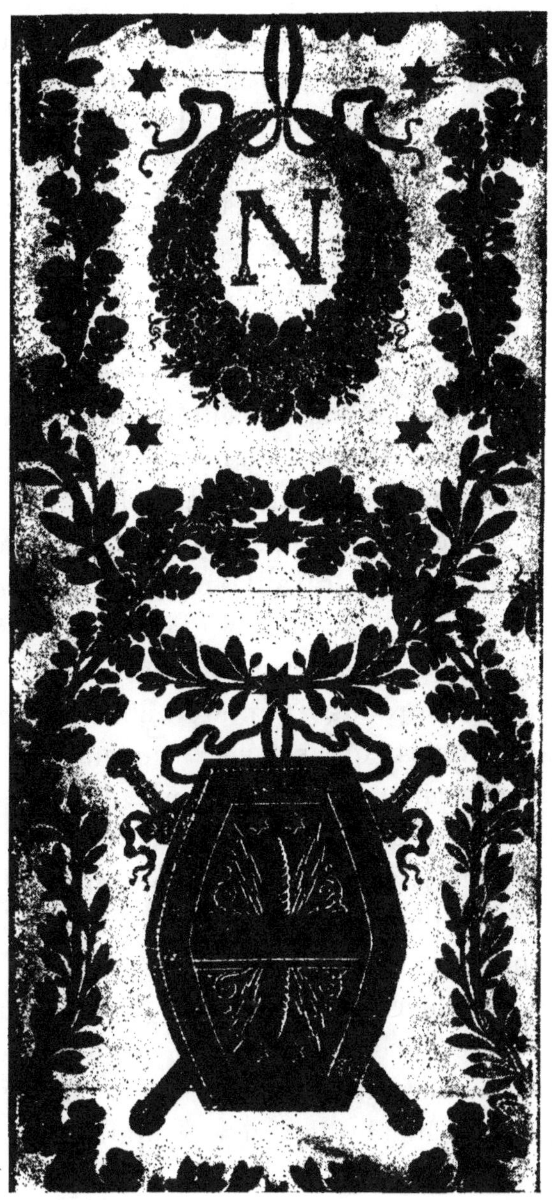

FIG. 82. — *Bordure* (étoffe).

Chefs-d'œuvre de pur style Empire, que ces meubles qui, malgré toute l'originalité de leur créateur, n'échappent pas à l'esprit antique ; chefs-d'œuvre prônés peut-être avec un exclusivisme exagéré, étant donnés d'autres chefs-d'œuvre de la même époque, équivalents.

Parmi les autres orfèvres, nous trouvons donc J.-B.-Claude Odiot (1763-1850), dont le père, orfèvre également, était mort en 1788.

Le jeune Odiot, après avoir servi dans l'armée, où il était parvenu au grade de lieutenant de grenadiers, devint l'orfèvre attitré de l'empereur, à qui il fournit une argenterie massive, généralement lourde de forme, et le plus souvent romaine, étrusque et égyptienne !

En somme, Odiot travailla dans la note de son temps.

Nous mentionnerons ensuite Auguste, le fils, que l'empereur employa aussi, Caillié et enfin le plus célèbre de tous ces artistes « qui, selon A. Jacquemart (*Histoire du mobilier*), avaient amené le bronze, doré ou mat, à une perfection que ne dépassait pas l'orfèvrerie fine », le ciseleur sans rival, l'incomparable Gouthière, Gouthière le Beau, dont les bronzes se vendent aujourd'hui au poids de l'or.

Pierre Gouthière, « l'inventeur de la dorure au mat », comme il se qualifiait, né vers 1740, sorti de chez Martincourt, travaillait en 1771 pour Mme du Barry qui lui confia les bronzes décoratifs de son pavillon de Louveciennes, exécutés sur les dessins de Ledoux et de J.-Denis Dugourc.

La dépense pour ce travail, de 1771 à 1773, s'élevait à plus de 100.000 livres. La ciselure des bronzes

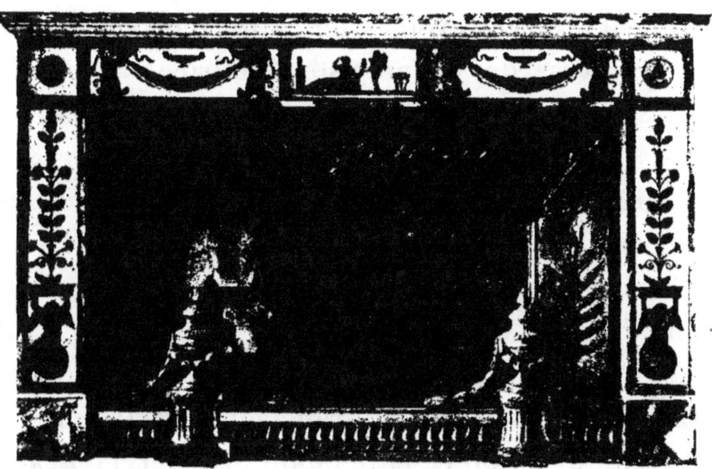

FIG. 83.— *Cheminée* (la galerie est de style Louis XVI).

d'un seul piédestal est évaluée à 50.000 francs; la monture, à 46.000; la dorure, à 63.000.

Bref, trois piédestaux sont portés sur la note pour 420.000 francs !

Gouthière, alors établi quai Pelletier, à la *Boule d'or*, fut employé encore par Mme du Barry de 1789 à 1793. Et, deux ans après, nous retrouvons l'artiste habitant un hôtel décoré par ses propres soins.

Malheureusement la Révolution devait porter un

coup terrible au vieil artiste. Incapable de pouvoir se faire rembourser les sept cent cinquante mille francs que lui devait Mme du Barry, il sollicita vainement une place dans un hospice et mourut dans la misère, en 1806.

Son fils, après avoir longtemps réclamé son dû aux héritiers de « l'auguste débitrice », n'obtint qu'une somme de trente-six mille francs, trente ans après.

Au résumé, l'orfèvrerie est régie par Percier et Fontaine qui lui imposent leurs dessins; et les trépieds antiques, les urnes funéraires, les pendules en forme d'autels, sévissent.

Nous dirons maintenant quelques mots du bijou.

La Révolution avait naturellement arrêté l'élan de cette manifestation essentielle du luxe, et l'on cacha les joyaux lorsque ceux-ci purent échapper au creuset.

Les rares bijoux, au reste, portaient la marque délicate de Louis XVI, que l'on se fût hâté de détruire et, en attendant le retour de ces accessoires de la fortune, on se contente d'ornementer les boucles des chapeaux, des ceintures et les breloques.

Les emblèmes révolutionnaires viennent se greffer sur les motifs de la tyrannie précédente, de telle sorte que le décor du bijou est hybride et sans caractère.

Sous l'Empire, fort heureusement pour l'art, le

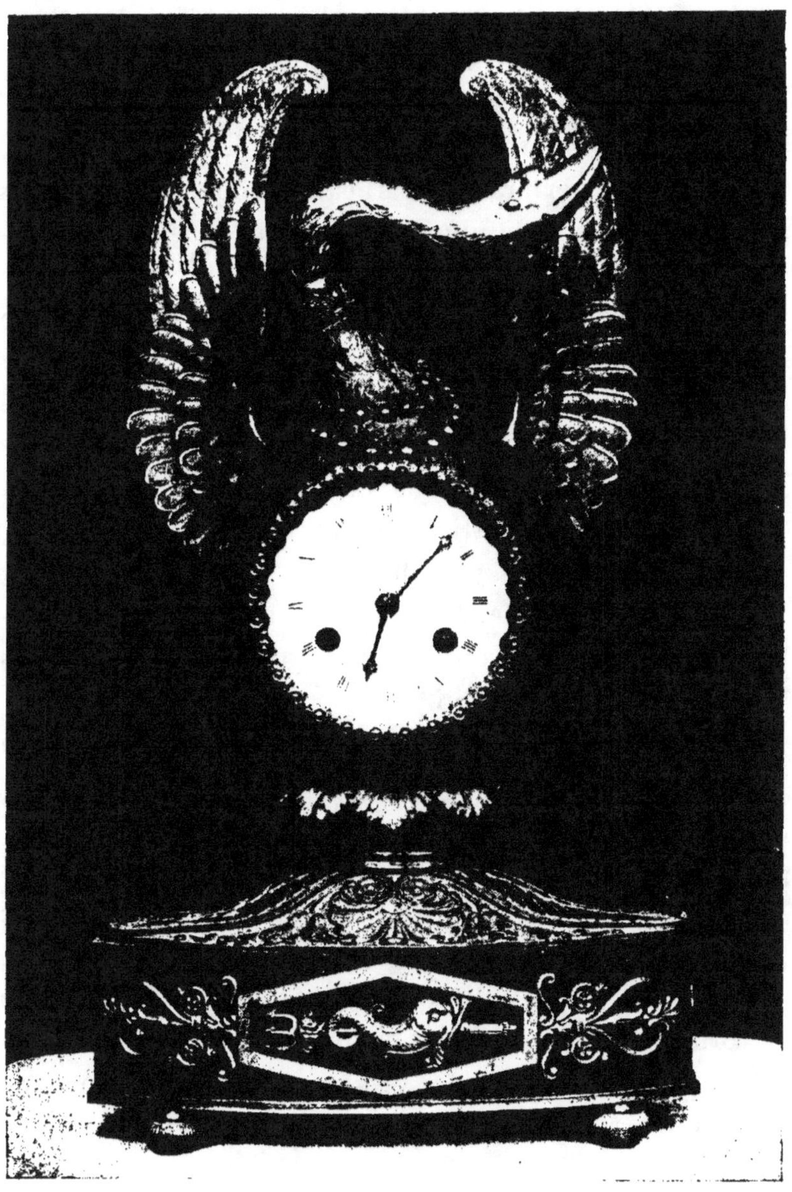

Fig. 84. — *Pendule.*

luxe refleurit, et nous nous doutons bien que, pour compléter son harmonie, le bijou sera égyptien, grec ou romain.

En dehors des parures de corail, très en faveur, c'est à qui portera les plus beaux diadèmes, les peignes de diamants de la plus belle eau, les plus lourds pendants d'oreilles étincelants de brillants, les bracelets de camées antiques, et les colliers de perles et de pierreries.

La bijouterie est « patriotique » ; des fragments de pierres de la Bastille ornent les colliers, les broches et les bracelets, et tous ces ornements s'intitulent bijoux de la « Constitution ».

Cette laideur symbolique en appelle une autre, celle-ci effroyable. A Nantes, dans la patrie de Carrier, les dames vont jusqu'à porter de minuscules guillotines en vermeil !

Puis il y a des bagues en or, voire en cuivre rouge dites « à la Marat ».

Sous le Directoire, la mode des bracelets, tant prisée des Grecs, devait naturellement ravir les Merveilleuses ; elles en portaient jusqu'à trois à chaque bras ; le premier au poignet, le second au coude, le troisième à l'épaule, et la folie des bagues suivit. Bientôt ces ornements garnirent les pieds ; c'est ainsi que l'on vit se promener un jour, aux Champs-Elysées la citoyenne Tallien, renommée pour sa beauté, vêtue d'une simple tunique de linon et dont les bras et les jambes étaient

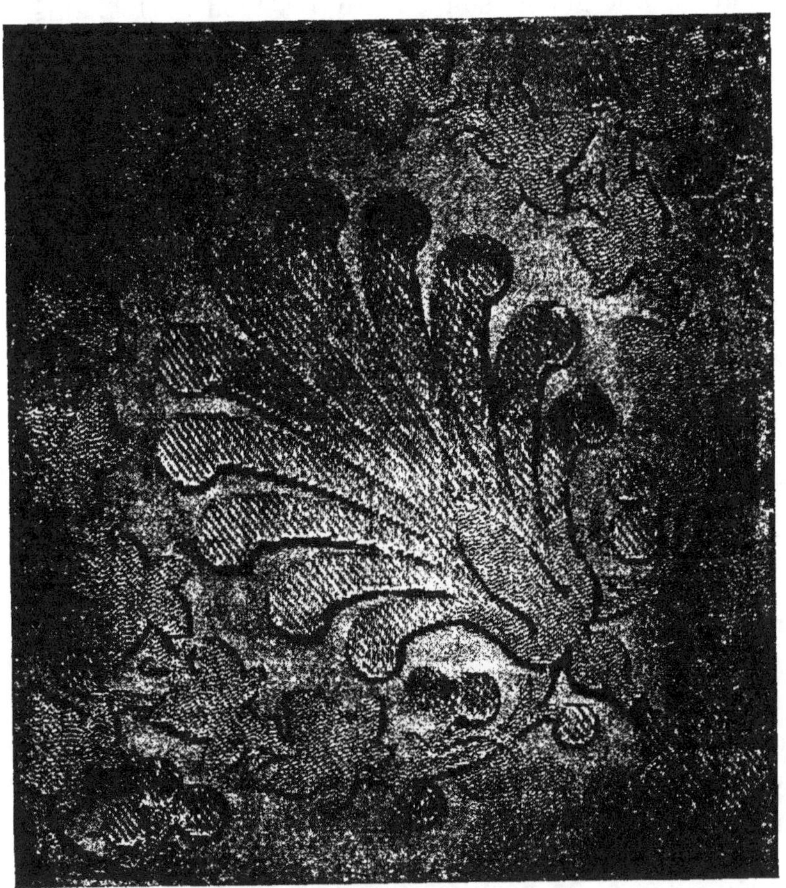

FIG. 85. — *Motif de coin* (étoffe).

cerclés d'anneaux d'or, tandis que les pieds disparaissaient sous des bagues.

Mode aussitôt acclamée par les élégantes du moment.

Les cœurs de cristal, montés sur or, suspendus au cou par une ganse, sont encore très bien portés, ainsi que les bagues pleines en or mat, les chaînes dites « Jaseron » façonnées avec du fil très mince, et formant des petits anneaux, les armilles en forme de serpents, les peignes en filigrane et les croix de Jeannette, sans oublier les bijoux en acier que vient de lancer l'orfèvre Duferney.

Les femmes se couronnent de parures, de colliers imitant des ceps entrelacés, tout comme les prêtresses de Bacchus, ou bien elles se décorent, de la tête aux pieds, de fruits de laurier à la *Daphné!*

Lorsqu'elles ne portent ni diadème, ni carquois, ni lyre, ni *esprit* (aigrette), ni oiseau de paradis, les coquettes font natter et tourner en coquille leurs cheveux qu'elles couvrent d'un réseau de soie et or appelé *Arachné;* les arachnés sont très en vogue.

Avec leurs serpents aux oreilles, aux bras, dans les cheveux, tout autour du corps, et malgré leurs attributs infernaux, ces femmes ressemblent plutôt aux Grâces qu'aux Euménides.

Un moment, colliers et bracelets sont faits de piments d'or et de pastilles turques ; le grenat, le jais, l'ambre gris changent du corail, et les boucles d'oreilles sont à gland ; les unes ayant la forme du fruit du chêne, les autres représentant toutes sortes de fruits.

Après l'envahissement du camée, la profusion des

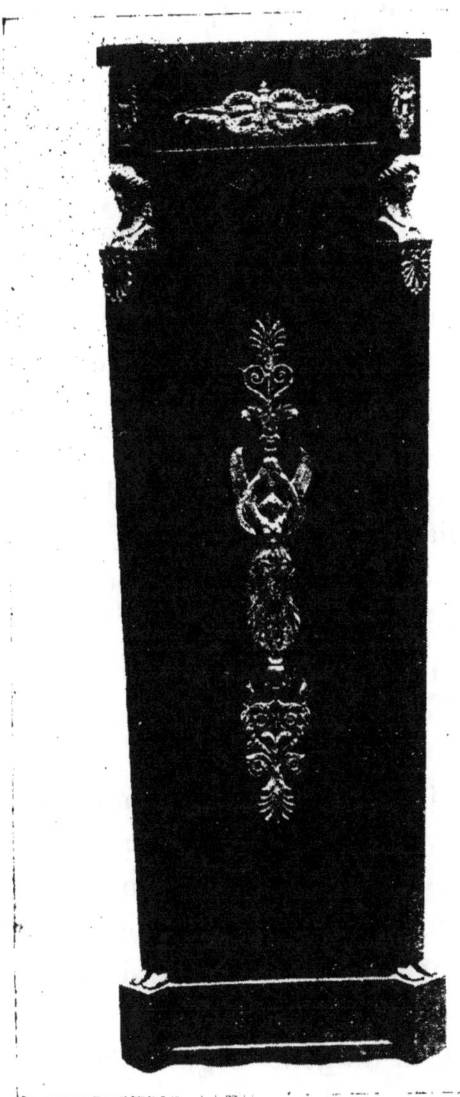

FIG. 86. — *Gaine.*

cloches qui tintent un instant, aux oreilles, aux bras, sur la robe ; mais on ne peut détrôner le camée, bien que la mode, dans le caprice d'une heure, l'ait remplacé par un minuscule flacon d'odeur dans le chaton des bagues.

C'est l'hortensia, enfin, qui s'épanouit sur tous les corsages.

La beauté ainsi richement parée connaît à nouveau, sous l'Empire, la douceur et le luxe des voitures dont nous dirons deux mots.

Les voitures sont bombées en tout sens. On a supprimé les filets plaqués à l'entour de la caisse. Les trains sont bleu de ciel, tout or ou blancs ; et les caisses, gros bleu ou marbre d'Egypte, vert et brun, caillouté. L'intérieur des lanternes est tapissé en glaces coupées à compartiments, en façon de mosaïque. Les lanternes sont rondes. Le drap de presque toutes les housses est blanc.

Les cabriolets entrent dans des brancards cintrés sur tous sens. Le plancher, derrière la caisse, a la forme d'une corbeille qui serait coupée par le milieu. Les belles voitures de Longchamp sont gros bleu, tout unies, les dormeuses et les voitures découvertes, bleu pâle.

D'autre part, la diligence légère d'une petite maîtresse est taillée en bergamotte ; la lourde berline d'un financier ressemble assez à une boîte à tabac.

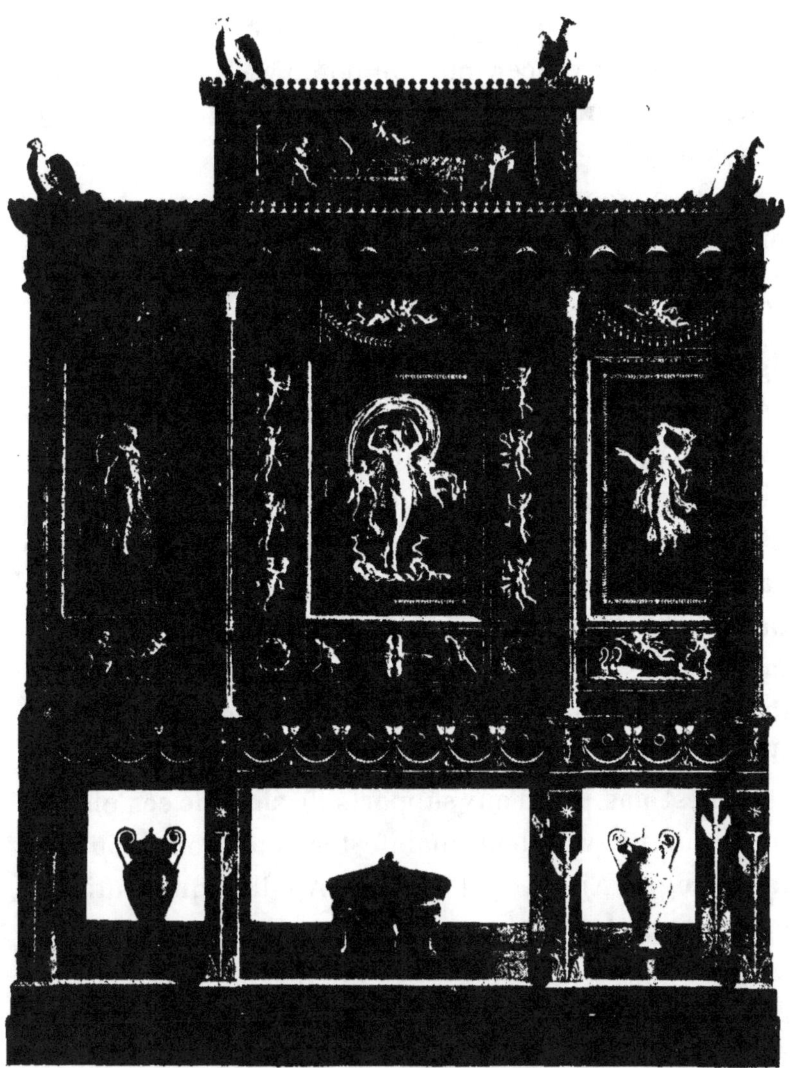

FIG. 87. — *Armoire à bijoux de l'impératrice Marie-Louise,*
par Jacob Desmalter (palais de Fontainebleau).

Quand une élégante veut sortir, elle appelle : « Holà, qu'on fasse avancer ma bonbonnière ! » Ainsi, elle s'échappe dans sa *bonbonnière*, et monsieur sort, de son côté, dans sa *tabatière*.

Et de même qu'une femme à la mode porte des camées à sa ceinture, à son collier, sur chacun de ses bracelets, sur son fauteuil antique ; de même que son salon, en place d'attiques offre des camées, un camée égyptien figurant sur la portière d'une voiture française passe pour être l'ornement le plus distingué.

Aussi bien les petits-maîtres en reviennent aux anciens phaétons découverts, du haut desquels, tenant les rênes de leurs quatre chevaux bais, ils figurent un vainqueur des champs olympiques ou Phaéton conduisant le char de son père, tandis que les mères de famille, les bonnes et leurs enfants, se promènent dans des calèches à fond jaune autour desquelles règne un balustre sculpté et peint en noir.

Il n'est pas jusqu'aux supports de siège de ces phaétons qui ne veuillent manifester leur goût pour la mythologie. Ainsi, c'est la lyre d'Apollon qui soutient ces sièges, et même vous ne voyez plus, sur une table bien servie, des rognons à la brochette, mais les rognons de mouton et les cœurs de volaille sont, à cette époque, percés d'une flèche amoureuse !

Et, puisque nous abordons ce chapitre de l'art décoratif culinaire, si l'on peut dire : « Les plats nouvel-

lement inventés portent des noms chimiques, bota-
niques, scientifiques en un mot; et sur nos plateaux

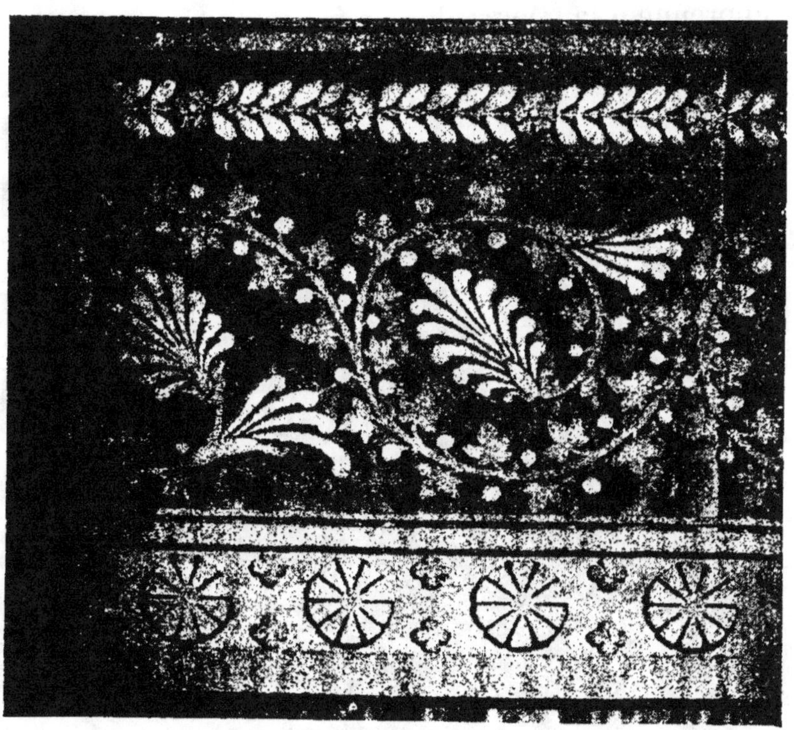

Fig. 88. — *Bordure* (étoffe).

de dessert, écrit un contemporain de Napoléon, vous
ne voyez plus de vases de fleurs, de cornets de dra-
gées, mais une vue de Rome, un temple d'Égypte, un
monument de la Grèce.

« Les enfants des bonnes maisons se ruent après-
dîner sur les plateaux; ils dévorent le sommet d'une

pyramide d'Égypte, la base du mont Aventin, une frise du temple d'Éphèse, et de cette manière ils apprennent la géographie en mangeant le dessert. »

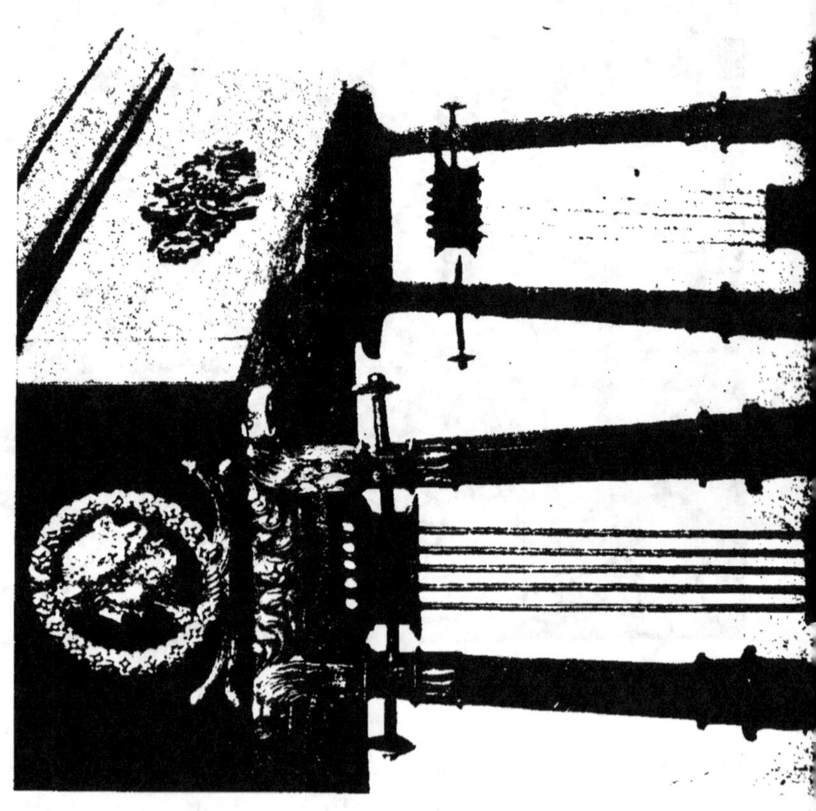

Bref, après cette digression, nous reviendrons au bijou. Le bijou, en général, est simple, lourd, fantasque ou monotone ; il s'empare des motifs qui décorent les meubles, il ne vit enfin que du passé.

Son originalité réside plutôt en la pierre précieuse adoptée d'enthousiame par l'époque.

Napoléon affectionnait les brillants et, dès son arri-

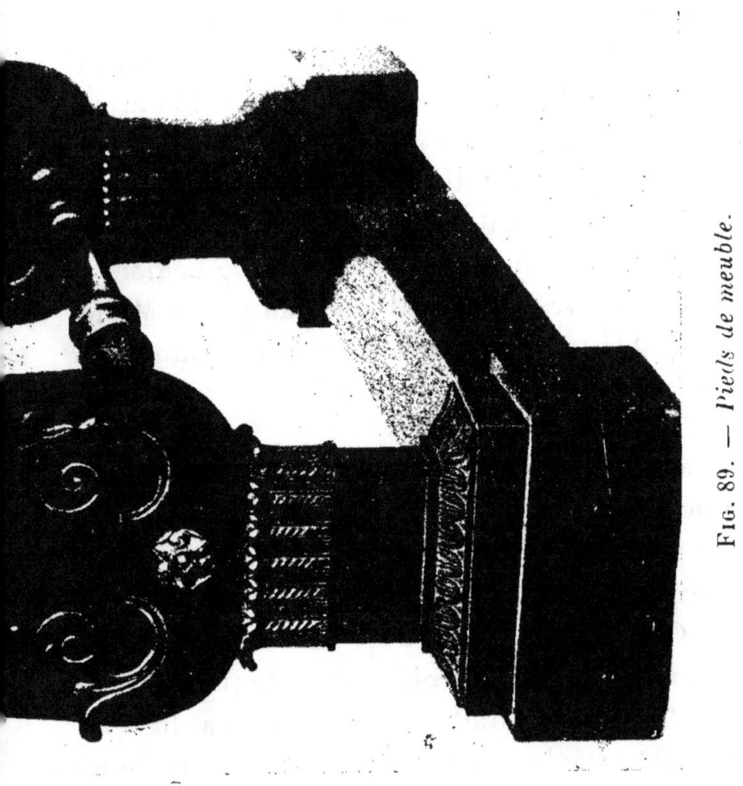

FIG. 89. — *Pieds de meuble.*

vée au pouvoir, il s'empressa de reconstituer la collection unique des diamants de la Couronne, dispersée par la Révolution. Collection dont la valeur avait été estimée, par l'inventaire de 1791, à 16.730.403 livres.

« Lors de son mariage avec Marie-Louise, écrit Frédéric Masson, l'empereur portait au front une toque de velours noir, garnie de huit rangs de diamants, que surmontaient trois plumes blanches attachées par un nœud de diamants; au centre de ce nœud éclatait le *Régent*. L'habit, comme le manteau court et la culotte, était de satin blanc brodé d'or; au col le grand collier de la Légion; au côté le glaive. Tout sur lui était diamants; la garniture et la ganse de sa toque, l'épaulette qui retenait son manteau, les boucles des jarretières et des souliers, le collier de la Légion, la poignée du glaive. Et c'est de diamants que Marie-Louise semblait vêtue, tant elle en était chargée sur sa robe faite de rayons lunaires. »

Le premier Consul, lui-même, n'a-t-il pas l'idée de faire enchâsser le Régent au milieu de la garde de son épée, entre les quillons (1803) !

Et voyez sa couronne (1804), elle est imitée de celle de Charlemagne, mais avec pierres antiques.

Quant au camée, il est roi, selon toute justice, et le châle de l'Inde ne saurait être fermé que par lui.

Un savant attaché à l'expédition de Bonaparte en Egypte trouva un camée d'Auguste dans les ruines de Péluse, et déjà, lorsqu'il s'était agi d'établir le campement du premier consul à Boulogne, on avait découvert une hache d'armes paraissant avoir appartenu à l'armée romaine qui avait envahi l'Angleterre.

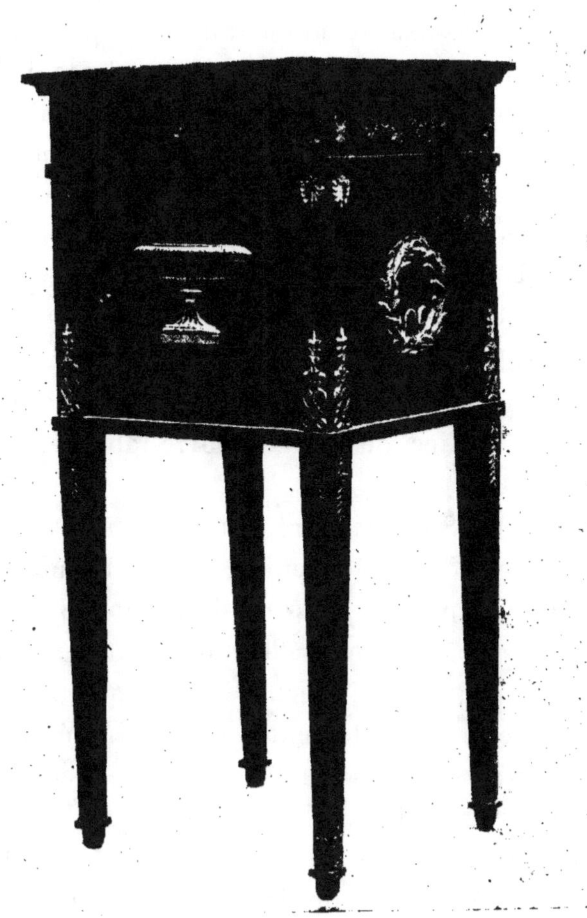

Fig. 90. — *Table de nuit.*

Quel beau motif de dissertation pour les esprits su-
perstitieux, que cette coïncidence !

Tandis que, paré par son joaillier, Marguerite qui attache à son chapeau de cérémonie une boucle de trois cent soixante mille francs, Napoléon Ier s'avance dans la salle à manger pour s'asseoir à une table chargée de services d'argent, de vaisselle de vermeil, et couverte du linge le plus fin (encore une coquetterie de l'Empire), c'est par centaines de mille francs que se chiffrent les frais de la cuisine impériale, dirigée par des « artistes » qui ont nom Laguipière, Riquette et le fameux Carême.

Le joaillier de la cour, qui se retira après le sacre, se nommait Foncier, et son successeur Nitot. Il y avait un autre joaillier, ou mieux orfèvre-tabletier appelé : Biennais.

Établi rue Saint-Honoré, au *Singe violet*, en 1800, Biennais vendit à Joséphine, en 1814, une pendule composée d'après les dessins de Joseph Garneray. Il avait succédé à Daguerre et il fournissait de nécessaires l'empereur, quand il partait en campagne, Jérôme Bonaparte et généralement la famille impériale.

Un des nécessaires de l'empereur est conservé au musée Carnavalet.

Aussi bien, — sans nous attarder à répéter les épithètes dépréciatrices de lourdeur, de sécheresse, de pastiche antique, etc., que viennent justement rectifier des louanges à l'égard de la ciselure, de la dorure, etc., relativement à l'orfèvrerie du bijou, à tout le style

Empire en général, — pourquoi ne terminerions-nous
pas ce chapitre par quelques indications complémentaires du luxe à la cour ?

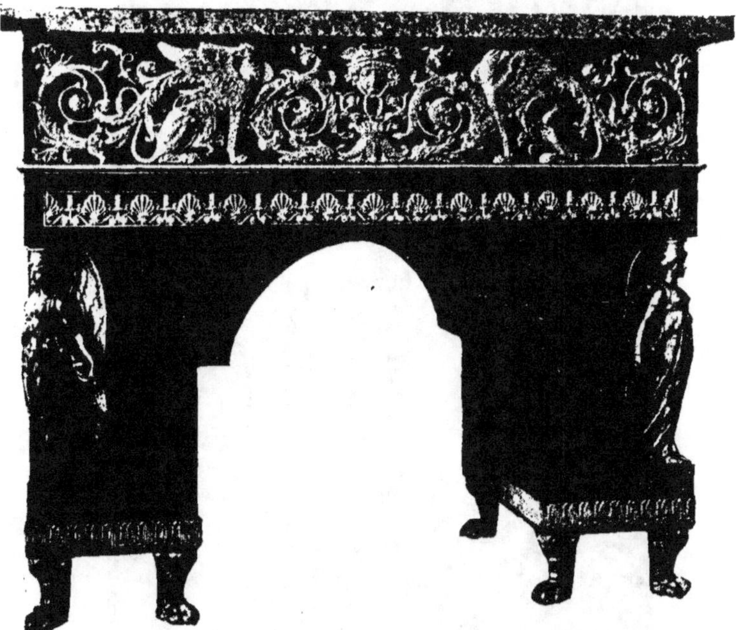

Fig. 91. — *Un bureau de Napoléon I*ᵉʳ (château de la Malmaison).

C'est ainsi que pour la toilette de l'impératrice
Joséphine, le grand couturier du jour, Leroy, déploie
tous ses talents. C'est lui encore qui fournit la lingerie
fine, les cachemires, — français, bien entendu, car le
maître ne plaisante point sur ce chapitre, — les plumes,
les mousselines brodées d'or et de perles, etc.

D'ailleurs, le même « artiste » sera pressenti lorsqu'il

s'agira plus tard du trousseau de Marie-Louise, et le maître Isabey, professeur d'aquarelle de cette der-

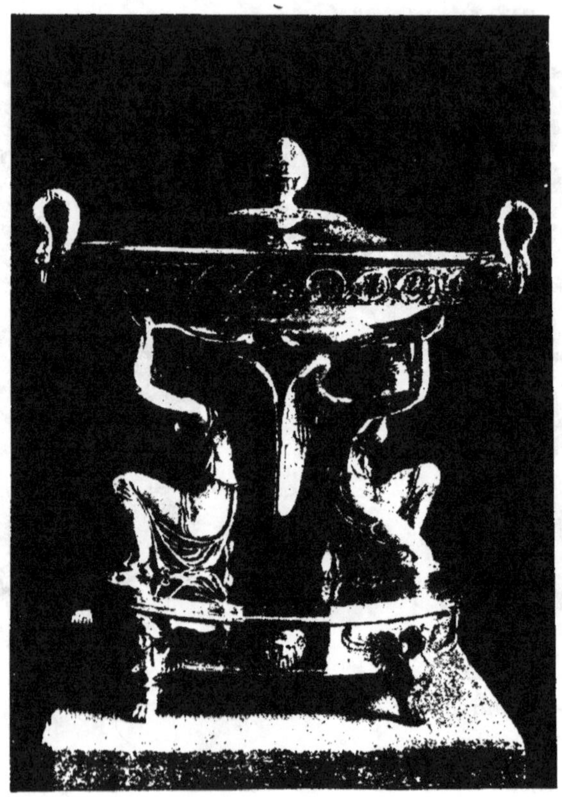

Fig. 92. — *Assiette montée* (musée des Arts décoratifs).

nière impératrice, peindra alors, pour son élève, sur une tasse de porcelaine de Sèvres, le portrait de son auguste époux entouré des portraits de ses douze maréchaux.

Et ce luxe unanimement salué ramènera le goût du tapis au lieu du parquet précédent, grâce aux tentations de la Savonnerie.

Hélas ! la Restauration devait « embourgeoiser » l'art de l'orfèvrerie, pierre de touche du luxe, et, si l'on a dit que cette période fut une période d'incubation, elle ne préparait point certainement une éclosion originale, malgré qu'il faille mettre hors de pair Odiot, déjà vu précédemment, et Fauconnier, de qui l'on pourrait citer des chefs-d'œuvre ciselés par Muleret et Vechte, entre autres.

Puis, sous Louis-Philippe et sous Napoléon III, les frères Fannières, Froment-Meurice, Christofle, etc., montrèrent seulement qu'ils n'avaient point oublié les grandes traditions du passé.

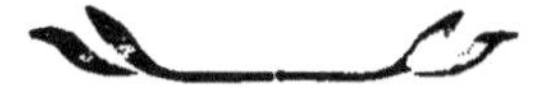

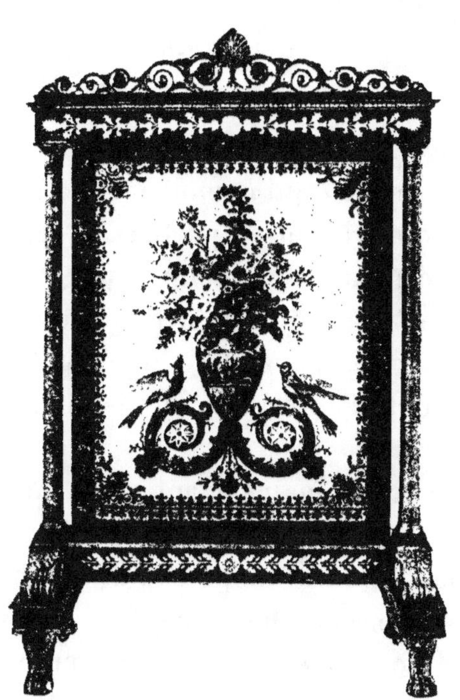

CHAPITRE IX

Deux mots sur le costume, sous la Révolution et surtout sous l'Empire.

« Les aristocrates *décidés*, — dit un journal du temps de la Révolution — mâles ou femelles (*sic*), ceux dont le nom est inscrit dans les *listes des pensions*, ou qui ont eu leur part des vols inscrits dans le *livre rouge*, ne se mettent qu'en *noir*, et portent également le deuil du despotisme et de l'empereur ; ils pleurent ce qu'ils appellent le *bon temps passé*. Les jeunes aristocrates *ex-nobles*, dont le cœur n'est pas encore endurci dans le crime et qui commencent à se façonner à la constitution française, portent le costume de *demi-converti*, c'est-à-dire le demi-deuil. »

Le costume est alors plus préoccupé de symbolisme que d'esthétique, les *patriotes* s'ingénient à signaler leur zèle, et tout d'abord ils se distinguent par le vêtement.

Les Grecs et les Romains ayant porté au doigt un anneau d'or, « émaillé et chargé de la devise de leur république ou de celle du plus vaillant homme de leur pays, comme l'emblème de leur dévouement à leur patrie », ce *talisman précieux*, semblable à la *cocarde nationale*, passe à l'annulaire de nombre de « Français patriotes ». Ce n'est pas l'idée de luxe qui les guide, mais le vif désir de voir un jour tous les bons citoyens réunis par un *même signe*, comme sous un *même drapeau*.

Mais, en dehors du symbole, voici, par exemple, le costume d'un « élégant » de l'époque : « Habit de *casimir* gris, doublé de même ; collet rouge ; boutons d'acier ou de cuivre ; sur les parements deux boutons en travers ; ces petits parements sont fendus en dessous, et serrés par trois petits boutons de drap. Cette mode est en concurrence avec celle des parements *à la marinière*, qui subsiste toujours ; coiffure (perruque) à *la*

FIG. 94. — *Étoffe.*

triomphe ; toupet en *coque* très avancée ; large cravate de *batiste*, dont les bouts forment une rosette ; gilet d'étoffe de soie, dont le fond est blanc, parsemé d'étoiles d'argent, avec des raies violettes très larges ».

Deux montres : l'une à chaîne d'or, l'autre d'acier.

Culotte de drap casimir *vert pistache* ou culotte à l'*écuyère* de peau de daim ; boutons d'acier.

Bas de soie blancs, à coins rouges, ou bottes d'un cuir très doux et très flexible qui ne montent que jusqu'au milieu du mollet.

Boucles d'argent.

Gants rayés de brun ou de vert, en peau de tigre, etc.

Chapeau tromblon souple avec cocarde aux trois couleurs ; chapeau rond *en bateau*.

On porte aussi les cheveux coupés et frisés « comme ceux d'une tête antique » à l'*Antinoüs* ou le *catogan*, à moins encore que la coiffure, légèrement en désordre, ne soit dite à *la Vénus sortant de l'eau*, ou à la *Caracalla*, à la *Titus ;* le grand collet *debout*, cramoisi ou de toute autre couleur, la grande redingote ou manteau de pluie, par-dessus l'habit ; le *frac* de drap fin (gris et collet vert) ; le ruban *nakara*, etc.

Du côté féminin, le symbolisme de l'heure conseille, par exemple, la redingote *nationale*, le vêtement *à la constitution*, des robes *économiques* et *patriotiques*, le bonnet de gaze autour duquel règne une guirlande de roses, piqué à gauche d'une *cocarde nationale*, sur-

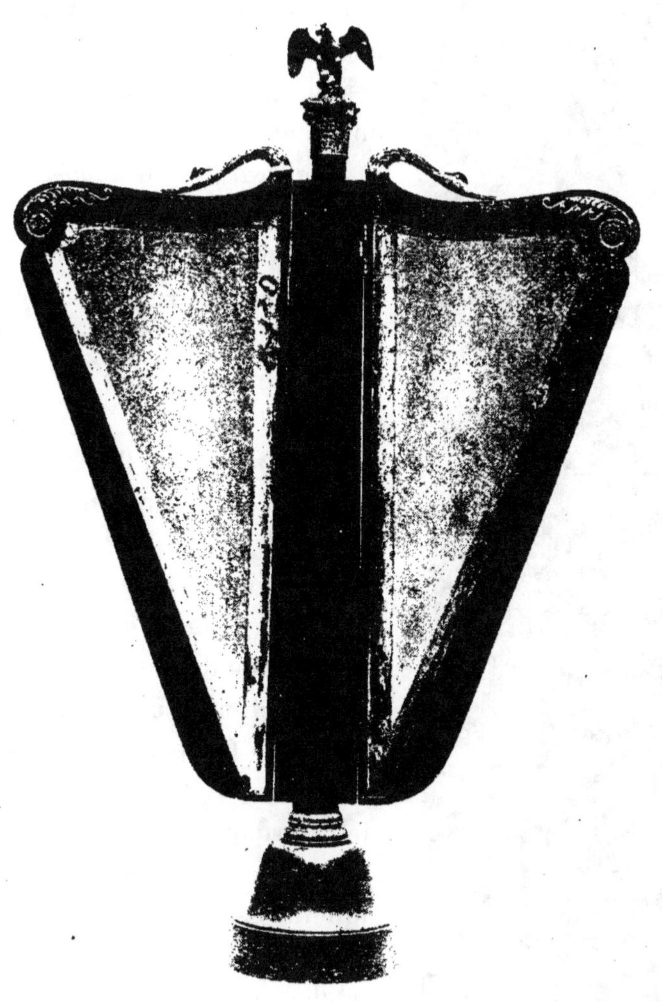

Fig. 95. — Écran.

monté de deux plumes blanches et derrière lequel s'écrase un gros nœud de rubans *aux trois couleurs*, etc.

Mais si l'on quitte le symbole, on n'entend plus parler que de *chapeau-casque* ou *demi-casque*, *à soufflet*, *à la jardinière*, etc.; de coiffures à *la passion*, à *la conseillère*, de frisures à *tapet*, à bandeau, de chignons *vigoureux*, etc.; de robes *à la Vestale*, *à l'Anglaise*, *d'indienne*, etc.; de *poufs*, de fleurs, de rubans, de souliers *nakara*, de fichus *en chemise*, de linon, de fichus dont les bouts servent de pièce, etc.; l'aigrette blanche d'*esprit* agrémente les bonnets, etc.

Et voici enfin une toilette typique : « Chapeau *à la jardinière* entouré d'un ruban bleu de ciel, formant un nœud par derrière, et une cocarde par devant, laquelle est surmontée de deux *follettes* blanches, masse de boucles (perruque) tombant sur le sein.

Fig. 96. — *Bordure* (étoffe).

« Fichu ouvert de gaze blanche. Bouquet au milieu.

« Pièce de gaze blanche plissée.

« Robe de taffetas bleu de ciel, bordée de blanc.

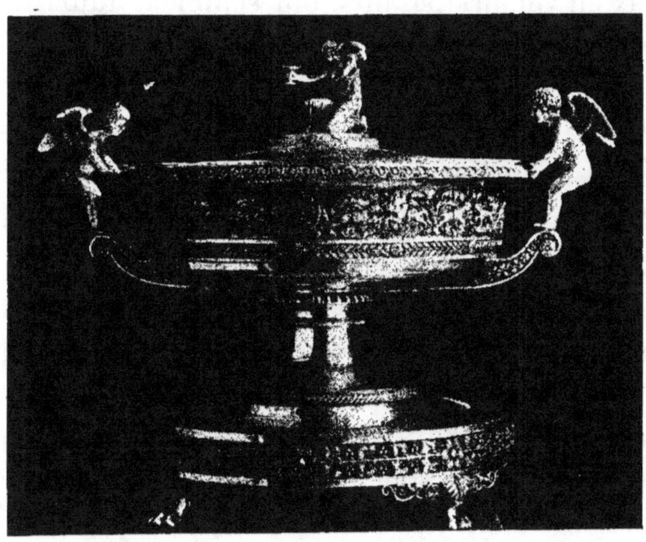

FIG. 97. — *Soupière* (musée des Arts décoratifs).

« Jupon de linon blanc, garni de deux rubans roses, et bordé de taffetas rose.

« Souliers de la nuance de la robe. »

La mode pour les deux sexes, en somme, conserve, malgré tout, son parfum Louis XVI, et nous allons voir que sous l'Empire il n'en va pas de même.

Lorsque Napoléon eut aménagé son intérieur, il songea, avons-nous dit, à l'animer harmonieusement et c'est L. David qu'il chargea de ce soin.

Examinons le peintre du *Sacre* à sa tâche. Il coiffe ses personnages masculins de toques à plumes blanches et charge leurs épaules de tuniques longues, de **manteaux** en velours pesants, qui semblent aujourd'hui à notre simplicité républicaine, un peu ridicules.

La perruque est définitivement rejetée.

A l'origine, les civils imitent les militaires, ils portent de gigantesques bicornes, un *spencer* ou une redingote et la culotte; l'épée est exclusivement réservée à la troupe.

En 1804, écrit Kotzebue (*Souvenirs de Paris*) « l'habillement des hommes consiste **en cinq ou six sacs** qu'on appelle : *veste* et *culotte*.

« On ne porte guère de pantalons et les redingotes à plusieurs collets sont abandonnées aux domestiques. Le dernier négligé des élégants paraissant aux spectacles, consiste en un chapeau à grands bords, en culotte de velours ou de panne, en bottes à la Souvarow, avec des revers jaunes, un habit bien serré, pour mieux dessiner la taille, et des gilets à volonté.

« Ainsi, l'un est en paillasse, l'autre en fiacre, celui-ci en jockey. »

La toile vient de Hollande, le chapeau est *à la prussienne*, les bottes sont russes, et les *triples* gilets anglais.

Toujours pareille indigence de personnalité, et, en

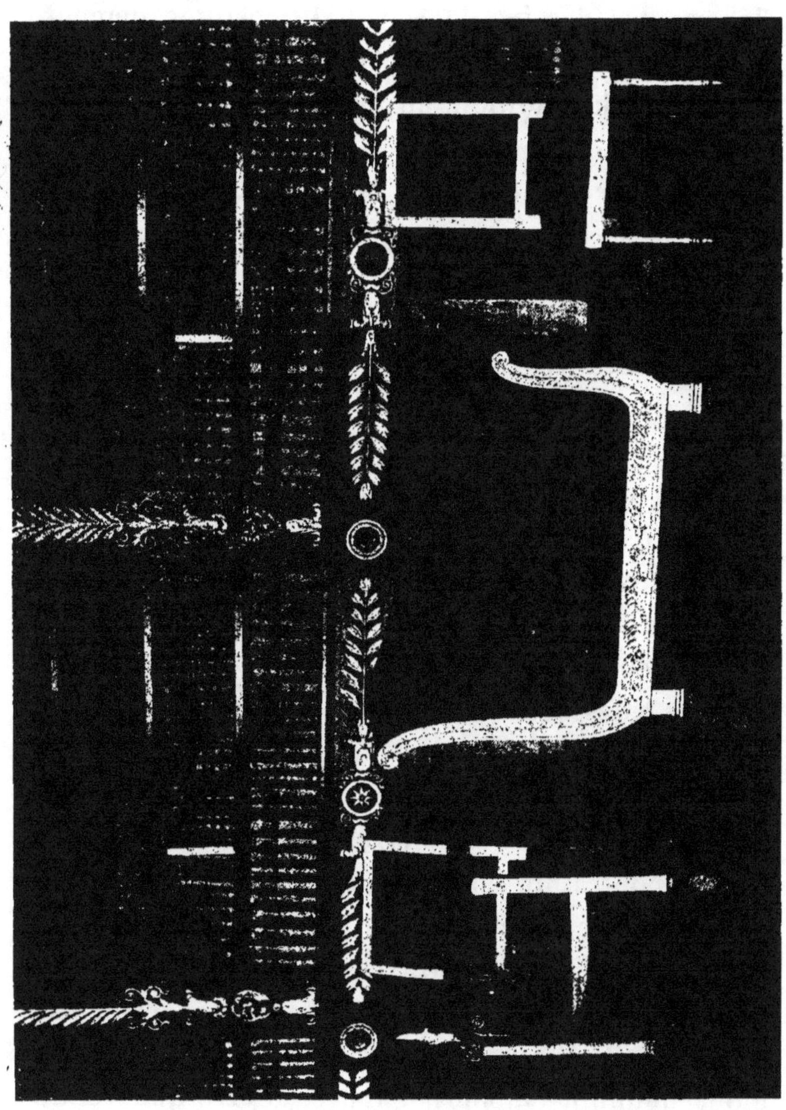

FIG. 98. — *Fauteuil, méridienne et chaise (château de Compiègne).*

dehors des dessins de David, le costume demeure, — du moins en ce qui concerne les hommes, — réfractaire à la tradition, au profit du seul pittoresque.

En 1806, on se coiffe en coup de vent, les cheveux ramenés sur le nez; deux ans après, la coiffure est dite : *en chérubin* et se complète d'un chapeau en forme de pot de fleurs.

En 1808, le vêtement est rembourré aux épaules; on se donne des airs d'Hercule, ni plus ni moins que de nos jours...

Le « merveilleux » de 1812, enfin, porte le chapeau haut de forme, l'habit « à la française », le pantalon échancré sur le côté, dans le bas, et des escarpins à nœud, laissant le cou-de-pied à découvert.

Au tour, maintenant, du costume féminin.

Les femmes s'avancent pleines de majesté, semblables à des déesses... *Et vera incessu patuit dea.*

La plus grande preuve de goût qu'elles puissent donner est d'imiter, dans leur tenue, les figures des camées antiques et des pierres gravées.

Et la contrainte est charmante, et nous aurions mauvais esprit de la critiquer de nos jours qui nous réservaient les jupes « entravées ! »

D'ailleurs, en énumérant la singularité, si l'on veut, de la toilette Empire, on est tout étonné d'y lire notre mode féminine moderne. Est-ce à dire que voilà la mode rationnelle? Peut-être, puisqu'elle permet à la femme de montrer la forme de son corps, sous la transparence des voiles obligatoires.

Et voyez qu'en cela, la toilette Empire est conséquente avec le style lui-même : la Vénus antique était

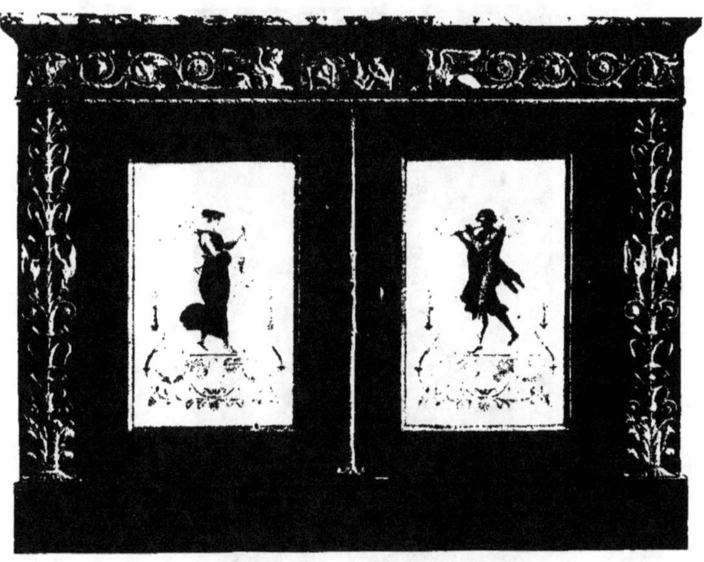

Fig. 99. — *Commode.*

nue et Joséphine se contente d'en avoir l'air. Ses bras sont nus et sa robe collante.

Mais poursuivons.

Jupe longue, le manteau à queue, plumes dans leur chevelure, au milieu de perles et de diamants, les femmes rayonnent dans les cérémonies publiques où leurs merveilleuses toilettes se marient parfaitement aux uniformes chamarrés d'or.

Tout est d'ailleurs à l'unisson : le luxe des équipages et des livrées, des voitures et des carrosses transformés, la splendeur des réceptions.

En 1804, apparaissent la douillette garnie de four-

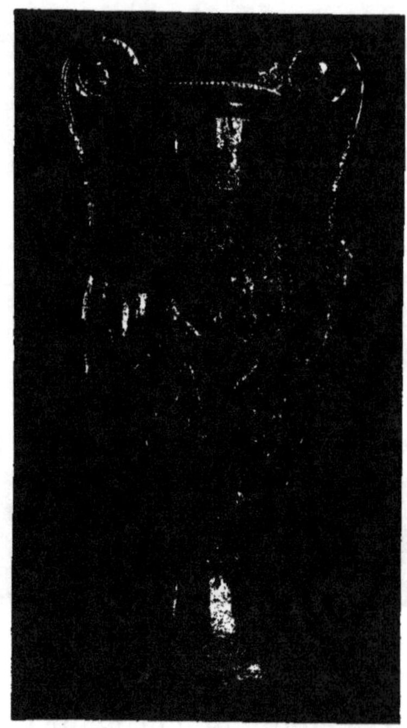

Fig. 100. — *Vase en argent* (musée des Arts décoratifs).

rures, le turban à pointe « mameluck » ; puis la taille remontera sous les bras, la tête se dégarnira, et on portera des réseaux d'or, des fleurs, dans les cheveux, sur lesquels on plantera des plumes d'un oiseau d'une nouvelle espèce « inconnue à Buffon », le *marabout*.

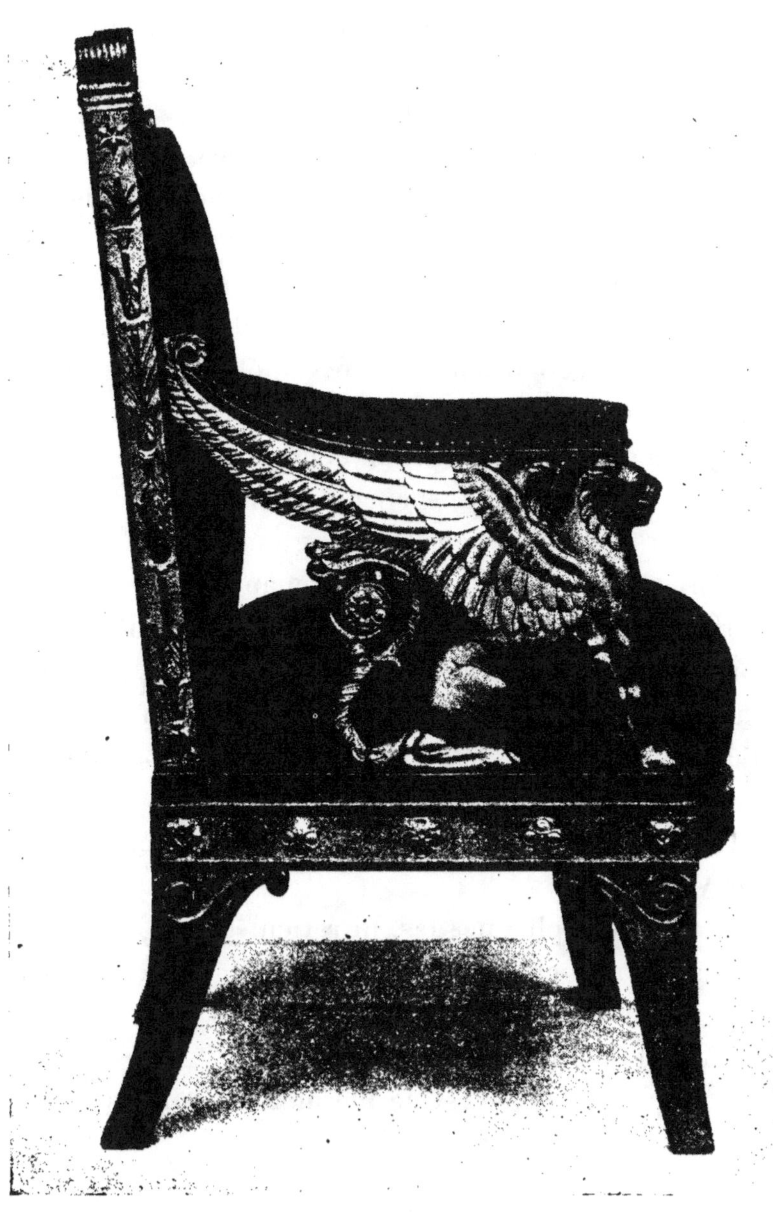

FIG. 101. — *Fauteuil.*

Quelquefois on se coiffera d'une *capote à visière* (imitation du casque de la Minerve, sans doute), ou bien, passant d'un extrême à un autre, on arborera une capote minuscule, dite *invisible*.

« Point de fard, point de poudre, les cheveux en désordre, un diadème en brillants, une tunique de dentelles, point de corps, point de paniers et beaucoup de fleurs. »

En 1806, les couleurs claires redeviendront à la mode et, après le second mariage de Napoléon, nous assistons à une transformation du costume féminin qui se rapproche singulièrement de celui des hommes : chapeaux hauts de forme, spencer, carrick.

Le corset, banni pendant longtemps, reparaît, et les bras nus se cachent sous des manches.

Il faut bien accepter les caprices de la mode, obéissant le plus souvent aux tares physiques des grandes dames. Le corset redresse à souhait les défaillances d'un torse, et tous les bras ne méritent pas d'être montrés.

Et cette infraction à l'antique est encore commandée par Vénus.

On ne porte plus ni sacs, ni réticules.

Les femmes endossent bientôt (1809) des *wichouras* (vêtements fourrés), à *coqueluches* de petit-gris, et se coifferont de bonnets de fourrure.

Quelques-unes, — est-ce par amour pour les mili-

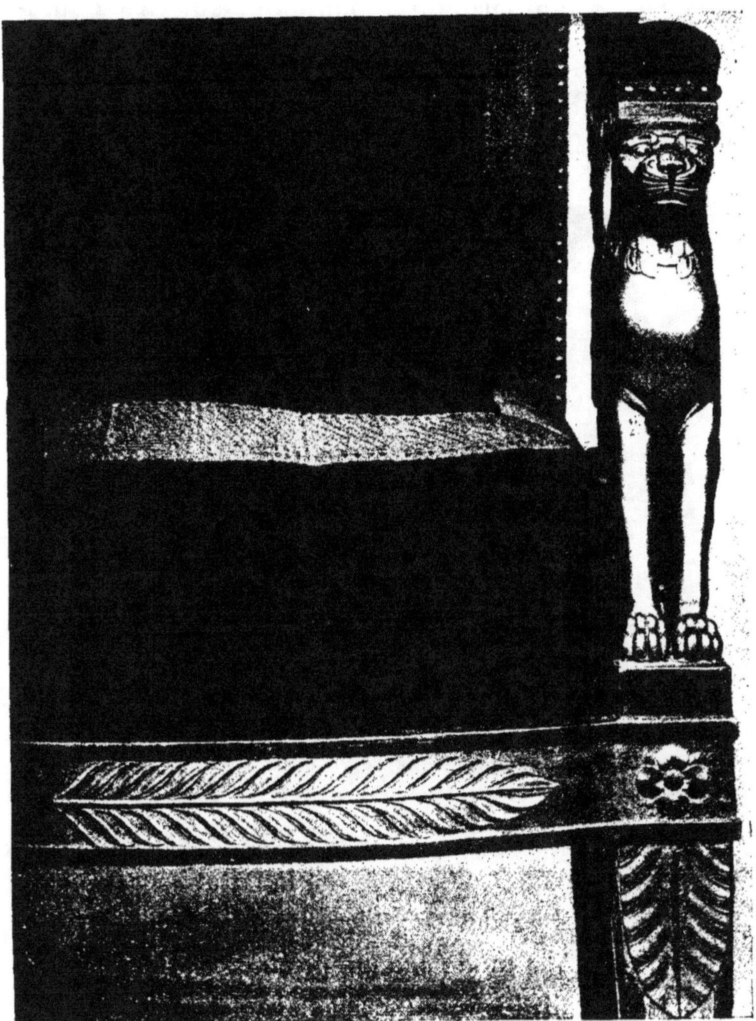

Fig. 102. — *Fauteuil* (détail du précédent).

taires ? — s'exhiberont en pantalon, sur les boule-
vards !

Mais, cette fantaisie est mort-née, et en 1813 la
mode exige que les chapeaux soient perchés sur des

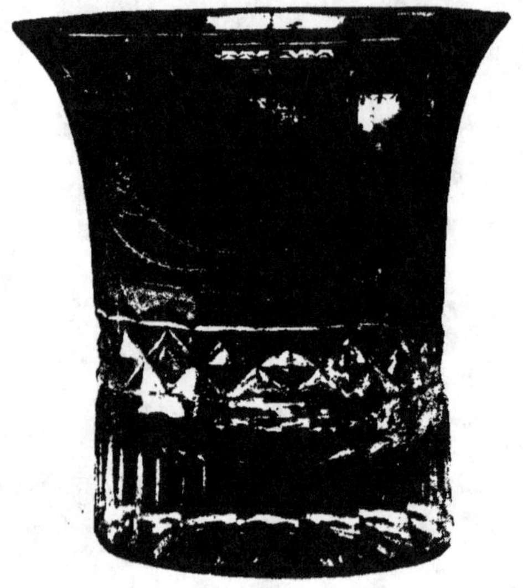

Fig. 103. — *Verre en cristal taillé*.

coiffures d'une hauteur extravagante ; et les cheveux
reliés sur le front, sont dits « à la chinoise ».

Nous nous garderions bien d'oublier, enfin, parmi
les parures à la mode sous le premier Empire, les bijoux en corail, les mitaines et le cachemire.

Le châle ou cachemire de l'Inde coûtait jusqu'à
10.000 francs, et il se transmettait comme un héri-

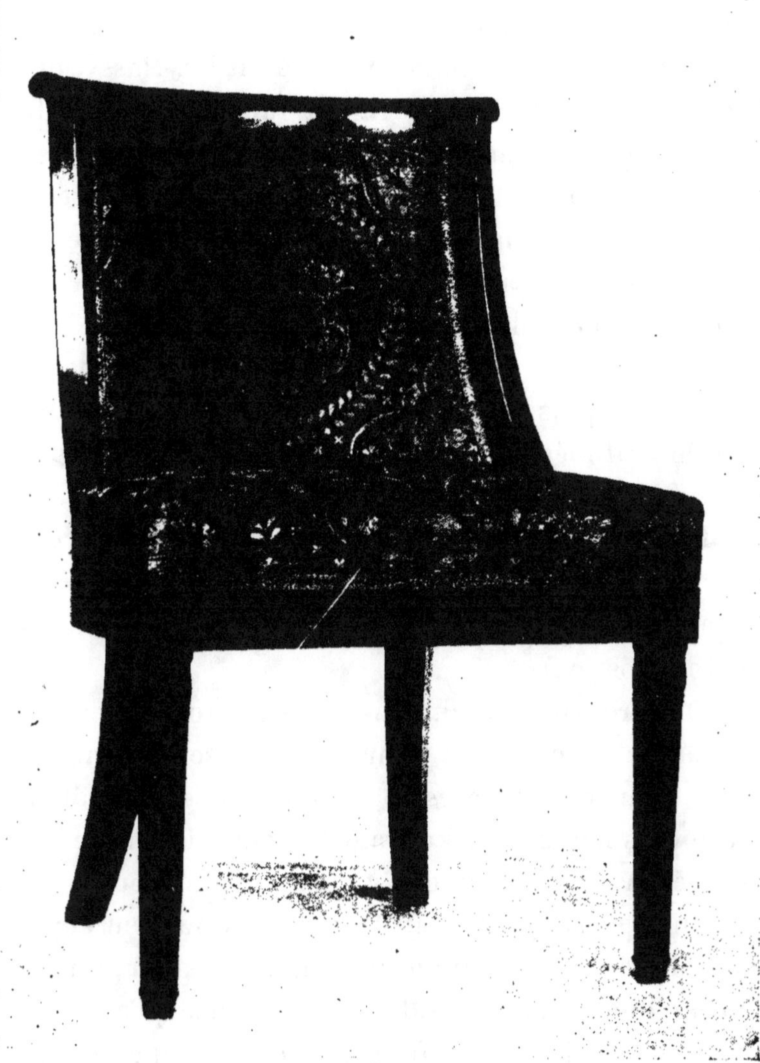

Fig. 184. — Chaise « gondole ».

tage ; nous avons pu en voir des échantillons sur les épaules de nos grand'mères.

« ... Les deux premiers châles, écrit Fr. Passy, qui aient été vus en Europe, furent rapportés d'Egypte par le général Bonaparte, qui en fit don à Joséphine ; et l'on ne peut se faire une idée de ce que coûtèrent, aux quelques femmes jalouses d'imiter la femme du vainqueur des Pyramides, le petit nombre de ceux qui purent être alors trouvés... »

Vers la fin de l'Empire, les costumes féminins ne montraient plus cette élégance précieuse et cette recherche raffinée qui les avaient caractérisés à l'apogée de la puissance impériale. Toutefois Paul Lacroix, en qualifiant la mode d'alors « d'excès de mauvais goût et de tendance à la caricature », eût été moins sévère, s'il avait vu la crinoline et les chapeaux monumentaux chers à nos jours.

« D'autre part, David, consulté pa. les comédiens au sujet du costume, écrit Charles Blanc, se contente de leur donner des vases étrusques. Les comédiens jettent les hauts cris. La tragédie subit une rude secousse. Aucune femme n'y voulait plus jouer. J'ai toujours pensé qu'on avait trop d'esprit railleur et pas assez de sentiment antique au xviiie siècle pour prendre la tragédie au sérieux. Elle n'était admise qu'avec des habits et des jupes à la française, comme une savante curiosité du carnaval. Les Français ont toujours aimé

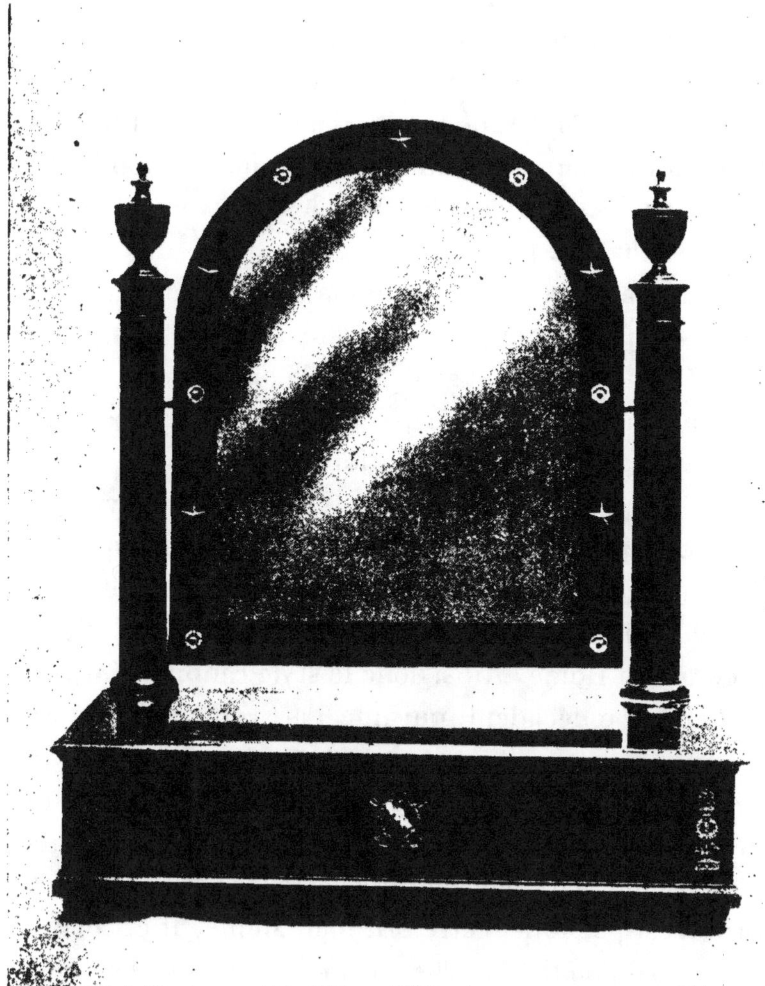

Fig. 105. — *Poudreuse.*

l'anachronisme en littérature. Aussi, depuis qu'on a restitué à la tragédie son péplum majestueux, on n'a pas fait une seule œuvre immortelle.

« Parmi les élèves de David, il ne faut pas oublier les acteurs Le Kain et Talma. Ce fut dans l'atelier du maître qu'ils apprirent le style des mouvements et le style des habits. »

Pour David, a-t-on dit, l'humanité n'avait pas fait un pas depuis la mort de Socrate, et cette image du grand peintre prenant seul son rôle au tragique, parmi des cartonnages antiques, sourit à notre conception de cette époque d'improvisation et éphémère.

Si l'on résume enfin les caractéristiques du style qui nous occupe, on remarque tout d'abord, à l'époque du Directoire, après l'influence du Louis XVI, celle de la Grèce, alors que le style Empire proprement dit se réclame de Rome. Ainsi donc le style Empire s'inspira de l'art grec décadent, puisque l'art romain ne fut en somme qu'une altération, qu'une transposition du grec. Mais nous savons que des artistes doués d'un génie bien français réussirent à doter ces emprunts d'un cachet national, de telle sorte que le style Empire n'est pas loin d'être original. Même, il est original, puisqu'on le discerne parmi les autres styles, sans qu'il fasse penser, immédiatement, à la source antique où il puisa.

D'autre part, malgré son improvisation et son court

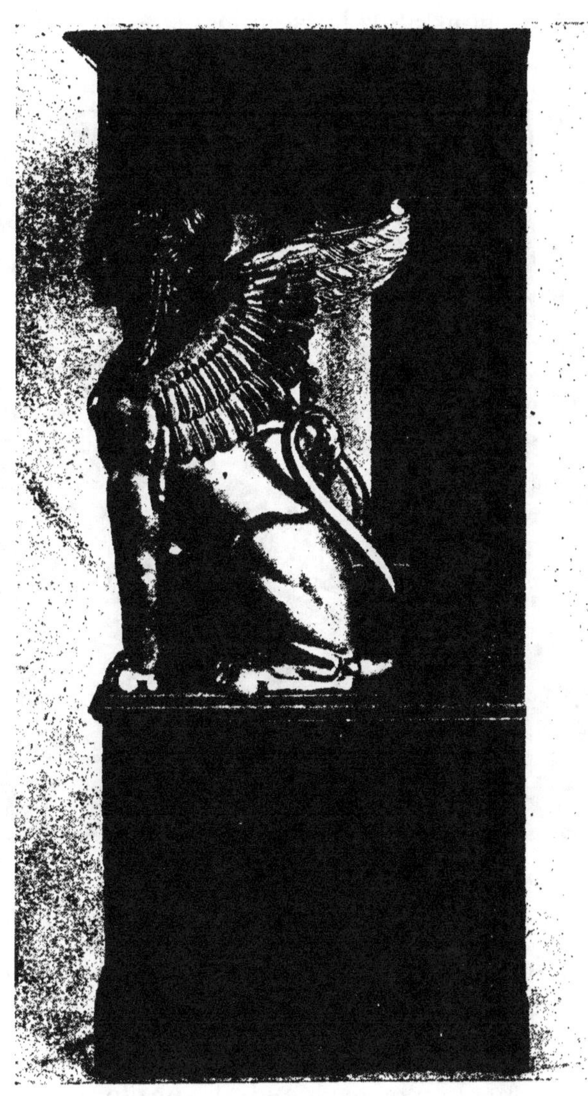

Fig. 106. — *Console* (détail du profil).

règne, il faut constater la souplesse — symbolique seulement, car sa forme est intransigeante — avec

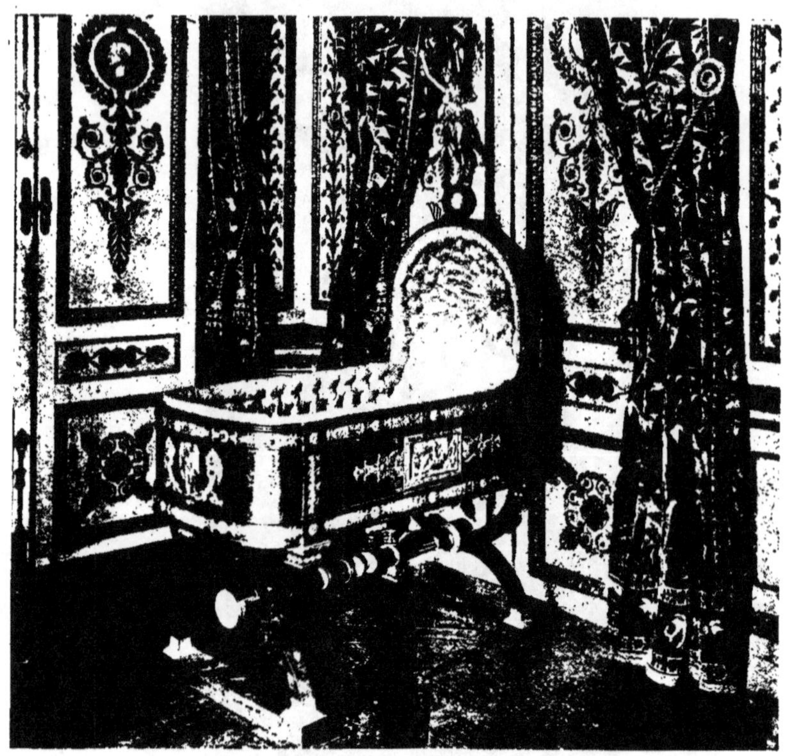

FIG. 107. — *Un berceau du roi de Rome*
(palais de Fontainebleau).

laquelle il se plia aux ordres de son maître. Car Napoléon eut le décor hautain qui convenait à son caractère ; ses meubles sont d'apparat, non intimes ; le monarque, dans la vie privée était simple, mais il ne plaisantait pas sur l'étiquette.

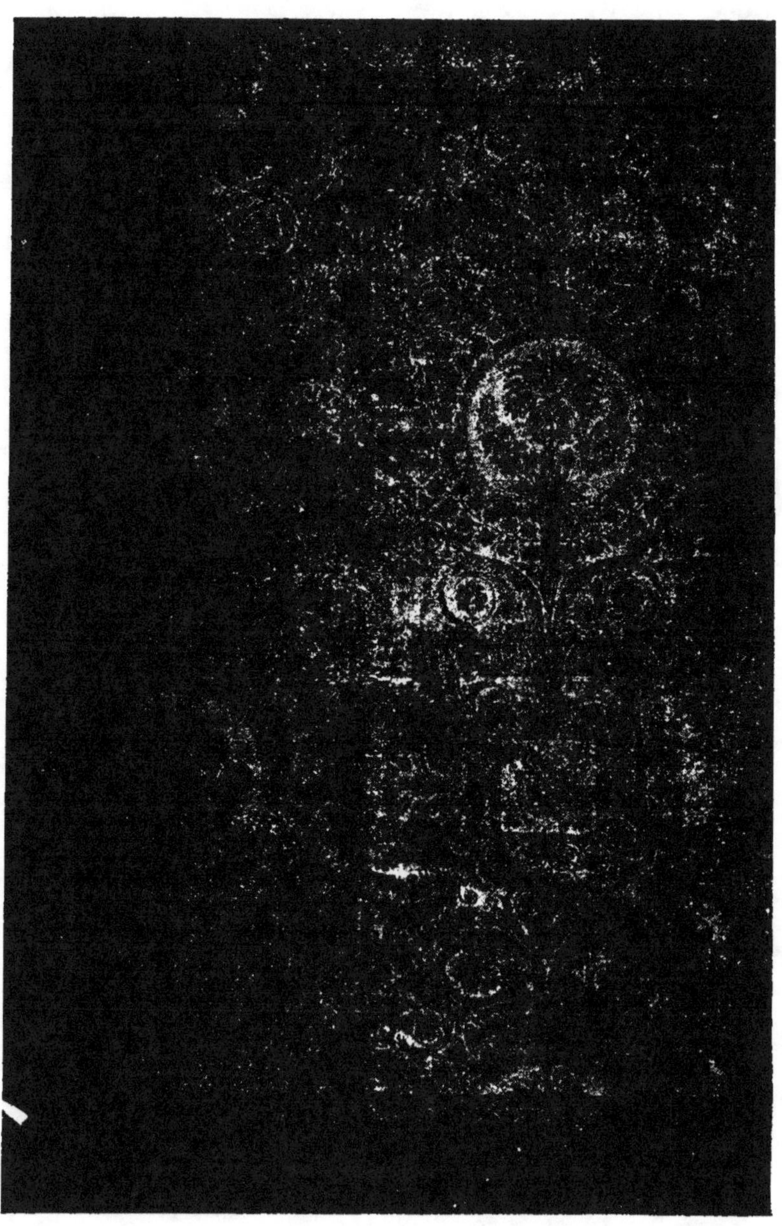

FIG. 108. — *Étoffe de tenture.*

Aussi bien, on nous dit que l'empereur enflait vo-

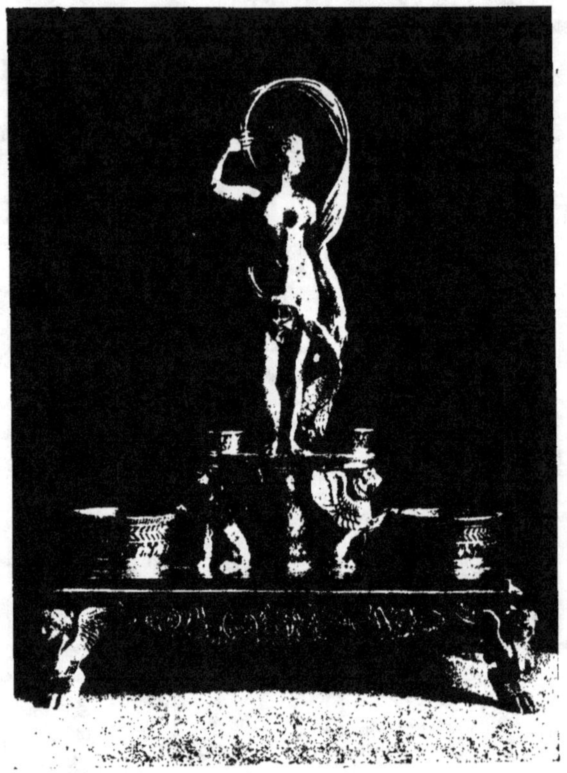

FIG. 109. — *Huilier* (musée des Arts décoratifs).

lontiers sa superbe, par principe, et qu'il n'était solennel qu'en public.

C'est l'image de ses fauteuils pesants, chargés de
dorures, qui font songer — toutes proportions gar-
dées — à ceux de Louis XIV.

Mais, au fait, au point de vue du luxe, au point de vue de la gloire, peut-on trouver dans l'histoire deux époques plus jumelles ?

Bref, pour en revenir au mobilier « ronflant » qui nous occupe, voyez combien il s'adapte essentiellement à son temps ! Ses lignes sont nettes, carrées et inflexibles, son ornementation est imposante, écrasante même par ses dorures. Peu de courbes, point de grâce, un confort réduit, mais de la solidité, du volume.

Si la cour est frivole, le boudoir est supprimé (sa grâce, du moins, est métamorphosée), la chambre à coucher et le cabinet de toilette sont austères; partout l'acajou, tempérant l'éclat des ors, rappelle à la gravité.

Et ce masque est charmant sur les jolis visages où on ne lit que des victoires.

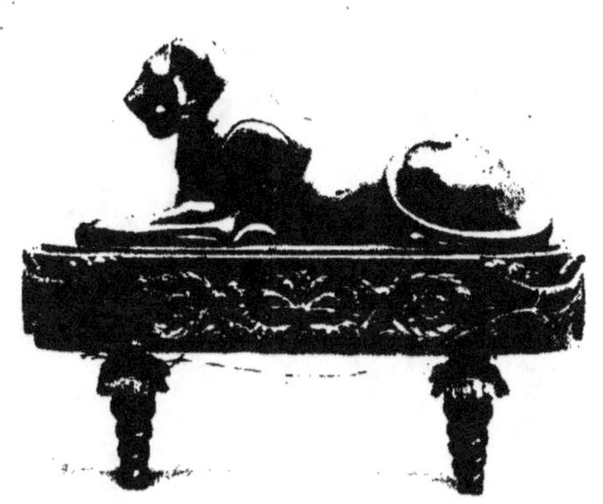

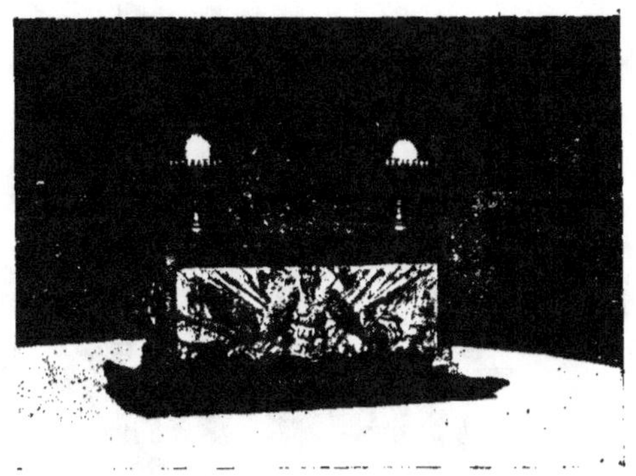

CHAPITRE X

Deux mots sur les styles après le premier Empire.

Après le premier Empire, nous assistons à une débâcle, au triomphe de l'impersonnel.

Point d'idéal, partant point d'art. Et, puisque l'on
ne crée plus, on altère les styles précédents en guise
d'originalité. Le style de Napoléon Ier était riche, celui
de la Restauration sera pauvre ; ainsi en a décidé l'esprit bourgeois, qui succède à la majesté précédente.

Et cette pauvreté est toute une décadence marquée
d'abord par la nudité de l'acajou dépouillé en partie
de ses brillantes parures : bracelets et autres adjonc-
tions métalliques, et par le dégoût des tons clairs qui,
si séduisants sous l'Empire, ne paraissaient pas assez
sérieux à la fausse austérité nouvelle.

C'est l'avènement de la commode, de l'armoire à

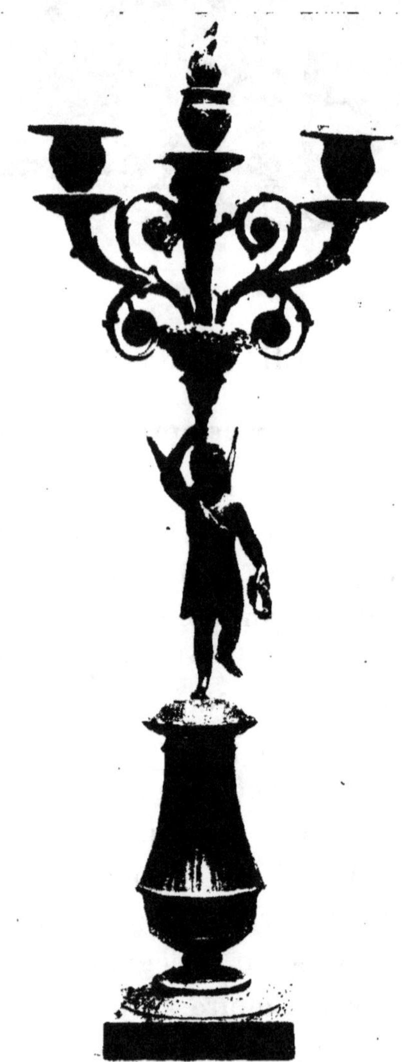

FIG. 112. — *Candélabre-flambeau.*

glace et du fauteuil « crapaud », trois créations

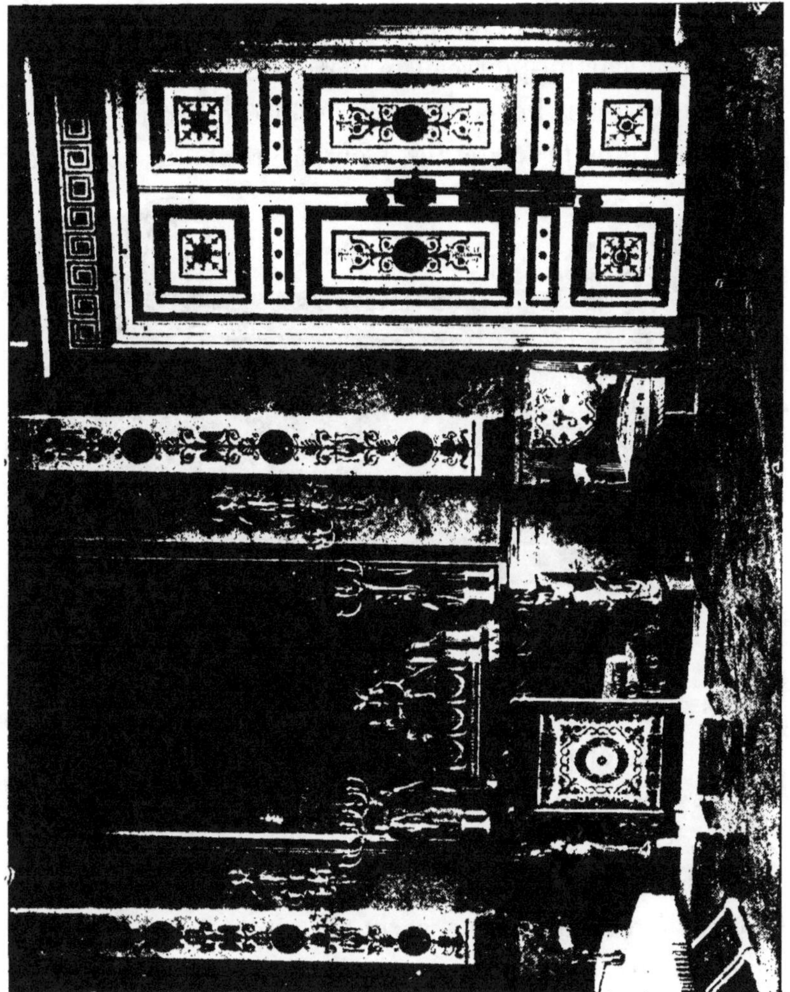

Fig. 113. — *Coin de salon* (château de Compiègne).

« pratiques » mais hideuses; c'est le régime de la platitude.

L'acajou plein connaîtra les artifices économiques de l'acajou plaqué ; au marbre succédera l'albâtre, les fontes de fer et de zinc joueront le bronze, tout comme le carton-pierre et le plâtre doré remplaceront la sculpture sur bois et le bronze doré le bronze d'art.

Les formes précédentes s'empâteront au bénéfice

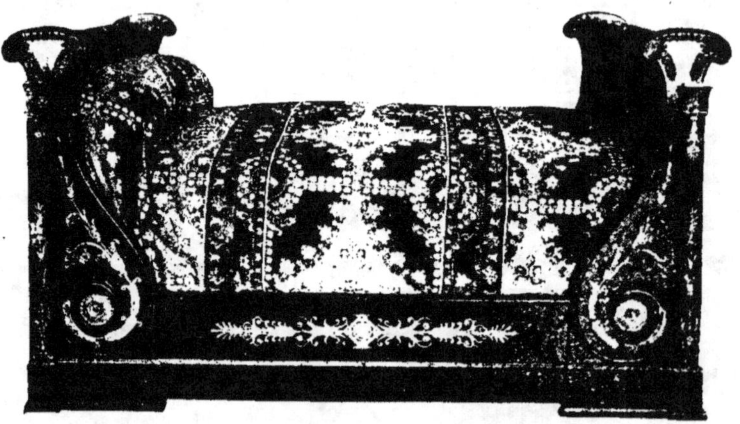

Fig. 114. — *Lit de Napoléon Ier* (Grand Trianon).

d'une solidité sans excuse esthétique, les commodités s'étaleront ; robustes et spacieux seront les tiroirs des commodes écrasées sous un marbre lugubre, vastes seront les armoires où du linge sévère s'entassera.

Les sièges, au surplus, seront capitonnés (*seymours, poufs, confortables* dits aussi *Pompadours, douillettes, fauteuils bébé*), et les tissus seront en velours frappé, en reps, en crin, impitoyablement.

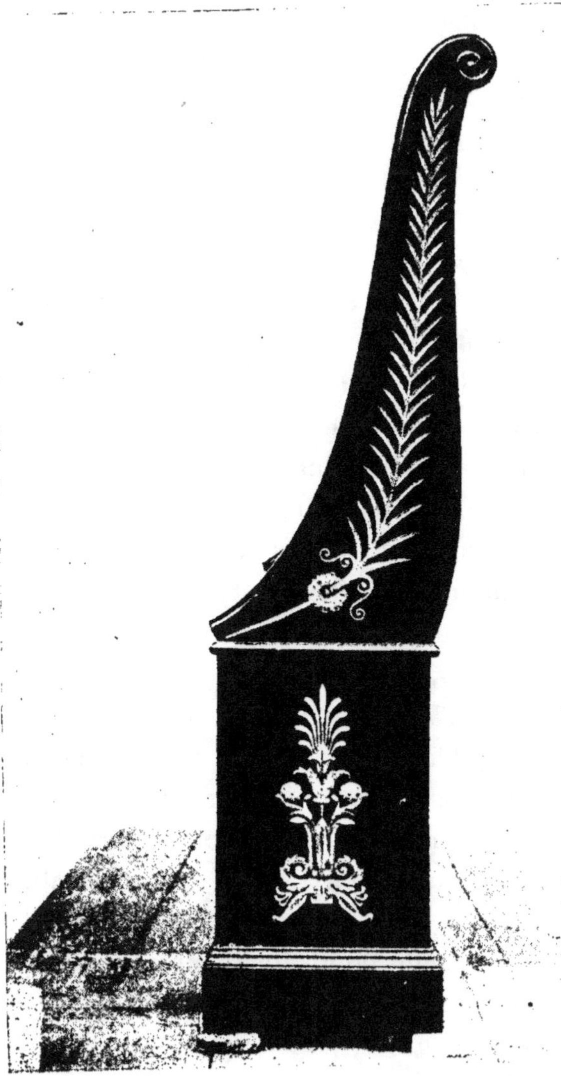

Fig. 115. — *Pied de lit* (détail).

Meubles et rideaux sur lesquels une bande mal assortie tranchera, et ces derniers seront envahis par les embrasses.

C'est l'ère de l'alcôve où, dans la pénombre, on devinait un lit à couronne — autre acquisition de la Restauration, — couronne en acajou servant de départ à une chute de rideaux en mousseline ou en « réseau », symétriquement écartés à la tête et aux pieds du lit.

C'est l'ère du « simili », l'art de paraître.

La collection de M. Thiers, au musée du Louvre, donne la mesure du goût fâcheux de l'éminent homme d'État, et cette collection mériterait d'être exposée sous le parapluie fameux du roi Louis-Philippe !

Si l'on ajoute à cette succession fâcheuse, le style que l'on a dénommé en riant : style Grévy, on a la physionomie la plus nette de l'insignifiance du monument comme du mobilier.

Sans aller jusqu'à dire que, dans la décoration générale de Paris, Thiers préférât la rue Transnonain aux tracés d'Haussmann qui l'effrayaient, on peut supposer que la modeste demeure du grand petit homme fut pour lui « son Louvre et son Fontaine-bleau... »

Et M. Grévy n'ayant point, fort heureusement pour la République, l'autorité d'un Napoléon, laissa faire au mieux la Démocratie dont l'idéal, — sans démériter, — s'éloigne cependant de l'art.

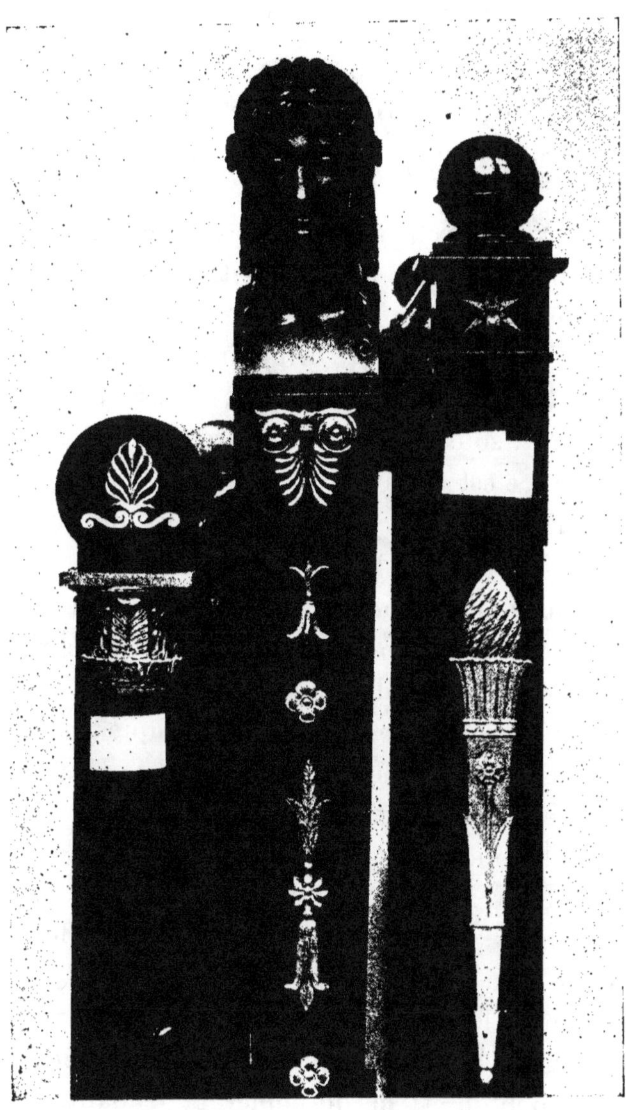

Fig. 116. — *Têtes de lits* (détail).

Or, cette décadence, — car selon toute évidence, la décadence des styles date de la Restauration, — coïncide singulièrement avec l'avènement du *romantisme*.

L'étude de l'archéologie a pris d'immenses développements et amène cette évolution qui devait aboutir à la réhabilitation du moyen âge, sous la conduite d'esprits distingués et originaux comme Viollet-le-Duc et Didron. Puis vers 1815, on essaye un style gothique et, sous le second Empire, un style pseudo-Renaissance est en faveur.

C'est l'heure des belles restaurations qui tarit tous les chefs-d'œuvre de la pensée.

A défaut d'une conception personnelle, la Science répare, consolide la beauté ; et les pince-sans-rire dénomment cette période : style *Troubadour !*

Hélas! c'est la lutte des partis politiques successifs et adverses qui mène l'art et l'idéal lorsqu'il n'y a pas de génies impulsifs.

Républicaine après avoir été monarchiste, l'esthétique s'inspire des hauts faits de la Révolution avant de s'enthousiasmer pour l'épopée impériale, c'est dans l'ordre des passions.

De même, la première Restauration se devait à son nom d'effacer les traces monarchistes et impériales.

Aussi bien on est las de copier et d'adapter, — au moins, sous la Révolution, tout était à refaire — les

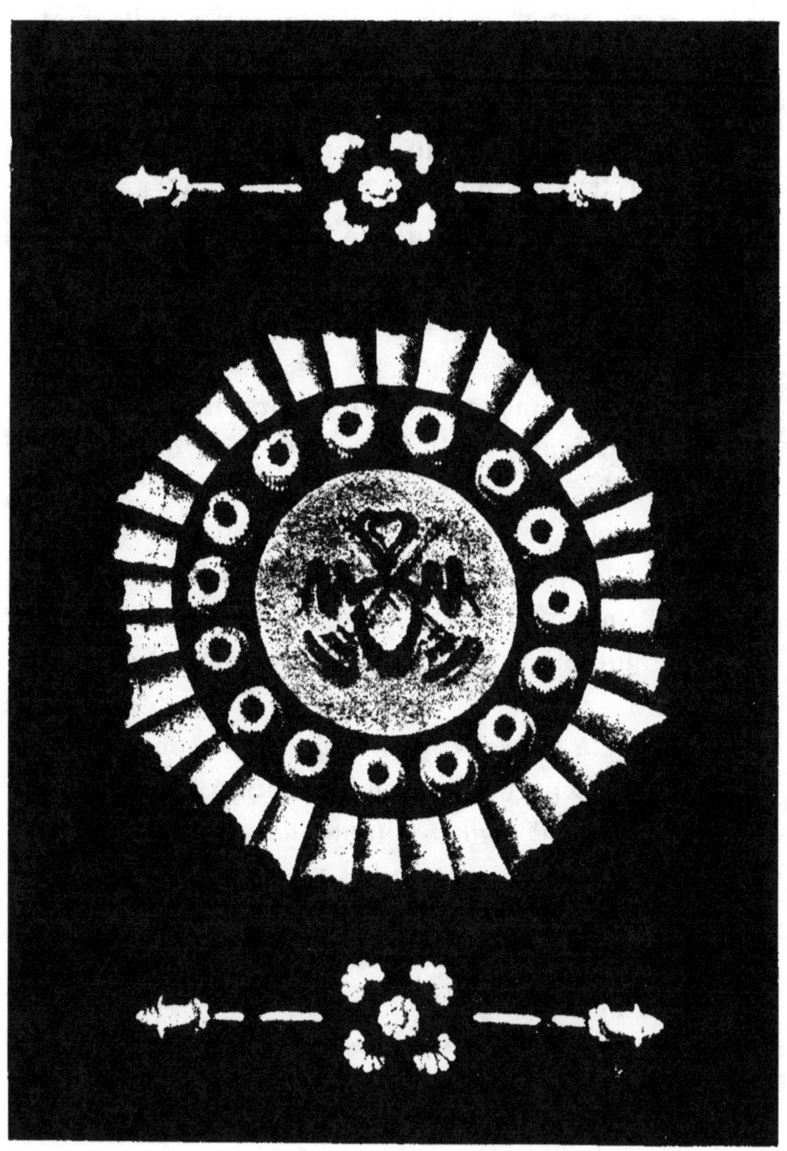

FIG. 117. — *Panneau d'étoffe*.

styles eux-mêmes se dérobent, on les a tellement mêlés, heurtés, accouplés, défigurés !

Le grec et le romain, d'autre part, usés ou altérés en néo-grec ou néo-romain, ont reçu des peintres Géricault et Delacroix le coup de grâce, mais encore n'est-ce qu'une feinte, puisque Ingres dresse hautainement, au nom des classiques, à côté du *Naufrage de la Méduse* et de la *Prise de Constantinople*, son *Apothéose d'Homère !*

Éternel recommencement, toujours intéressant et vénérable, puisqu'il ne lutte qu'au nom des idéals aussi variables que les générations.

Et cependant, voyez combien ce génie enthousiaste qui anime les arts de la peinture et de la sculpture (David d'Angers, Rude, Barye, etc.), laisse indifférents l'architecture et le meuble, de conception solidaire !

C'est bien là la preuve que l'originalité constructive ne peut naître parmi les chefs-d'œuvre hallucinants du passé. N'ayant point, comme les arts plastiques, la faculté de changer de sujet, ni l'avantage de renouveler sa facture, elle ressasse de son mieux.

Elle a l'infériorité en somme, de sa postériorité.

D'autre part, la création des types devenus traditionnels a coûté aux ancêtres des efforts puissants et prolongés, dont le bénéfice est écrasant, et dont la valeur est après tout légitime et justifiée.

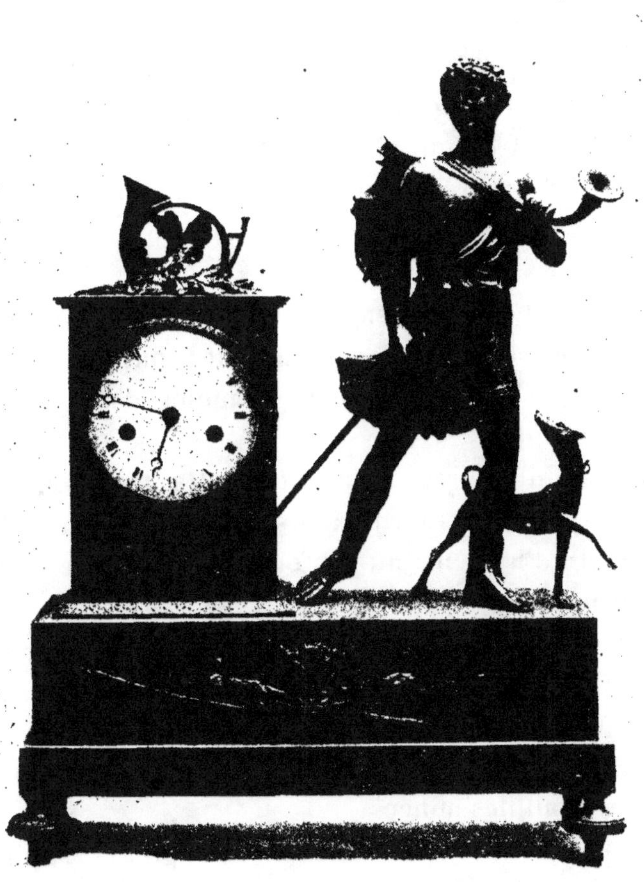

FIG. 118. — *Pendule.*

Il est vrai que Harpagon avait aussi des motifs légitimes d'aimer son trésor, mais il l'aimait en aveugle, il l'aimait trop.

L'architecture peut également trop aimer la tradition ; mais alors elle tourne le dos au progrès, à l'avenir ; elle rentre enfin dans un tombeau qu'on a déjà dépouillé de ses ruines et, pour en revenir au moment qui nous occupe, le passé semble donc exclusivement inspirateur.

Tout n'est qu'archaïsme, rien que tradition, ce qui ne signifie point que les architectes ont moins de science, — s'ils ont certainement moins d'art — que les précédents.

Et l'architecture, esclave de cette tradition, de cette expérience, tourne alors le dos à l'avenir, demandant à l'hygiène, au confort, les moyens de sortir de l'ornière.

Ces deux innovations triomphantes, sont les originalités les plus frappantes de l'architecture moderne, en attendant que s'affirme et se précise certain art nouveau dont la mise au point se fera sans doute, dans le recul des années.

Mais, pour retourner au meuble après l'Empire, nous allions oublier une tendance au renouveau.

A un moment, en effet, on emprunta encore au style étrusque que l'acquisition de la collection Campana venait de révéler, et ce fut le retour à cette incohérence, à cette excentricité qui tiennent lieu généralement de goût aux personnes sans éducation artistique.

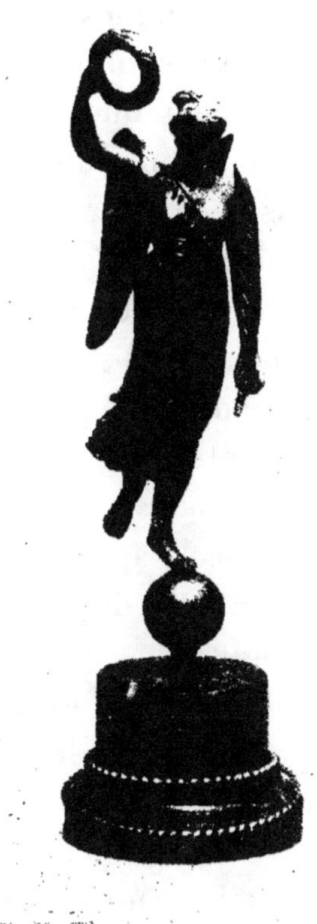

FIG. 119. — *Presse-papier*.

L'expédition de Bonaparte sur les bords du Nil avait, il est vrai, enfanté un style égyptien, mais sur cette donnée que de beaux airs on avait joués !

Aussi bien, sous les deux Restaurations, comme il ne s'agissait point de conquêtes, on s'avisa de revenir un moment au style gothique, époque de sévérité. On dessina des meubles gothiques, jusqu'à des pianos gothiques ! Ce fut le délire du mauvais goût, renouvelé sans excuses de celui que les Anglais surtout osèrent montrer tout au début du XIXe siècle (vers 1815, avons-nous dit, et jusqu'en 1830 et après).

Un artiste emmené par Bonaparte en son expédition d'Egypte, Nestor l'Hôte, nous avait au moins éclairés judicieusement en disant, avec un sens très curieux et très pénétrant de l'évolution des arts égyptiens, que « de la sculpture égyptienne nous ne connaissions que la décadence ». Tandis que sous Louis-Philippe et même sous Napoléon III, personne ne s'avisa d'interdire au meuble de jouer piteusement à la cathédrale de style ogival !

Ce manque de délicatesse esthétique indispose, par exemple, au point que si le globe de pendule fut déjà en usage sous Louis XVI, nous le voyons plus favorablement accueilli dans sa pesanteur accentuée, après le premier Empire. D'ailleurs le globe de la Restauration est encore la parodie de l'encadrement de verre serti de cuivre qui abritait la pendule de Louis XVI et, si les meubles élégants de ce dernier style reposèrent souvent sur des roulettes, il faut avouer que les fauteuils mastocs de Louis-Phi-

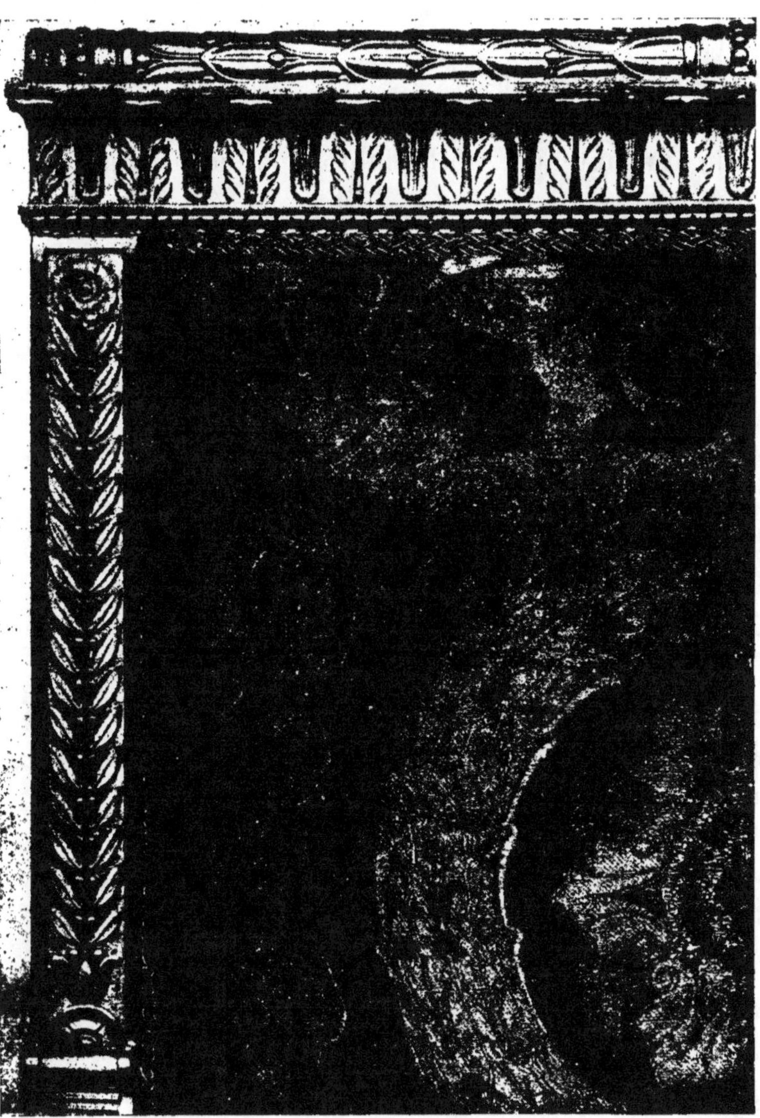

Fig, 120. — *Détail de la boiserie d'un fauteuil.*

lippe nous apparaissent dignes davantage, sinon inséparables de ces roulettes.

Hélas ! la laideur du fauteuil « Voltaire » vaut bien
celle du fauteuil « Rothschild » que nos temps ont
innové !

Jusqu'au bois d'acajou si séduisant sous le premier
Empire, qui maintenant nous semble détestable, en
dehors de sa nudité, à cause de l'altération de sa
forme, par sa matière même !

Gaines de pendules, sièges, tables, etc., sont en
acajou verni comme le parquet « en glace ».

Il ne prend pas la poussière, l'acajou, et le souci
bourgeois s'attarde essentiellement à la propreté mé-
ticuleuse, cette propreté à qui ces meubles doivent de
n'avoir point été entièrement dépouillés de leurs appliques de cuivre que l'on « fait » tous les « samedis ! »

Bref, la personnalité de nos intérieurs sombra, on
eut un mobilier-type pour salle à manger, salon,
chambre à coucher.

Il fut entendu que le Louis XIV et le Louis XV solen-
nels et gracieux s'imposaient au salon, que le grave
Louis XIII correspondait à la sévérité du cabinet de
travail ; que le Louis XVI, galant, convenait essentiellement au boudoir et à la chambre à coucher. Ce
fut le pot pourri des styles selon l'acceptation bourgeoise, l'avènement du mobilier composite.

Cependant, goûtez les variétés imposées par la mode.

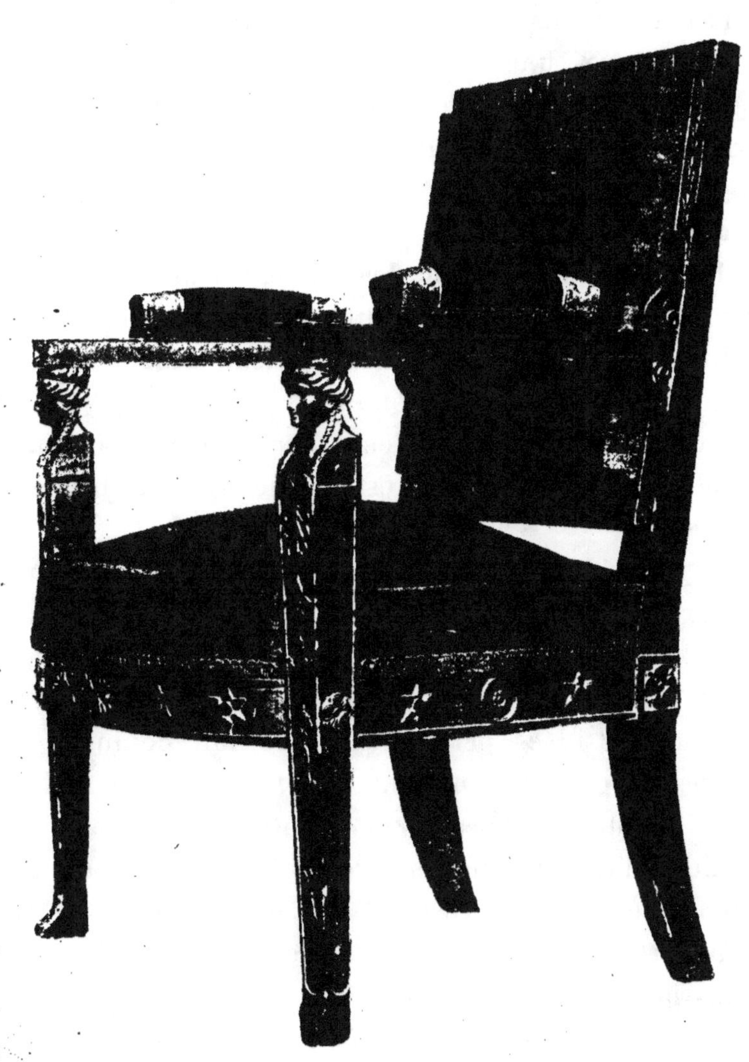

FIG. 121. — *Fauteuil.*

On décrète un instant la beauté de l'art japonais, on s'engoue ensuite de l'art mauresque. Une pareille désinvolture, une équivalente ignorance célèbrent ces manifestations. On les installe au logis par **excentricité**, de même qu'on leur préférera soudain, **au mépris de l'ambiance et de l'esprit nouveau, les meubles classiques**.

Il est à remarquer que les époques **sans caractère** recherchent le caractère, tout comme les intelligences faibles se complaisent **essentiellement dans la discipline qui stimule leur volonté**.

Voyez avec quelle candeur l'esprit bourgeois confond la belle ordonnance esthétique avec l'ordre implacable !

Ses meubles sont rangés avec symétrie, ils veulent ignorer « le beau désordre, effet de l'art », et c'est encore la discipline qui régit les dispositions du commun, sous les dehors et à l'abri de la convention. **Faute d'avoir des idées personnelles, on fait comme les autres, et c'est la banalité.**

Malgré tout, le besoin de beauté est impérieux et le désir d'imitation est encore un idéal; il y a tant **de mentalités qui se suffisent à leur infériorité!**

Aussi bien, ce qu'il y a de plus déplaisant dans la décadence que nous soulignons, c'est sa prétention sans bases et son goût de la pacotille économique.

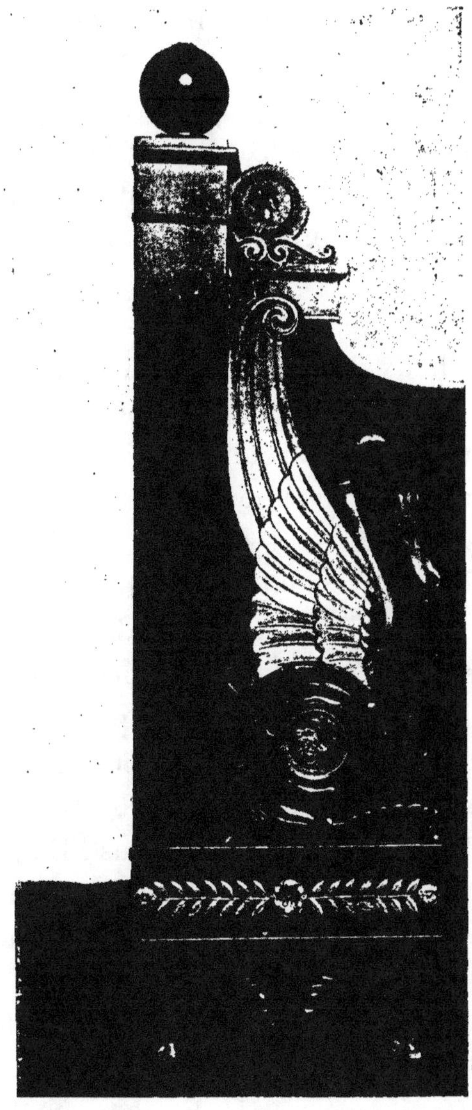

FIG. 122. — *Tête de lit* (détail).

L'architecture se bornant à imiter, on imite tout à l'entour.

Et quelles imitations le plus souvent! Quelles altérations! mais aussi à quel bon marché!

Louis XIII et Louis XIV prêtent alternativement la grandeur de leurs lignes majestueuses et sévères à des *maisons à loyer*.

L'antiquité a lassé, on ne veut plus de colonnes ni de temples, les dieux s'en sont allés, on loue des appartements, et, propriétaires comme locataires, à l'envi, rapetisseront l'art de l'architecte, qui se vengera sur ses propres modèles en les ornementant... à l'antique.

De temps en temps, il est vrai, le décor variera, mais sans plus d'agrément et, des têtes et griffes de lions, des peaux de lions, des têtes de Minerves ou de Mercures, etc., surgiront, imprévues, sur la forme. Voilà toute la hardiesse que l'on se permettra.

D'autre part, ce sont les vieilles tapisseries de la Marche qui ressassent (sous la Restauration) les vases, les sphinx, les génies applaudis sous l'Empire ; c'est la manufacture de Sèvres dont les médaillons, les portraits, les paysages encadrés d'ornements dorés, sont d'une laideur incontestable.

Et puis, les céramistes ne retournent-ils pas au style Louis XVI, pour décorer des vases, plats et assiettes, sous Napoléon III? Et dans quel goût ce décor est-il présenté!

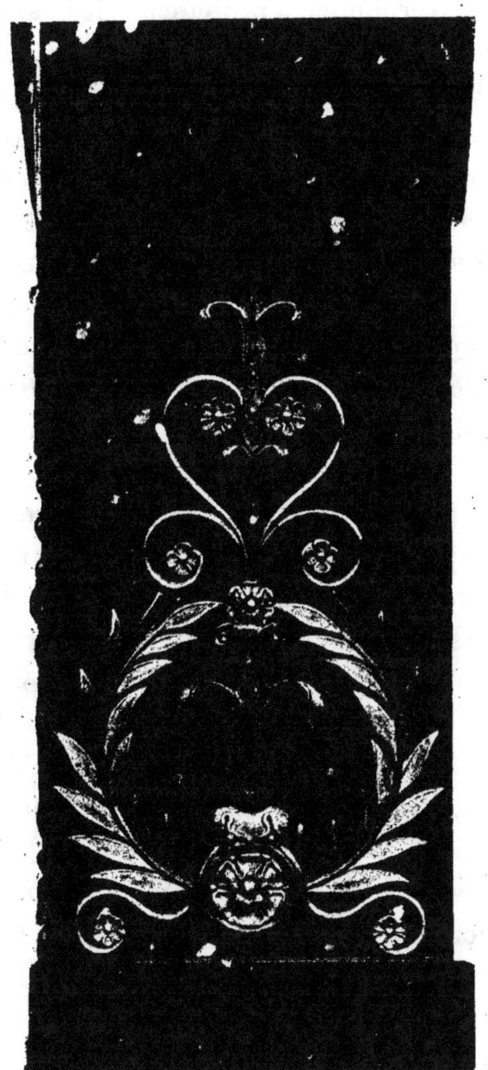

Fig. 123. — *Motif décorant un marbre de cheminée*
(sur l'un des côtés).

« Le gouvernement protégeait les arts, écrit Lechevalier-Chevignard (*les Styles français*); mais sa générosité n'était pas toujours guidée par un choix judicieux des talents qu'il employait et par la connaissance de certaines lois du goût dont les artistes eux-mêmes avaient du reste à peine l'intuition.

« On demandait au pinceau plutôt voluptueux de Prud'hon des tableaux religieux; les plafonds du Louvre se couvraient de scènes où la cour de Charlemagne et de François Ier, les cavaliers en armures de la bataille d'Ivry se promenaient sur la tête des spectateurs.

« C'était le règne de la peinture sur porcelaine, de cette peinture qui n'a rien à voir avec la vraie décoration céramique : les vases et les assiettes de Sèvres offrent alors les images de tous les membres de la famille royale, avec un cours complet de paysage et de fleurs naturelles. »

Quelle différence avec le charme qui se dégage des porcelaines, des biscuits produits sous le premier Empire !

Ces objets d'art, au moins, conservaient une forme, une ornementation, un style reconnaissable, tandis que les créations présentes ont seulement cru inventer en dénaturant.

On ne s'est point aperçu qu'en jouant avec l'esthétique on en détruit l'harmonie et que ce n'est pas au

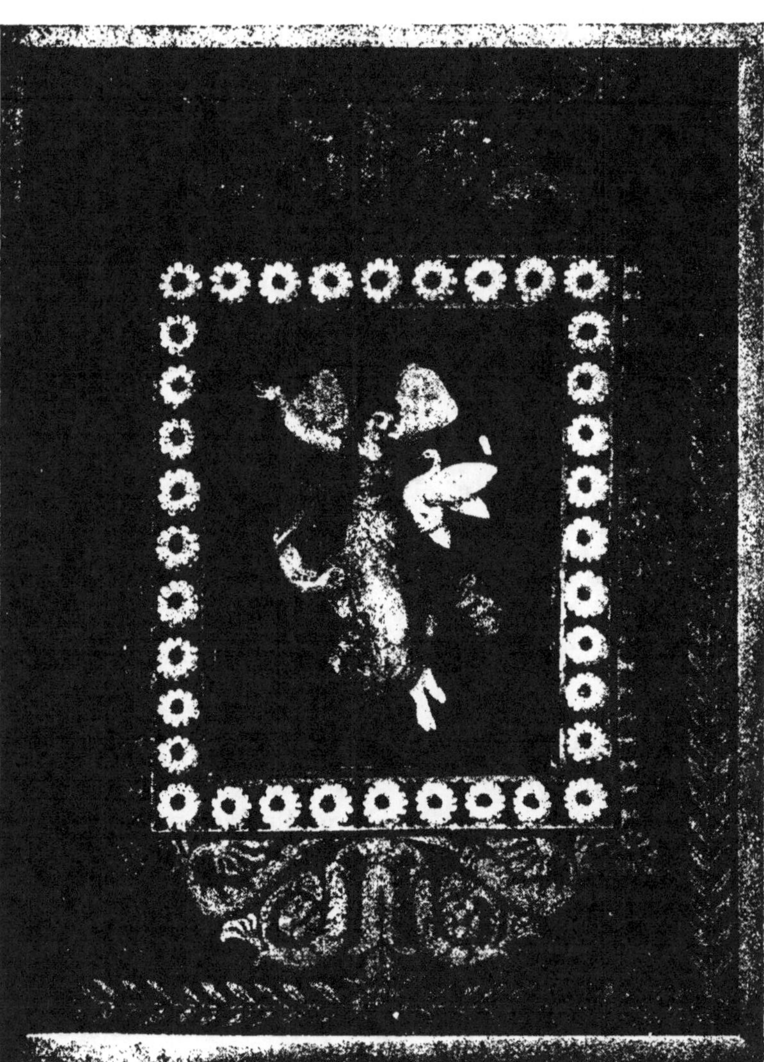

Fig. 124. — *Panneau d'étoffe.*

moyen d'enlevés ni de rajoutés que l'équilibre des formes s'obtient. (Sous le second Empire, pourtant, il faut signaler moins de lourdeur dans le triste héritage de la Restauration.)

Point davantage la dorure excessive n'embellit-elle la forme et que de dorures sous la Restauration !

L'amour encore, de cette époque pour le bronze, uniquement dû, d'ailleurs, à son bon marché, propagea les vases immenses, les lourdes statues d'animaux, coulés en cette matière que l'on s'avisa de dorer!

Ceci n'était plus de l'art, mais l'industrie courante y trouvait son compte, et l'on marchait ainsi, incontestablement, à la faillite de la ferronnerie, faillite qui nous valut, grâce aux progrès de la fonte, l'impersonnalité de nos grilles modernes aux barreaux monotones, aux ornements caducs, notre banale serrurerie.

La marqueterie désordonnée, non plus, alors tant en faveur, ne prête de la beauté à l'informe, et le hideux lit en bateau de nos grand'mères proteste au nom du mauvais goût, de toute la force de son acajou plaqué.

« Les ornements caractéristiques, écrit H. Havard (*les Styles*), sont la seule partie de l'œuvre qu'on essaye de réappliquer, et encore ces ornements sont-ils le plus souvent mal vus, mal interprétés, mal compris.

On a beau être de très bonne
foi quand on copie, on y met
toujours du sien.

« Les anges aux longs ban-
deaux fixés par une ferronnière,
que les *moyenâgeux* des règnes
de Louis-Philippe ont prodigués
un peu partout, portent aussi
bien la livrée de leur temps, que
les troubadours à mantelet, à
taille courte, à toquet emplumé,
chers à la reine Hortense. »

Au résumé, nous venons de
passer en revue l'époque du
« simili », et il est de toute justice
que le lecteur ne confonde pas le
style de Napoléon Ier avec sa
triste suite de conceptions bâ-
tardes.

En deux mots répétons-le, le
style du premier Empire est aris-
tocratique et celui des deux Restaurations et de Napoléon III est
bourgeois.

L'un a de la noblesse, de la
richesse et de la gravité, inséparables, certes, d'une lourdeur,

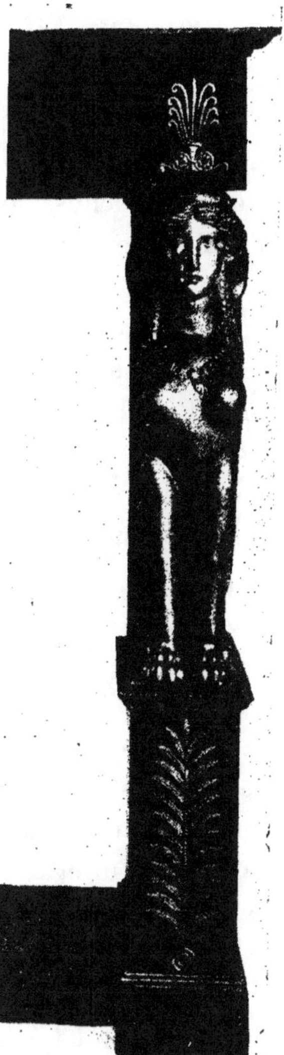

Fig. 125. — *Montant-
cariatide d'un bureau*
(détail).

mais il a l'honneur de se réclamer d'un style, dont l'autre n'est qu'une contrefaçon économique.

D'ailleurs, le bijou, sous les deux Restaurations devait essentiellement marquer la banalité du temps. Vastes broches, lourdes bagues, reflètent à l'envi l'ostentation, et l'indigence de la forme est subordonnée à l'aspect cossu.

Sous Napoléon III, le charmant dessinateur des oiseaux, H. Giacomelli, qui avait débuté par être orfèvre, lance un motif décoratif aussitôt en vogue : deux colombes se becquetant... Ce bijou accompagne les douces larmes qui coulent à l'audition des tendres romances de Loïsa Puget.

Lors de son départ de Paris, le **18** juin **1815**, Louis XVIII avait emporté à Gand les diamants de la Couronne qu'il rapporta ensuite à son retour.

Aucune fête n'ayant été donnée pendant ce règne, ces pierres restèrent enfermées jusqu'au jour où l'orfèvre Bapst exécuta l'épée du sacre de Charles X et, quelques années après, la duchesse de Berry organisa aux Tuileries le *quadrille de Marie Stuart* et se para d'une grande partie des diamants de la Couronne.

H. Bouchot, dans *le Luxe français pendant la Restauration*, nous éclaire sur la physionomie de ce bal : « A cinq heures du matin, la *galoppe* entraînait, dans une farandole endiablée, reines, princesses et sci-

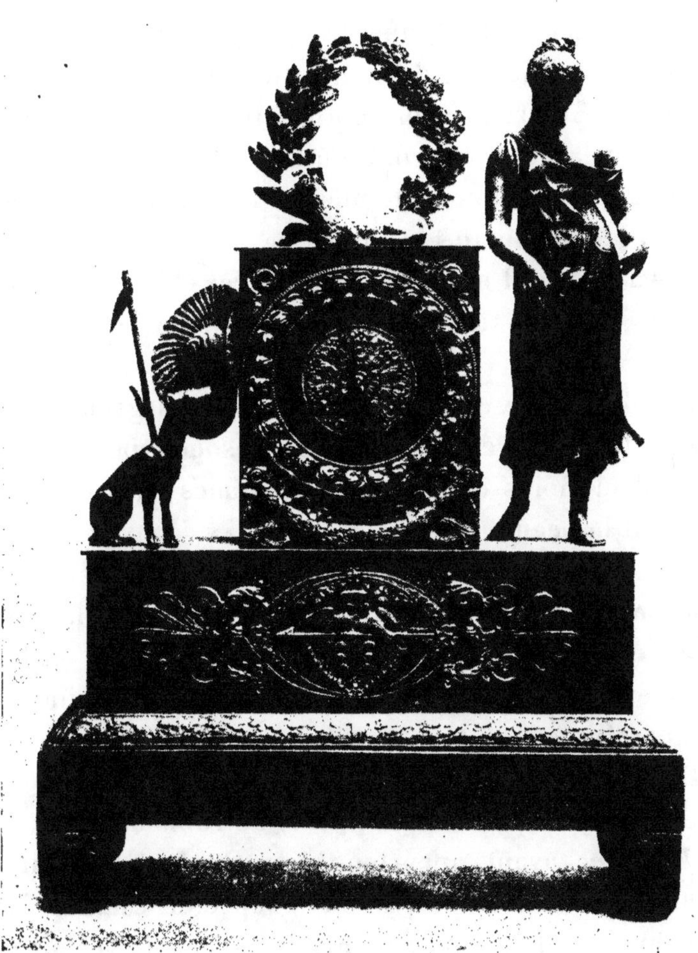

Fig. 126. — *Pendule.*

gueurs, confondant les rangs, rompant les étiquettes et froissant les parures.

« Dans cet instant, une frange portant pour plus d'un demi-million de diamants fut arrachée à la robe de Marie Stuart par une botte irrévencieuse. Il n'en fut que cela, le *galop* continua ; il eût fait beau voir qu'on s'arrêtât pour cette misère. D'ailleurs on la retrouva le lendemain sous un siège...

« Au matin, il ne restait plus de cet éblouissement qu'un souvenir très joyeux et l'envie de reprendre l'idée. »

Excellente description d'une fête bourgeoise où, dans « les rangs confondus », on se soucie peu d'une perte d'au moins cinq cent mille francs ; la richesse primant la beauté !

Sous le second Empire, encore, les diamants de la Couronne « contribuèrent par leur éclat aux brillantes fêtes qui se déroulèrent à la cour impériale » et la décadence allait s'accentuer avec des bijoux en simili, démocratiques.

De cette collection unique, il ne reste plus que quelques rares pièces : le *Régent ;* un rubis dit *la Côte de Bretagne* ayant appartenu à la Couronne depuis 1530, taillé en dragon par Gay ; l'épée de Charles X enrichie de diamants par Fr. Bapst en 1825 ; une broche dragon en perles fines et or émaillé, un diamant à cinq pans : le *Mazarin*, la broche rocaille de

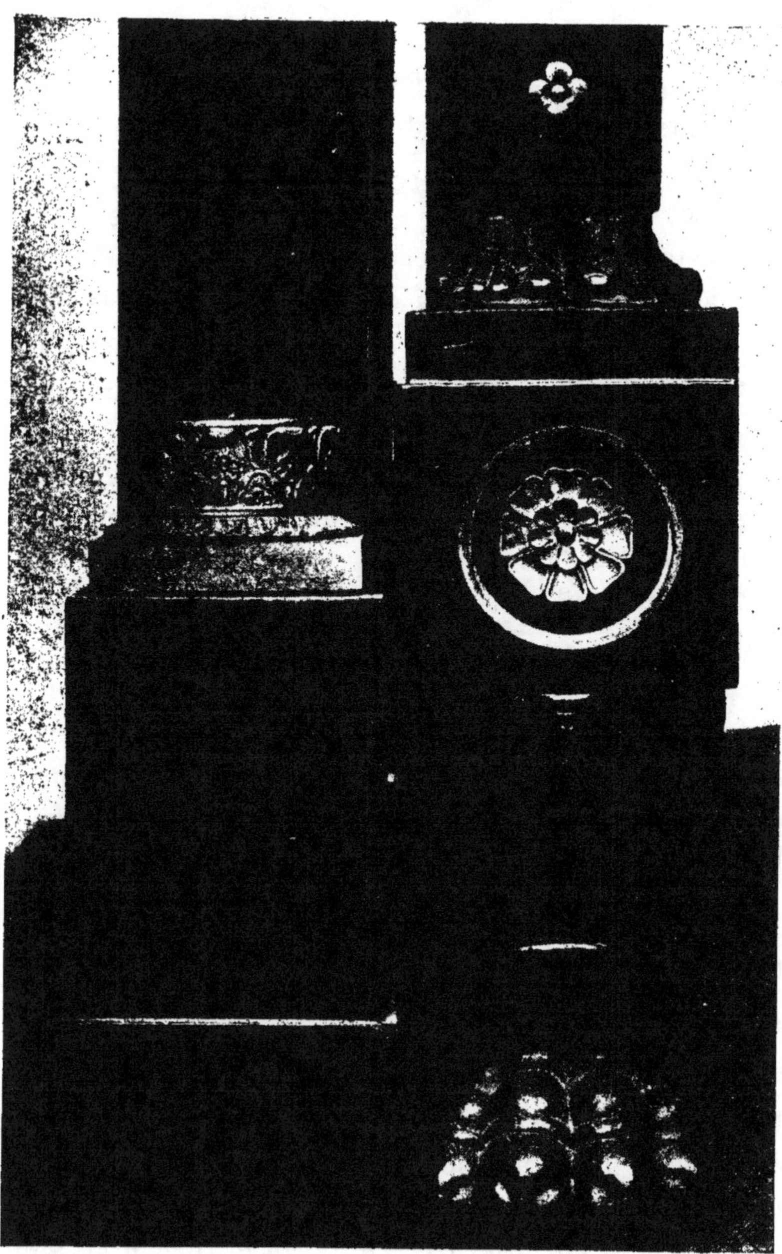

Fig. 127. — *Pied de lit (détail)*.

Catherine de Médicis, en diamants, retaillée en 1856 par Alfred Bapst, et la couronne de Napoléon Ier.

Toutes ces remarquables pièces, dernier vestige d'un faste aboli, sont conservées au Louvre.

Quant à nos temps, ils connaissent « l'article de Paris », le bijou estampé, fourré, le titre Fix et toutes autres parures débitées à la grosse par la machine.

Le costume lui-même s'est démocratisé. Lorsque l'ouvrier est « endimanché », on ne le distingue guère de son patron, et nos domestiques mâles portent le même frac que leurs maîtres.

Le geste seul résiste à cette banalité, mais point toujours.

Au moins — et cela est une justice à rendre à l'époque de Louis-Philippe — les hommes, vers 1830, s'habillaient avec une recherche esthétique et, pour ainsi dire, le costume existait encore, mais celui des femmes !

D'ailleurs, en deux mots, voici l'état du costume féminin après le premier Empire.

La mode de l'antique s'altère en France aussitôt que l'impératrice Marie-Louise, à la chute de l'Aigle, est retournée en Autriche, et la taille des femmes est dite « guêpée ». Les manches larges de la Renaissance s'intitulent poétiquement : manches à *gigot*, à l'*éléphant*, à *la folle*, à *béret*, etc., et les jupes sont courtes.

On se coiffe à *la girafe*, on porte le turban et le

schall, on endosse des garibaldis, des figaros, des

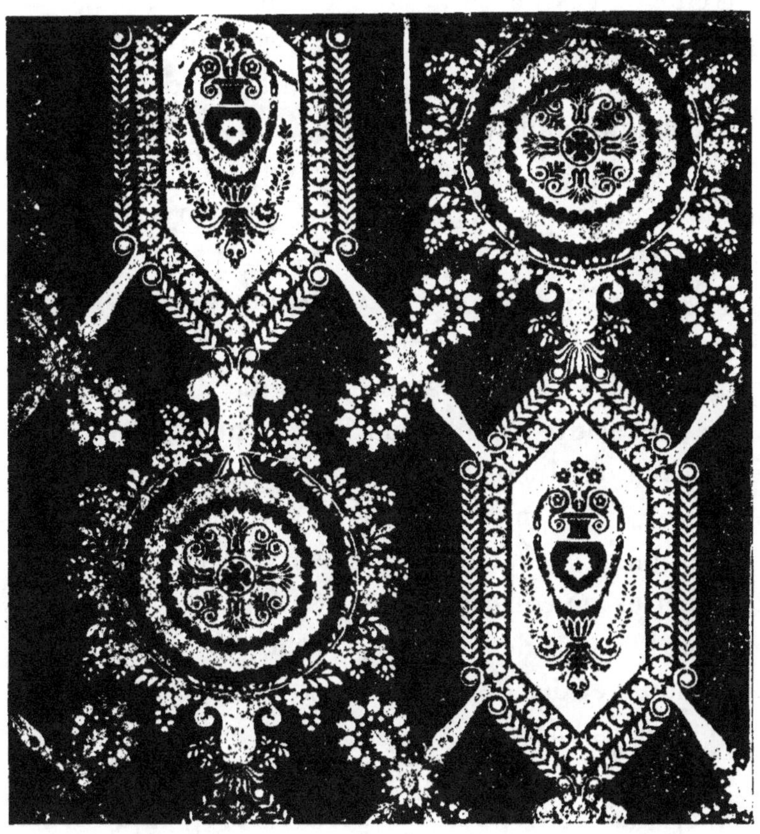

Fig. 128. — Étoffe de tenture.

vestes zouaves en velours soutaché et autres « pince-
taille » et « saute-en-barque ».

Puis, sous Charles X, époque où fleurirent les lys,
un souffle virginal fait naître les robes *à la vierge*, les

frais tissus de percale ; c'est l'ère de la pruderie, **en** souvenir de l'exil en Angleterre et en Allemagne.

1830 voit s'épanouir à nouveau le romantisme, et les harpes vibrent à l'unisson des cœurs sur des paroles de Chateaubriand, de Lamartine, etc. ; c'est l'heure romanesque, languissante, qui commande les nuages de mousseline, les percales semées de myosotis, de pâquerettes et autres fleurettes. Les modes sont encore, à *la Troubadour*, à *la Moabite*, à *la Juive, en créneaux*.

La sérénité bourgeoise de l'époque de Louis-Philippe est ensuite troublée par les « lionnes » inventées par Alfred de Musset ; les lionnes se dénomment « tapageuses » ou « mystérieuses », suivant leur attitude exagérément excentrique ou réservée, accompagnée de toilettes en conséquence.

C'est l'instant des damas, des satins « à la reine », des velours et des dentelles, des grenadines, des jaconas et autres barèges.

Le second Empire enfin, apporte la crinoline, qui tombera en 1867, pour ressusciter en quelque sorte l'antique sous forme de jupe traînante à péplum. Ce nouveau retour à l'antique, si souvent fatal à l'ingéniosité artistique — l'Empire premier excepté — devait être aussi fatal au régime politique qu'au pays.

Sous Napoléon Ier, les arts n'avaient pas ralenti leur activité et, c'est grâce à cela que l'antique ne

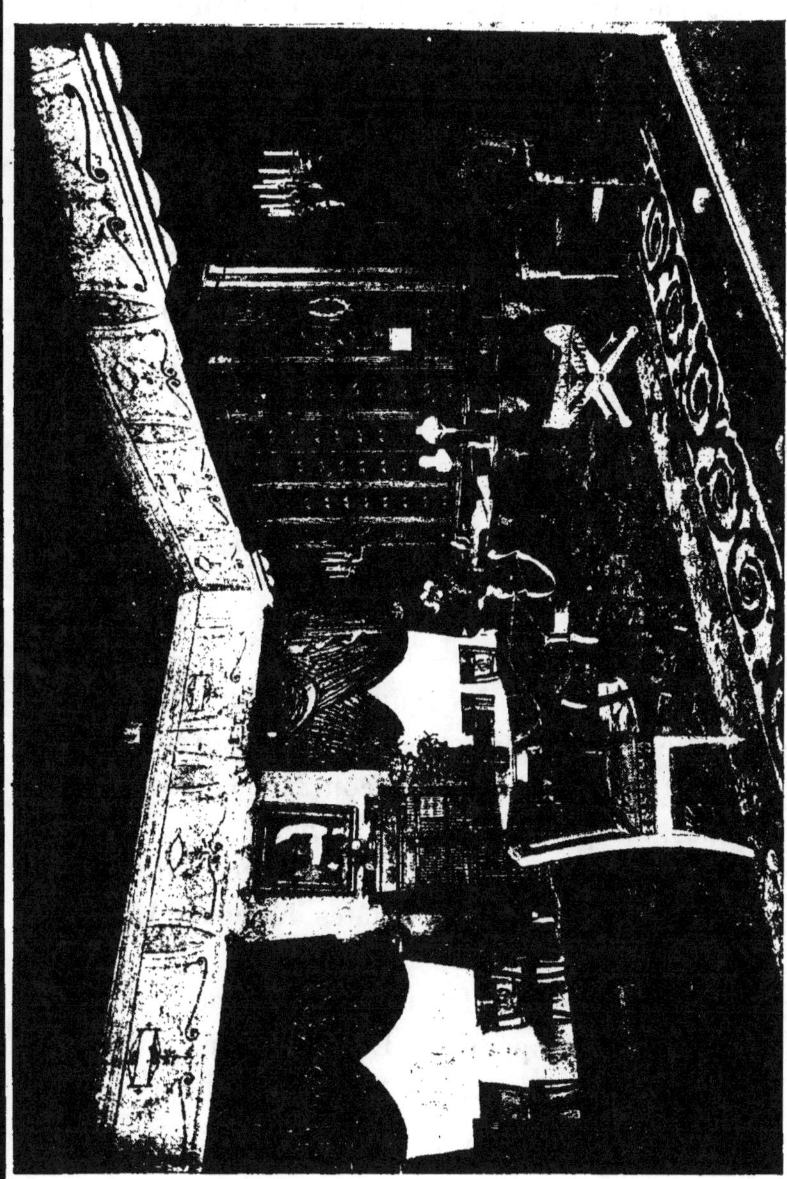

Fig. 129. — *Cabinet de travail (époque de la Restauration)*.

paralysa pas l'essor inventif. La Révolution avait anéanti le passé et le premier Empire avait décrété sagement que l'antique était la base des arts — du moins le modèle — classique, et l'on partit de cette base pour créer à nouveau.

Après Napoléon, l'indigence imaginative provint de l'instabilité des régimes politiques et du peu d'éclat de la France, tandis que la victoire, précédemment, avait rénové l'art.

Aussi bien, sous le second Empire, on essaya encore, mais timidement, dans la robe des femmes seulement, de retourner à l'antique : c'était comme le présage de la débâcle.

Bref, la victoire de Napoléon aux Pyramides avait inspiré un style Messidor ; le retour d'Égypte de l'épouse de Napoléon III — tout est relatif — amena la mode des burnous; les femmes à l'envi portèrent ces vêtements de chalys ornés de glands soyeux.

Mais il faut laisser à Napoléon III la laideur des crinolines, inséparables de son règne.

Est-ce à dire que ce monarque n'entendait rien à l'esthétique? Que non pas, les fêtes du second Empire sont justement réputées.

On vante l'élégance des femmes groupées autour de la beauté de l'impératrice Eugénie, dans un décor, il est vrai, emprunté à Louis XVI (style de prédilection de cette souveraine, alors que la royale épouse de

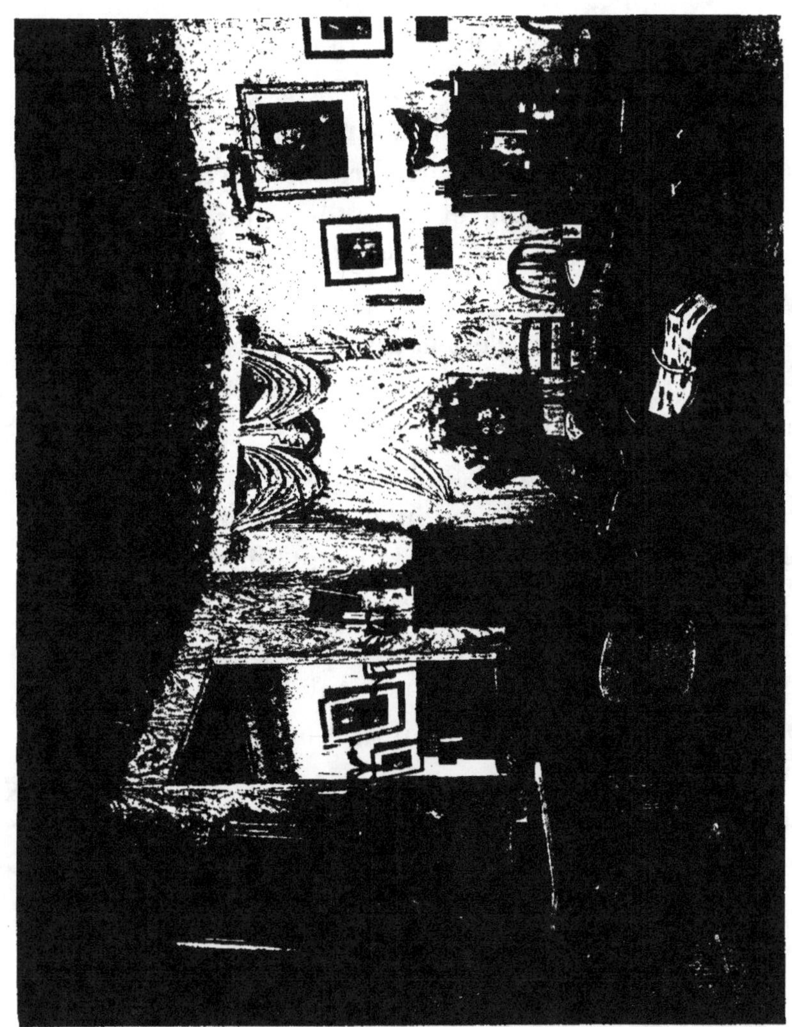

Fig. 130. — *Chambre époque Louis-Philippe.*

Louis-Philippe préférait les atours pimpants de la Régence), et l'on regrette que tant de luxe ait été répandu en pure perte.

Pourtant Charles Garnier, architecte de l'Opéra de Paris, lance si l'on peut dire : le style Garnier dont la quasi-originalité et la grandeur frappent parmi tant de pauvretés constructives. Un architecte « français » est enfin né !

Puis, entre temps, c'est la guerre de 1870.

Nous arrivons à nos jours, qui semblent préparer la renaissance attendue.

Une particularité de la tendance moderne, tant dans le meuble que dans le bijou et que dans l'objet en général, c'est la recherche de la beauté dans la forme, dans la couleur, sans souci de la valeur pécuniaire de la matière employée. C'est-à-dire que ni l'or, ni l'argent, ni les pierres précieuses, ni le bois rare, ne sont indispensables à sa manifestation plus essentiellement pittoresque.

La création artistique moderne, en un mot, désire valoir par elle-même, et c'est là une de ses originalités sur laquelle un esprit nouveau de la forme renchérit.

Le « modern-style », style impromptu, certes, est cependant loin d'être quelconque et, lorsque ses essais auront été mis au point, il y a lieu de croire à une réussite qui marquera notre époque.

Dans le meuble comme dans son décor, la sensation d'un inédit séduit, mais encore faut-il que l'architecture emboîte le pas pour accentuer l'harmonie.

Et l'architecture a fait dans ce sens des progrès considérables où commencent à s'engager les pontifes.

Laissons s'écouler les stocks de fonte désuète, les matrices et les *clichés* s'user, et l'effort de nouveaux modèles imprimera, sous l'impulsion d'artistes novateurs, un mouvement typique dont nous saluons l'augure.

Des décors, des formes, des tons empruntés à la nature marquent un retour à l'inspiration initiale des styles, mais pour tendre à un idéal différent.

La délicatesse des nuances, leur mélange, leur juxtaposition hardie, créent déjà des ambiances nouvelles qui sont autant de surprises.

Il faut oser en somme, à rebours des traditions hallucinantes, et le génie, aidé par la volonté, est seul capable de ce miracle.

Restent à vaincre les habitudes et les admirations exclusives du passé; la routine doit être enfin convaincue de mensonge et les vrais artistes n'y failliront pas.

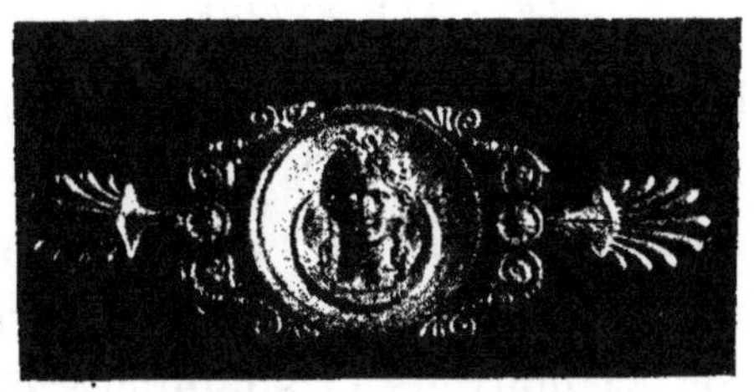

CHAPITRE XI

Causerie sur nos gravures.

Dans ce dernier chapitre, nous décrirons nos images en renseignant le lecteur non seulement sur la couleur qui manque à leur présentation en noir, mais encore sur leur historique, s'il y a lieu, et sur leur provenance.

D'autre part, nous tournerons certaines fois autour de nos modèles que la gravure, naturellement, n'a pas envisagés sous toutes leurs faces.

Aussi bien nous prierons le lecteur de supprimer par la pensée les ampoules électriques qui, avec le progrès, se sont emparées des lustres et candélabres de style que nous donnons comme exemples.

Dans notre préambule également, nous dirons deux mots de l'hôtel de Beauharnais où nous avons puisé plusieurs de nos documents.

L'hôtel de Beauharnais — actuellement l'ambassade d'Allemagne, rue de Lille, à Paris, fut donné par Napoléon au prince Eugène de Beauharnais, son fils adoptif, qui le meubla. Malgré les nécessités administratives de sa nouvelle et singulière destination, l'hôtel de Beauharnais a été respecté dans son caractère intégral, et les ensembles que nous donnons sont d'une grande pureté de style. On accède dans cet immeuble par un pylône égyptien, prélude fort agréable à la satisfaction d'art que l'on désire prendre; aussi bien est-on prévenu, dès le seuil, de l'atmosphère très « napoléonienne » que l'on va respirer.

Mais abordons la description de nos gravures — de celles du moins qui ne parlent pas suffisamment par elles-mêmes.

L'*entête* du premier chapitre est un panneau de bois laqué blanc sur lequel se détache un décor doré en « pâtisserie ». A l'extrémité des ornements symétriques qui se rattachent au motif central — la couronne bien typique — on aperçoit la palmette grecque.

Fig. 2. — L'*arc de triomphe de l'Étoile*, situé à l'extrémité des Champs-Élysées, à Paris, œuvre de Chalgrin, inauguré en 1836. Son érection fut décrétée par Napoléon après la bataille d'Austerlitz. Ce monument de grand style, que l'on vit un instant couronné d'un immense quadrige provisoirement sculpté par le sculpteur contemporain A. Falguière (il y a une trentaine d'années), est orné de bas-reliefs superbes dus à Rude (un chef-d'œuvre, *le Depart*) ; à Cortot (*le Triomphe*) ; à Etex (*la Résistance* et *la Paix*) ; à Pradier (figures de la *Renommée*), etc.

FIG. 3. — La *colonne Vendôme, colonne d'Austelritz* ou *de la Grande Armée*, érigée en 1803 place Vendôme, à Paris, inaugurée en 1810. Elle est inspirée de la colonne Trajane et enveloppée d'une spirale de bas-reliefs en bronze (provenant des canons pris à l'ennemi en 1805), représentant les principaux faits d'armes de la campagne. La statue qui surmontait cette colonne, autrefois due au ciseau de Chaudet, a été remplacée par l'œuvre de Dumont.

FIG. 4. — *Trône de Napoléon* (palais de Fontainebleau). Il est en bois doré, recouvert de velours rouge brodé d'or. Le dossier rond est singulier ainsi que l'aspect trapu du meuble en général. A droite et à gauche des marches sont alignés des X. Les rideaux partant du dais qui abrite le trône s'accrochent en draperie à des colonnes décoratives où dominent l'aigle et la couronne impériaux. Rideaux en velours rouge doublés de satin, semés d'abeilles. On aperçoit le monogramme de l'empereur sur le dossier du trône et au milieu des couronnes placées sous les aigles, à l'extrémité des colonnes décoratives.

Fig. 5. — *Le Couronnement*, fragment (musée du Louvre), par L. David. Cette œuvre, qui devait être accompagnée de trois autres, fut commandée par Napoléon à son premier peintre pour décorer la salle du Trône. L'artiste peignit seulement le *Couronnement* et la *Distribution des aigles*.

Fig. 6. — *Les Sabines* (musée du Louvre), par L. David. Œuvre réflétant l'esprit systématique et doctrinaire de son auteur, tandis que le portrait de *M*^{me} *Récamier* (musée du Louvre, *fig.* 12) correspond à sa manière vivante et libre.

Fig. 11. — *Chapiteau.* Bien que le chapiteau Empire soit grec par essence, il nous a paru intéressant d'exhumer ce chapiteau corinthien affublé d'ornements Empire. On appelle « ordre » français un ordre reconnaissable à son chapiteau de genre corinthien, orné d'attributs empruntés aux divers gouvernements français : fleurs de lys, aigles, coqs, etc.; notre gravure montre bien un chapiteau de cet « ordre » sous l'Empire, mais on ne saurait en vérité, l'attribuer plus spécialement à l'Empire premier qu'au second.

Fig. 13. — *Chambre, époque de la Constituante* (1789). La Révolution n'a guère apporté de changement dans ce mobilier Louis XVI, qui manque néanmoins de pureté et d'homogénéité. Nous apercevons seulement un trophée patriote (faisceaux de licteurs, drapeau tricolore et lauriers), sur le panneau d'une chaise placée à côté de la table du milieu, et la « Déclaration des droits de l'homme et du citoyen » encadrée entre deux faisceaux de licteurs également, à droite et à gauche de la glace. Voici les marques les plus tangibles du mouvement qui commence.

Fig. 20. — *X Directoire*. Le siège est soutenu par des glaives antiques entrelacés. La cannelure et la palmette sont les seuls motifs décoratifs employés. Le meuble est entièrement laqué blanc.

Fig. 21. — *Tête de lit Directoire*. A remarquer la colonnette et la cannelure qui subsistent du style Louis XVI, le faîtage en forme de toit décoré au centre d'une sorte de vase antique. L'ensemble est peint de couleur claire, grise, soufre, avec des rehauts du même ton (collection de MM. Hopilliart et Leroy).

Fig. 22. — *Bergère Directoire*. Pieds fuselés, colonnettes, dossier légèrement recourbé, alors que le style Empire pur commande des formes rigides. D'une manière générale, le style Directoire garde encore le souvenir de la grâce du Louis XVI.

Fig. 23. — *Bois d'une bergère Directoire*. Mêmes remarques qu'auparavant. Soulignons seulement la marguerite et le losange qui décorent ce meuble entre les colonnettes qui soutiennent les bras et les pieds et la palmette placée à la naissance des bras, motifs décoratifs, entre autres, caractéristiques du Directoire (collection de MM. Hopilliart et Leroy).

Fig. 24. — *Intérieur Directoire*. A remarquer les chaises, les fauteuils et l'X tout en bois découpé qui meublent ce salon, ils sont typiques du Directoire. Les fauteuils placés au fond de la pièce ont des pieds en X et leur dossier est en gondole, tandis que celui des chaises est légèrement enroulé. Si l'on rapproche ces meubles du meuble anglais moderne, on est frappé de leur analogie avec ce dernier. Aussi bien les Anglais eurent, à l'époque du Directoire, une façon de meubles qu'ils vouent au style de leur célèbre ébéniste Chippendale. Dérivés très probablement de notre propre conception « à l'antique », ces meubles en bois découpé, lorsqu'ils ne sont pas en acajou verni, sont revêtus de peinture claire.

Fig. 26 — *Cabinet de travail de Napoléon Ier* (palais du Grand Trianon), *style Directoire*. La sobriété du décor en général (la simplicité du plafond surtout) rappelle l'époque Louis XVI. Nous retrouvons ici le canapé et les chaises avec leurs colonnettes à mollet, leur dossier légèrement enroulé.

FIG. 27. — *Candélabre-applique*, très singulier avec ses branches en trompettes (bronze noir) et son foudre ailé (bronze doré).

FIG. 28. — *Fauteuil, canapé, tabourets* (château de Compiègne) aux dossiers galbés, aux boiseries blanc et or, ornées de feuillage, de rosaces, de palmettes. Au-dessus du canapé, le buste en marbre de Napoléon Ier.

FIG. 31. — *Lustre* (sous-secrétariat d'État des Beaux-Arts). Au centre, des figures ailées jouent des cymbales, du triangle, etc. ; leurs ailes sont hiératiques comme il sied au style, des volutes de feuillage accompagnent les branches qui portent les bougies. Une pomme de pin ponctue la base.

FIG. 32. — *Coiffeuse* (château de Compiègne). On remarquera dans ce meuble en bois d'acajou orné de bronzes dorés, la forme à pans coupés de la glace — cette glace où se mirèrent tant de têtes couronnées et notamment l'auguste épouse de Nicolas II, empereur de Russie, lors de son récent voyage en France — les quatre pieds *en lyre* et, à l'emplacement du tiroir, les médaillons entourés de couronnes et séparés par le motif très caractéristique des palmettes juxtaposées. La base des soutiens de la glace, en formé de candélabres, s'orne également d'une palmette. La tablette de la coiffeuse est en marbre blanc. Un motif grec en métal ciselé court autour du cadre en acajou de la glace. On rencontre beaucoup de meubles du même genre dont la table repose sur des pieds en X et dont la glace est ronde.

Fig. 33. — *Table de nuit* (château de Compiègne). L'aspect majestueux de ce meuble est plaisant. Ses colonnettes lui donnent l'aspect d'un temple, et le char antique qui le décore ajoute à sa solennité imprévue.

Fig. 34. — *Chandeliers.* Celui de gauche appartient au début du style qui nous occupe ; le second est du pur Empire. A remarquer, sur ce dernier, les ornements typiques décrits à la page 138.

Fig. 35. — *Table ronde portant sur quatre griffons* (château de Compiègne). Sous la table en acajou massif recouverte d'une plaque de marbre blanc, au centre : une coupe. Ornements ciselés et dorés ainsi que les griffons : cygnes juxtaposés, rosaces, palmettes, étoiles.

Fig. 36. — *Psyché*, analogue à celle que nous décrivons à la figure 75.

FIG. 37. — *Chauffe-dos*. Meuble fort prisé à l'époque qui nous occupe. A remarquer la grâce des cols de cygnes qui forment les accotoirs. Le siège bas est recouvert de soie vert « empire » ornée de dessins jaunes d'or. Bois d'acajou rehaussé de motifs en bronze doré, la tête des cygnes, notamment (collection de MM. Hopilliart et Leroy).

FIG. 40. — *Grand salon* (hôtel de Beauharnais), côté gauche. Décor blanc et or. Profusion de « pâtisseries » au plafond, aigles, guirlandes, rinceaux, palmettes. Pilastres surmontés d'un chapiteau corinthien, ornés à leur base d'un motif de feuillage et rinceaux en pyramide, au haut de laquelle éclôt un cygne. Nous décrivons les fauteuils à la figure 58, et le canapé ne se distingue des fauteuils que par l'extrémité de ses bras qui sont des cous de cygnes. (Voir, pour le détail du canapé, la figure 44 où nous saisirons mieux aussi l'aspect des dessus de portes et des panneaux de portes ornés de figures et de scènes grecques ; tout l'agrément encore des « pâtisseries » variées). Au mur, entre les pilastres, des peintures de l'époque et le tapis vient de la Savonnerie. Nous nous garderions d'oublier la belle console avec glace, dont le bandeau alterne le griffon et la lyre. La beauté des figures fantastiques qui soutiennent la table recouverte d'un marbre, est aussi remarquable. L'ensemble du meuble est en bois d'acajou et les ornements de cuivre doré. Quant à l'urne et aux candélabres placés sur la console, nous les examinons plus loin et nous vanterons enfin la grâce du lustre et des candélabres posés sur les murs.

Fig. 41. — *Console à glace et sa garniture* (détail de la gravure précédente).

Fig. 42 et 43. — *Candélabre et urne* (détail de ceux qui figurent dans la planche précédente). Urne antique dans la décoration de laquelle entrent Renommées, faunes, centaures, têtes de béliers, godrons, palmettes, serpents entrelacés, etc. Sur le piédestal de l'urne, on voit une grotte abritant des chevaux marins, une tête de Neptune, une conque, etc. Candélabre inspiré de motifs égyptiens, figures et ornements.

Fig. 44. — Détail d'un coin du précédent salon.

Fig. 46. — *Grand salon* (hôtel de Beauharnais), côté droit. Même description qu'à la figure 40.

Fig. 48. — Détail de la cheminée précédente, dépouillée de sa garniture. Marbre granité, recouvert d'ornements en bronze ciselé, guirlandes surmontées d'étoiles et de palmettes, attachées à des trépieds ; au milieu du bandeau : l'aigle impérial ; à chaque extré-

mité, deux têtes antiques au milieu d'une trompe ; sur
les montants, deux figures décoratives, sortes de
termes aux extrémités feuillues. La galerie s'adorne
de trépieds-urnes imprévus.

FIG. 49. — *Candélabre* (détail de celui qui se trouve
sur la cheminée de la figure 47). Figure de femme
grecque. A remarquer l'urne couronnant sa tête,
flanquée de deux serpents en guise d'anses, la curiosité des ornements symboliques qu'elle tient, la grâce
des danseuses qui tournent en rond à sa base.

FIG. 50. — *Coin de petit salon* (hôtel de Beauharnais).
On remarquera surtout dans cette gravure, dont on
saisira mieux les détails plus loin, la beauté des « pâtisseries » du plafond blanc et or, triomphe du feuillage, de la couronne-rosace et de la palmette ; la tenture semée de couronnes dans un treillis de feuillage,
les portes blanches aux moulures dorées, surmontées
d'une antéfixe, etc.

FIG. 52. — Détail des figures 50 et 51. Bandeau de
cheminée : rinceaux en bronze doré sur marbre blanc ;
ces rinceaux viennent mourir sur les montants de la
cheminée. A noter (*fig.* 51 et 50) les urnes antiques
encadrant la pendule (dont nous donnons le détail
plus loin) ; les génies à gaine supportant les candé-

labres; le motif rosace qui court sur le cadre de la glace, etc.

Nota bene, la galerie est de style Louis XIII.

Fɪɢ. 53. — *Pendule* (de la précédente cheminée). **La** muse est en bronze noir; la lyre, l'urne, la couronne ainsi que le corps de la pendule sont en bronze **doré**. Le tout repose sur du marbre veiné. Renommées, amours, griffons, bucranes, oves, palmettes sont les motifs décoratifs employés.

Fɪɢ. 54. — *Urnes-vases* accompagnant la pendule ci-dessus. Urne et piédestal en bronze noir, ornements en métal doré, tout à l'antique.

Fɪɢ. 55. — *Candélabre-applique*. **A** remarquer l'hiératisme du génie **ailé** à gaine, qui rappelle la statuaire égyptienne.

Fɪɢ. 58. — *Fauteuil* (hôtel de Beauharnais). **Bois** entièrement doré, décoré de palmettes et de feuillage à profusion. On remarquera le pommeau aplati **qui** termine les bras, très usité, ainsi que les pieds de devant, genre carquois étranglé au milieu par une bague. Sur le tissu clair du fauteuil, des rosaces ; sur le dos, un motif décoratif singulièrement moderne, bien qu'il soit strictement d'époque avec ses cygnes, ses guirlandes, avec la palmette grecque en pendentif. Sur le siège une couronne agrémentée d'ornements disposés en rayons.

FIG. 59. — *Lavabo - saut - de - lit de l'impératrice* (château de la Malmaison). Renouvelé du trépied antique. Trois pattes d'un animal de fantaisie sont surmontées de sphinx qui supportent une cuvette; au centre, sur un balustre : le pot à eau. Les garnitures de la cuvette et du pot à eau (posé sur une rondelle de marbre blanc) ainsi que les sphinx et la bordure de la base du lavabo, sont en cuivre ciselé, le reste est en acajou.

FIG. 60. — *Chambre à coucher* (hôtel de Beauharnais). L'alcôve est en bois d'acajou revêtu de cuivres ciselés. Le chapiteau des colonnes est égyptien; la base est gainée d'un motif à feuilles de laurier ; l'entablement est de genre dorique. Sur le piédestal, on remarque une plaque de cuivre ciselée dont nous donnons le détail à la figure 7. L'ensemble repose sur une marche de marbre. Les boiseries de la porte sont en acajou rehaussé de baguettes de cuivre, couronnes sur le tapis, aigles sur les panneaux de la porte, sur la bordure des tentures (lit et murs); palmettes en « pâtisserie » sur la corniche du plafond peint à l'antique. Au fond de l'alcôve, une glace.

FIG. 61. — *Détail* du lit précédent. On remarquera la couverture de ce lit, en velours étoilé sur le dessus, et en satin sur le côté, les deux tissus sont séparés par une ganse ornée d'une guipure. Au pied du lit, *en bateau*, on aperçoit un traversin ou rondin purement ornemental. Sur le montant droit du lit, une sirène en bronze doré porte à ses extrémités des motifs décoratifs de pur style. Ceux du haut ont des souvenirs de la palmette grecque, caractéristique. Palmettes juxtaposées séparées par des étoiles, à la base franges à l'*étrusque*. Sur le pied du lit, développée en éventail : la palmette.

FIG. 62. — *Bergère* (hôtel de Beauharnais). On remarquera la grâce un peu lourde des cygnes qui forment les bras de ce meuble, le motif en arc à l'extrémité du dessin, les flèches sur le bâti du bas; les pieds de devant en carquois accusé, tandis que sous Louis XVI le motif était plus discret; les étoiles, la rosace et la sempiternelle palmette, la couronne, la lyre, etc. Bois entièrement doré, étoffe claire.

FIG. 63. — *Flambeau-bouillotte* (château de Compiègne). Nous avons dit que ce flambeau devait son nom à la table du jeu de bouillotte qu'il éclairait généralement. La table de bouillotte, répétons-le, était ronde, et ce jeu avait autant de vogue sous l'Empire que le bridge actuellement. On trouvait ce flambeau souvent aussi sur la table de travail. Description de notre gravure : au sommet de la tige de métal où adhère, grâce à l'entremise d'un arc surmonté d'une flèche, l'abat-jour, on voit une victoire ailée. Cet abat-jour vert empire est orné en haut d'une lisière de feuilles de lotus (souvenir égyptien) et en bas, de rinceaux et de palmes et palmettes dorés. Les figures qui forment les branches du flambeau ont des ailes de papillon.

Fig. 64. — *Écran* (château de Compiègne). Bois blanc, ornements dorés, pieds en cuivre ainsi que le motif (aigle et génie) qui couronne l'écran. Sur la moire tendue dans le cadre, le chiffre de Napoléon, brodé. Les ornements du cadre jouent singulièrement avec le motif palmette, du moins sur les côtés, c'est là le feuillage grec dans sa sécheresse typique. Les rinceaux de la traverse du haut sont plus imprévus. A remarquer les chapiteaux à l'extrémité des montants, qui soutiennent la traverse du haut ; chapiteaux de palmettes Empire jouant au chapiteau corinthien. Quant aux supports en pieds d'animaux, ils nous sont familiers.

Fig. 65. — « *Bonheur du jour* » et *veilleuse de l'impératrice Joséphine* (château de la Malmaison). Le « bonheur du jour », meuble de dame essentiellement, était

très à la mode déjà, au milieu du xviiie siècle. Il tient
lieu d'un bureau et d'un secrétaire. Celui qui **nous**
occupe, œuvre de Jacob Desmalter, est orné d'un fronton, comme un temple grec. L'avant se rabat et permet d'écrire. A l'intérieur, le meuble est pourvu de
tiroirs, les cariatides ailées qui le soutiennent sont
accommodées « à l'égyptienne », elles se réfléchissent
dans une glace formant fond. L'avant à rabattre, est
orné de palmes et de rosaces ; un char romain **décore**
le centre. Sur le « bonheur du jour » on a placé une
veilleuse, indépendante du meuble. **La lumière est**
donnée par la lampe antique que tient **une sorte**
d'amour ou de génie drapé.

Fig. 66, 71, 82, 85, 88, 96, etc. — *Étoffes*. Les étoffes
sous le premier Empire sont d'une grande délicatesse.
Leur tissu est souple et fin et d'une couleur **très**
franche sans être criarde. Quant au dessin **damassé**,
broché ou brodé, il affecte un décor généralement
inspiré des motifs antiques remarqués sur la ciselure
du meuble. Motifs très symétriques, souvent **touffus**,
qui ont plus de grandeur que d'aménité; c'est-à-dire
qu'ils s'harmonisent parfaitement avec les **meubles**.
Nous avons choisi à dessein pour modèles des tissus
caractéristiques, car il en est de peu significatifs, **tant**
ils se réclament du style Louis XVI, quand **même, ils**
n'empruntent pas à toutes autres manifestations du

passé. Nous remarquerons donc, sur nos gravures, les
modulations habituelles de la palmette et du rinceau
(*fig.* 66); puis la figure 82 représente une bande où
figurent en trophée, le glaive et le bouclier romains ;
dans le haut, une couronne de fleurs semblable à
celle que nous rencontrons souvent comme entrée de
serrure. Ces deux motifs principaux s'enguirlandent
de feuillages de chêne et de laurier semés d'étoiles
et d'abeilles. Couronne de fleurs, sertissant l'N impériale, et trophée, sont reliés au feuillage par des rubans. Quant à la figure 85, elle montre un motif d'en-
coignure : palmette (à la base de laquelle on voit
une étoile) entourée de lierre. Etoffe (*fig.* 66) rose,
encadrée de jaune foncé, ornements jaune clair ;
bande (*fig.* 82) bleu clair avec ornements bleu foncé ;
bordure (*fig.* 88) aux rinceaux empruntés au feuillage
du lierre et terminés, en manière de fleurs, par une
palmette, fond vert et dessins jaunes ; étoffes (*fig.* 94)
à bandes vertes et jaune clair, ces dernières décorées
de motifs jaune foncé ; bande (*fig.* 96) rouge avec
palmes, étoiles et autres motifs jaunes (cette bande
ou bordure est très en faveur, nous la retrouvons sur
la tenture de la figure 71, notamment) ; bordure fond
jaune avec dessins noirs (entête du chapitre III) ;
étoffe de tenture (*fig.* 108) aux ornements bleu clair
sur bleu foncé ; panneau (*fig.* 117) d'étoffe au milieu
duquel s'épanouit la rosace en forme de parasol que

nous vîmes déjà à la figure 19 (plafond). Des thyrses disparaissent sous des pampres soulignant en haut et en bas ce motif principal, dont le centre est occupé d'abord par une circonférence meublée d'annelets et ensuite de deux pipeaux entrelacés. Le fond de l'étoffe est vert foncé, le parasol est rose ainsi que toutes les parties claires de la gravure ; la circonférence intérieure du parasol est vert clair ainsi que les pampres, les rubans, etc. ; panneau (*fig.* 24) d'étoffe décoré au centre par une figure copiée sur quelque fresque antique qu'encadrent des marguerites, le fond de la figure, jaune foncé, tranche sur l'ensemble qui est vert avec des dessins jaunes, tandis que les parties claires de la gravure sont roses ; étoffe de tenture (*fig.* 28), fond rouge foncé, ornements jaune foncé et jaune clair.

Fig. 67. — *Guéridon-trépied*. A remarquer les baguettes de cuivre qui relient les montants du trépied ; les bustes de femmes antiques formant cariatides, dont on aperçoit les pieds au bout de la gaine démesurée des montants, et toujours les motifs étoile et palmette décorant la corniche sur laquelle repose une plaque de marbre (collection de MM. Hopilliart et Leroy).

L'entête du chapitre II représente un motif de

bordure (rouge sur fond jaune), dont l'ornementation alterne la palmette, dans un ovale de minuscule feuillage de lierre, avec une guirlande de fleurs abritant une flèche. On re'rouve souvent la flèche dans le décor Empire.

Le cul-de-lampe du chapitre ii montre un encrier soutenu par des dauphins. En soulevant le couvercle qui est une sonnette, on découvre deux godets, l'un pour l'encre, l'autre pour la poudre à sécher. Aux trois coins de la base des supports de marbre, près des dauphins, on remarque trois petits balais de crin, essuie-plumes (collection de MM. Hopilliart et Leroy).

Fig. 68. — *Lustre en cristal*, provenant de la collection de MM. Hopilliart et Leroy.

Fig. 69. — *Panneaux de portes* (château de Compiègne), cartouches et ornements dorés sur peinture blanche : oves, rinceaux, couronnes, médailles antiques, palmettes, rosaces.

Fig. 70. — *Harpe* de l'impératrice Joséphine (château de la Malmaison). A remarquer son sommet à pans carrés, surmonté d'un aigle.

Fig. 71. — *Chambre de Napoléon Ier* (château de Compiègne). Glace encadrée dans une moulure plate formée de palmes rigides, coupées de rosaces dorées sur bois blanc. Sur la console, dont nous avons vu précédemment le type, une grande urne. A droite de la console, une chaise dont on remarque l'enroulement du dossier et les pieds (colonnettes à mollet rappelant l'époque Louis XVI) caractéristiques de l'époque Directoire. A gauche, l'amorce d'une *méridienne* dans le genre de celle que nous voyons dans la bibliothèque (*fig.* 98). Sur les murs, un tissu de satin brodé de palmes espacées d'étoiles. A noter encore la beauté du décor des portes : chiffres et armoiries de Napoléon, couronnes enrubannées, casque grec couronné d'un aigle, etc.

FIG. 72. — *Lit de Napoléon I*er (château de Compiègne). Alcôve en forme de tente soutenue par des lances, flanquée de deux colonnes-piliers coiffées d'un buste grec. A remarquer la bordure des rideaux semblable à celle de la tenture murale précédente et l'aigle qui domine l'alcôve. Quant au lit *en bateau*, il est frappant par sa surface plane et les faisceaux de licteurs qui forment son cadre en haut.

Ici la garniture qui tient le rideau se termine par une rosace quelconque croisée de lances; on rencontre fréquemment cette garniture « à flèche ».

FIG. 74. — *Fauteuil-bergère de Napoléon* (château de Compiègne), dit « gondole », à cause de la forme incurvée du dossier (Voir ausssi la chaise, *fig.* 104). Dossier cannelé, moulures blanches, plates, ornées de motifs dorés. L'étoffe du fauteuil est sombre, relevée d'un galon clair.

FIG. 75. — *Psyché* (château de Compiègne). Appliques sur carquois garnis de flèches de chaque côté de la glace ronde ; figures fantastiques ailées, ni sphinx, ni griffons, ni chimères, ni génies (dont la queue est figurée singulièrement par des rinceaux), supportant les carquois et reposant sur de lourds X jumellés, aux branches terminées par des pattes d'animaux. L'ensemble a une sécheresse caractéristique, surtout les carquois, raides sous leurs bracelets, avec leurs appliques imprévues, où nous retrouvons, en revanche, les palmettes habituelles. Têtes antiques au bas de la glace et à la base. On saisit que ce meuble est en acajou et que tous ses ornements sont en métal. A remarquer le galbe typique des ailes des figures fantastiques.

Entête du chapitre VIII et figures 78, 80, 92, 97, etc. — *Pièces d'orfèvrerie* (musée des Arts décoratifs). On remarquera la délicatesse des ciselures qui ornent ces soupières, rafraîchissoirs (entête du chapitre VIII), huiliers, vases, etc.

Ces pièces d'orfèvrerie sont, en vérité, très légères pour leur époque ; elles se rapprochent du style

Louis XVI, dont elles ont l'esprit et la grâce dans les lignes calmes.

Fig. 79. — *Cheminée, pendule, candélabres* (château de Compiègne). Le motif de guirlandes attachées à des fûts de colonnes par des rubans, domine. Au-dessus des guirlandes sont des couronnes avec une rosace au centre; griffons aux angles; cariatides ailées, d'un symbolisme imprécis et purement décoratif, formant les montants de la cheminée; galerie décorée de palmettes, de figurines et de médaillons. La cheminée est en marbre granité, les ornements sont en bronze doré. Le sujet de la pendule, en bronze noir, représente sans doute Mars et Vénus réunis par l'Amour. On retrouve sur la base de la pendule un motif similaire à celui du bandeau de la cheminée, mais un thyrse et une corne d'abondance remplacent les couronnes; ce motif est doré. Deux figures de femmes drapées à l'antique soutiennent les candélabres.

Fig. 83. — *Cheminée* en marbre blanc, orné de bronzes dorés. Ornements antiques. Le revêtement en bronze noir qui encadre la trappe est abondamment pourvu de palmes et palmettes.

Nota bene. — La galerie en cuivre est de style Louis XVI.

Fig. 84. — *Pendule.* On remarquera dans cette pendule d'une intempestive originalité — d'ailleurs savoureuse — l'emplacement imprévu du cadran entouré de rosaces, la rigidité des ailes caractéristique — toutes les ailes du premier Empire se ressemblent, avec leur pointe enroulée — le bracelet qui enserre le cou du cygne, semblable à celui dont sont parés les meubles d'acajou, le socle de cette pendule enfin, sur le bandeau duquel figurent un dauphin et un trident sans relation aucune avec le cygne, non plus que le feuillage inattendu qui relie le cadran au socle. Le style Empire, si friand de pieds ou de pattes empruntés à la figure humaine ou à l'animal, un peu à tort et à travers, manque de logique ou d'à-propos, ici, on l'avouera.

Fig. 86. — *Gaine* (collection de MM. Hopilliart et Leroy). Cette gaine comporte des figures en cariatides dans le genre de celles décrites à la figure 67. Les motifs décoratifs employés sont l'arc, la couronne, la torche, la lyre et la palmette. Sur la façade du meuble, une délicate figurine ailée.

Fig. 87.— *Armoire à bijoux de l'impératrice Marie-Louise*, œuvre de Jacob Desmalter. On a prétendu que le célèbre ébéniste avait voulu lutter de beauté avec l'armoire à bijoux de la reine Marie-Antoinette, conservée à Trianon ; en vérité, il y a une telle différence architecturale entre les deux meubles, d'une semblable destination, seulement, que nous ne nous arrêterons pas à cette hypothèse. Aussi bien l'œuvre de Jean-Ferdinand Schwerdfeger, comme celle de Jacob Desmalter, offre un caractère différent. Nous répéterons que l'armoire à bijoux qui nous occupe, considérée alors comme le plus remarquable travail d'ébénisterie que l'on eût fait, coûta 55.000 francs. On remarquera la délicatesse des figures, dues aux dessins de Prud'hon (le motif central représente la naissance de Vénus Anadyomène), si parfaitement ciselées. Nous rappellerons que Napoléon aurait préféré cette œuvre de Desmalter à une autre que Riesener lui aurait proposée. Desmalter avait précédemment dessiné un meuble analogue, mais plus simple, pour l'impératrice Joséphine.

Fig. 89. — *Pieds de meuble*, en l'occurrence ceux d'un secrétaire. Les lyres sont typiques, et l'on remarquera que les montants de cette lyre se terminent par une tête d'aigle dont les plumes de derrière sont singulièrement stylisées en palmette.

Fig. 90. — *Table de nuit* (collection de MM. Hopilliart et Leroy).

Fig. 91. — *Un bureau de Napoléon Ier* (château de la Malmaison). On remarque la beauté des ornements du bandeau, l'esprit et la richesse des rinceaux qui le parent; la bande de palmettes placées parallèlement au bandeau; les deux victoires formant cariatides de chaque côté; le galon de feuilles d'eau à la base, près des pieds qui sont des extrémités animales. Dans l'ensemble, le meuble est curieux avec son évidement qui le fait ressembler à un arc de triomphe.

FIG. 95. — *Écran* (collection de MM. Hopilliart et Leroy) à feuilles mobiles, en forme de harpe. Deux cols de cygne ornent les traverses du haut reliées à un montant central que couronne un aigle posé sur un chapiteau corinthien. La base de cet écran est en bois d'acajou fourré de plomb pour assurer sa stabilité.

FIG. 98. — *Bibliothèque* (château de Compiègne). Fauteuil et chaise aux angles nets, aux boiseries plates, blanches avec des ornements dorés encadrant une *méridienne*. La feuille de laurier dénaturée en palmes sévit dans le décor. On remarquera une autre forme de méridienne dans le *portrait de Mme Récamier*, par L. David (*fig.* 12).

FIG. 99. — *Commode* décorée, sur son bandeau : de rinceaux au milieu desquels on voit une plaque antique entre deux sortes de sphinx; sur les montants pilastres : d'arabesques; sur le panneau du milieu : de peintures à la grecque.

FIG. 103. — *Verre en cristal taillé*. On voit représenté sur ce verre un amour dans un char traîné par des colombes ; au-dessus de ce motif, on lit : *A mon amie.*

Cul-de-lampe du chapitre III. *Presse-papier* (collection de MM. Hopilliart et Leroy). Derrière les ailes du monstre se trouvent des griffes servant de support à des porte-plumes.

Fig. 105. — *Poudreuse* (collection de MM. Hopilliart et Leroy). Psyché en miniature que l'on plaçait à son gré sur une table, sur une commode, etc. Avec ses colonnettes surmontées de petites urnes, cette poudreuse, n'étaient les ornements chers à l'Empire qui parent son bois d'acajou, a de faux airs du Louis XVI.

Fig. 112. — *Candélabre-flambeau* (collection de MM. Hopilliart et Leroy).

Fig. 113. — Dans cet ensemble (château de Compiègne), nous retrouvons la cheminée de la figure 79 et sa garniture. A droite et à gauche de la cheminée, figurent deux fauteuils aux moulures plates, typiques, allant des bras aux pieds. Un écran aux moulures cannelées, au fronton calme de temple grec est venu masquer en partie la cheminée. Au premier plan, on aperçoit l'amorce d'un siège en X. Cloison, lambris en marbre, pilastres revêtus de motifs en « pâtisserie », dorés ainsi que les portes surmontées d'un bandeau

formé de grecques. La glace reflète des peintures au-
dessus des portes.

Entête du chapitre IV. — *Jardinière* (collection
Hopilliart et Leroy).

Cul-de-lampe du chapitre IV. — *Encrier*, analogue
à celui du chapitre II, déja décrit. (Collection de
MM. Hopilliart et Leroy.)

FIG. 114. — *Lit de Napoléon* (Grand Trianon). Le
sommet de la tête et du pied de ce lit s'épanouit en
forme de lotus. Contrairement à l'habitude, on ne
remarque qu'un seul traversin ou rondin, à la tête
de ce lit.

FIG. 115. — *Détail d'un pied de lit « en bateau »*.
Une seule palme suffit au décor de la « poupe »,
qu'une palmette jaillissant d'un motif de feuillage
fantaisiste — sec comme toujours — orne à sa base.

FIG. 116. — *Têtes de lits*, détails. Palmette et chapiteau corinthien ; tête antique en bronze vert ; étoile,
torche, etc. On arrachera par la pensée les étiquettes
administratives (ces lits appartiennent au Mobilier
national) qui tachent l'acajou.

Entête du chapitre V. — *Chenets* (château de Compiègne) ornés de lions, sur un piédestal décoré aux

angles de pattes d'animaux et, sur ses flancs, de guirlandes surmontées d'un Amour.

FIG. 118. — *Pendule* (collection de MM. Hopilliart et Leroy). Sujet de chasse. Cor de chasse. et branches de chêne ; trophée formé d'une hure de sanglier, d'une peau de bête et de deux rameaux de feuilles de chêne d'une sécheresse très fantaisiste. La Vénus couchée dans une conque au-dessous du cadran, seule détonne dans le sujet.

FIG. 191. — *Presse-papier* couronné d'une **Renommée** (collection de MM. Hopilliart et Leroy).

FIG. 121. — *Fauteuil.* La patine de ce fauteuil est vert bronze.

FIG. 122. — *Tête de lit* (détail). A remarquer la singulière stylisation du cygne, la médaille antique, imprévue, placée au-dessus de l'aile ; la combinaison ingénieuse du cuivre et du bois d'acajou ; la base trapue due aux deux pattes d'animaux disposées en fourche, au milieu de laquelle s'épanouit la sempiternelle palmette.

FIG. 73. — *Écritoire* (collection de MM. Hopilliart et Leroy).

Cul-de-lampe du chapitre VII. — *Chandelier* (collection de MM. Hopilliart et Leroy).

FIG. 107. — *Berceau du roi de Rome* (palais de Fontainebleau). Il y eut plusieurs berceaux destinés au roi de Rome, et il va sans dire que celui que nous donnons ici ne répond pas à la description de la page 172.

Entête du chapitre VI. *Lit « en bateau »*, dessiné par Percier.

Entête du chapitre IX. *Écran* de la chambre à coucher de l'impératrice Joséphine (château de la Malmaison).

TABLE DES MATIÈRES

Tours, imp. DESLIS FRÈRES ET Cie, 6, rue Gambetta.   3 19